本书出版受到教育部人文社会科学研究『红色文化与并购偏差：纠偏效应、实现路径及长效机制研究』（项目批准号：22YJC630199）项目资助

# 绿色并购与重污染企业技术创新

## ——来自中国上市公司的证据

张国珍 著

武汉大学出版社

WUHAN UNIVERSITY PRESS

图书在版编目(CIP)数据

绿色并购与重污染企业技术创新:来自中国上市公司的证据/张国珍
著. —武汉：武汉大学出版社,2024.4
ISBN 978-7-307-24055-1

Ⅰ.绿…　Ⅱ.张…　Ⅲ.①上市公司—企业兼并—研究—中国
②上市公司—企业环境管理—研究—中国　Ⅳ.①F279.246　②X322.2

中国国家版本馆 CIP 数据核字(2023)第 197139 号

责任编辑:唐　伟　　　责任校对:汪欣怡　　　版式设计:韩闻锦

出版发行:**武汉大学出版社**　　(430072　武昌　珞珈山)
　　　　　(电子邮箱：cbs22@whu.edu.cn　网址：www.wdp.com.cn)
印刷:武汉邮科印务有限公司
开本:720×1000　　1/16　　印张:15.25　　字数:248 千字　　插页:1
版次:2024 年 4 月第 1 版　　2024 年 4 月第 1 次印刷
ISBN 978-7-307-24055-1　　定价:78.00 元

# 推　荐　序

近年来，我国经济发展取得了举世瞩目的成就，然而与此相伴的是日益严重的环境污染问题，制约着经济的长期可持续增长。在此背景下，党和政府高度重视生态文明建设，于党的十八大报告中首次提出建设"美丽中国"的强国目标，将生态文明建设纳入中国特色社会主义事业"五位一体"总体布局；党的十九大也指出节约资源和保护环境是基本国策，生态文明建设是中华民族永续发展的千年大计；而党的二十大再次明确强调了"推动绿色发展，促进人与自然和谐共生"，绿色发展已经成为一个重要的时代命题。改革开放四十余年，以火力发电、钢铁等为代表的重污染企业为中国经济增长作出重要贡献，但其粗放式发展模式同时将环境问题逼近临界点，与绿色发展和经济高质量增长的核心理念相背离，亟待寻求破解之法。因此，如何转变经济发展方式、推进重污染企业绿色转型成为政府管理部门、企业界和学术界共同关注的重点话题，作者就此开展了大量工作。

在重污染企业绿色转型的不同途径中，绿色并购以其快速获取绿色技术和清洁能源、实现节能减排和污染治理的优势成为重污染企业绿色转型、产业结构升级和区域生态环境改善的重要手段。究其本源，绿色并购是将绿色理念引入公司并购决策，以实现可持续发展为目的的并购，其主要特征是将绿色理念贯穿于目标企业选择、并购交易决策以及并购后管理整合全过程，以实现经济效益和生态效益的统一。在实践中，绿色并购呈现出蓬勃发展之势，数据统计显示重污染企业的绿色并购数量已占到全部并购数量的1/3，广泛受到企业青睐，成为重污染企业绿色转型的重要途径。而创新投资显然是重污染企业夯实绿色并购效果，实现实质性绿色转型的重要方式。当前鲜有文献将绿色并购与重污染企业技术创新联系起来。因此，作者聚焦于重污染企业绿色并购对其技术创新活动的影响。

本书创新点突出：第一，现有文献对企业绿色管理、绿色创新、绿色投

1

资等的研究已有一定基础，但是对绿色并购与技术创新相关的研究还较为匮乏，理论研究明显滞后于实践发展，缺乏系统性地从理论层面对其进行解读和阐述。而在绿色可转型以及新旧动能转换的背景下，淘汰旧动能，转换新动能成为重污染企业持续的必由之路，绿色转型成为重污染企业落实新旧动能转换的重要对策。通过构建重污染企业绿色并购与技术创新之间的整体框架，研究重污染企业绿色并购对技术创新的机理、路径和经济后果等，是对现有理论的重要补充，为绿色转型的相关研究提供了全新的视角和思路。第二，综合使用我国上市公司公开并购数据信息进行文本分析和深度学习，构建企业绿色并购数据库，从创新角度对重污染企业绿色并购的经济后果和内在机理进行统计回归检验，通过多种方法的结合使研究过程和结论更具可靠性和科学性。第三，研究结论对于推动重污染企业通过绿色并购的方式提升创新绩效，实现新旧动能转换和可持续发展具有重要借鉴意义，同时也为决策部门制定相关政策提供了参考价值。

该书一方面为落实党和政府提出的生态文明建设和绿色发展国家战略提供了扎实的理论支撑和可行的路径选择。破解重污染企业的污染困局，摆脱"先污染、后治理"的企业发展模式是绿色发展战略在微观层面的重要一环，作者聚焦重污染企业绿色并购方式，在对制度背景和发展现状进行解构的基础上，从绿色并购与技术创新的机理和路径等方面予以探索。相关成果契合了国家关于建设美丽中国、建立健全绿色低碳循环发展经济体系、实现"双碳"目标等国家战略，有助于推进我国经济的高质量可持续发展。另一方面，为实践中重污染企业如何转变发展方式，顺利实现绿色转型提供对策建议。具体的，在当前绿色发展和生态文明建设的背景下，重污染企业面临着来自各方的环保压力，粗放式的发展模式日趋难以为继，需要求新思变探索绿色转型。作者发现绿色并购可以帮助收购方从目标公司获得"绿色"和清洁技术资源，包括清洁技术、绿色产品和知识资产等，这些知识和技术可以增强企业的环保能力，感知绿色技术的发展状况，进而有目标地进行技术创新。因此，现阶段重污染企业应当摒弃传统发展模式的路径依赖，在时代变革下把握机遇，通过并购适宜的标的企业实现对企业生产流程和末端污染治理的改进，减少污染排放和产品能耗，实现转型升级和企业的可持续发展。

推动重污染企业破除发展惯性、顺利实施绿色并购战略是一项系统性工程，需要结合我国现阶段的制度环境与战略要求，考虑重污染企业的发展特点及绿色并购交易的特殊性，设计长效机制，从而最终为实现企业绿色转型、产业结构升级和国家生态文明建设提供决策参考。该书是一本值得推荐的好书！

山东大学教授

2023 年 6 月于济南

# 前　　言

过去经济发展的模式主要是基于不可再生自然资源的过度消耗，这种不合理的方式迫使 21 世纪成为经济亟须向绿色化转变的一个全新阶段，与环境有关的基本问题也得到了广泛关注。绿色投资成为企业的重要命题，促使其生产经营活动摆脱传统业务，尤其对于高消耗、高排放和高污染的典型"三高"类重污染企业而言，想要在社会与环境的和谐发展中生存与增长，这种绿色投资将必不可少。生态文明和美丽中国的理想以及经济绿色发展愿景与日趋恶化的环境现实之间的差距亟须弥补，而技术创新是弥补这些差距和实现环境治理的关键和有效途径。从传统的能源生产体系向绿色可持续的经济增长新模式转变需要找到合适的途径，作为外部增长方式的并购可以促进这种改变，帮助企业在复杂但至关重要的过程中实现技术创新。以特殊绿色投资模式为代表的绿色并购，为重污染企业技术创新走出困境提供了契机，即创造了利用外部资源的机会，使企业在较短时间内获得标的方的绿色技术、设备和人才等，大幅提升创新空间，产生技术创新协同效应，克服内部研发长期性和高不确定性等特点，进而实现绿色发展目标。

本书以经济、社会和环境追求和谐、持续和效率的绿色发展为背景，把我国沪深 A 股重污染上市公司 2010—2018 年的并购交易事项作为样本，主要研究了绿色并购对重污染企业技术创新的影响，并从动态过程中的学习方式选择和资本获取两条渠道探讨了绿色并购对技术创新的作用路径，而且根据主并方、标的方以及并购双方关联性的不同维度特征做出了进一步异质性分析，最后对绿色并购后技术创新的转型效果进行了检验。基于此，本书建立了一个详细的理论和实证框架，为绿色并购所蕴含的成功机制提供一个基于技术创新视角的解释。研究结论主要包含：

第一，与非绿色并购相比，绿色并购明显促进了重污染企业的技术创新。基于持续创新实现机制理论，不同于为了分散经营风险以及实现规模扩张等目的的非绿色并购,从技术创新机遇捕获、技术创新动力增强和技术创新能力提高三个方面进行内在机理分析,揭示了"机遇+动力+能力"三大要素在绿色并购促进技术创新微观层面的耦合作用。技术创新的关键在于获取超越组织边界的外部知识和资源,进而在绿色发展环境中发挥竞争优势。而重污染企业在内部有限的资源和能力以及日趋减少的市场规模情境下,发展日益受阻。因此,借助绿色并购获取标的方的绿色技术、绿色设备和人才以及绿色管理经验等,重污染企业可以快速跨越创新门槛,突破路径依赖,以及弥补自身资源缺口,推动技术创新的开展,进而提升在市场的地位和运作效率。由此,利用技术发展中的机遇捕获、惯性突破后的动力增强和资源寻求下的能力提升,绿色并购成为一种基于技术创新的有效策略,具有激励技术创新的巨大潜力。

第二,绿色并购对重污染企业技术创新的促进作用部分是通过选择二元学习中的探索式方式来实现;绿色并购可以积极获取绿色金融提供的资本支持,从而激励技术创新。鉴于并购和创新并非重污染企业静态意义上的行为状态,进而从绿色并购影响技术创新的动态过程构建起二元学习和绿色金融的中介机制来解析作用路径的黑箱,支持了机遇、动力和能力微观三要素耦合作用的存在性。基于学习方式选择的背后逻辑是绿色并购开展过程中,发展重点是重污染企业在现有资源库之外寻找全新的绿色技术、理念及解决方案等,选择探索式学习可以更灵活地安排其活动和系统,从而有效地推动技术创新。基于资本获取的背后机理则是绿色并购事项向金融机构等释放了在抑制环境污染和清洁生产方面的利好消息,有效降低信息不对称和减弱风险感知,为重污染企业投资活动赢得绿色金融的资金支持,不断改善其融资困境,进而促进技术创新。

第三,当重污染企业处于不同维度特征异质性情境时,绿色并购的技术创新效应有差异。结合绿色理论、资源基础理论和默会知识理论等,分析并购交易涉及单主体和主体间典型特征对机遇、动力及能力微观三要素的强化或抑制作用,有助于更好地理解主体特征异质性对绿色并购和技术创新活动之间关系的影响。异质性主要表现在三个维度:从主并方特征来看,高管绿色经历能够显著强化绿色并购与技术创新之间的正向关系,表明了这种特殊经历所发挥的积极作用;相于正向业绩反馈,负向业绩反馈可以增强绿色并购对技术创新的促进作用,反映了处于不利经营状况下企业更愿意进行改变；绿色并购对技术创新的激励效应则在主并方所在地财政压力大时更为明显，说明了当前政府将环保与经济双手抓的态度。从标的方特征来看，资源存量大在绿色并购对技术创新的积极影响中产生显著正向调节，说明了资源库规模的重要作用；而绿色并购促进技术创新在标的方具有区位优势时大幅增强，显示了区位对于企业发展的重要性。从并购双方关联特征来看，知识相似性弱时绿色并购对技术创新的激励作用被强化；两者的关系在市场互补性强时更为明显；相比于远地理距离，近地理距离显著正向调节绿色并购与技术创新间的正相关关系，均显示出主并双方之间所存在的关联性特征不容忽视。

第四，重污染企业绿色并购后技术创新能够显著提升其转型力度，还可以优化提高转型效率以及促使商业模式改变。依托于先发优势理论，绿色并购作为重污染行业内所崛起的一种新兴绿色投资方式，先行进行绿色并购的企业，可以在明显促进其技术创新下，产生积极的转型效果，奠定先发优势。结论充分揭示了技术的积累、突破和创新很难一蹴而就，而绿色并购拥有绿色发展所需技术、知识和资源等，可以从外部获取战略资源和核心能力进行技术创新，这成为传统企业快速转型升级的有效途径。最终，实现打破原有发展模式和资源积累的局限，获得更为稳定持久的转型发展。该评估过程加深了对绿色并购与技术创新间联动效应的理解。

本书在已有研究的基础上，深入而系统地考察了绿色并购对重污染企业技术创新的影响，主要的创新之处有：

第一，搭建起绿色并购影响技术创新的研究框架，积极扩展了绿色并购与技术创新关系的相关研究。在主流文献中，并购和创新的概念上存在着广泛联系，然而绿色并购与技术创新之间的关系却鲜有涉及。一方面，绿色并购作为并购领域的一种新兴方式，逐渐引起学者们的关注，但仅存在有限数量的研究涉及绿色并购和相应绩效。绿色并购发展为一种与外部资源连通的重要工具，促使企业创新行为更重视向外的全面开放与整合，不仅可以引入绿色技术和资源，也强调开放式的绿色治理和管理文化，从而避免由于组织边界带来的路径依赖及管理成本过高等问题。本书研究绿色并购的技术创新效应，丰富了该领域经济后果的文献。另一方面，技术创新一直是当前及未来的重要研究领域。到目前为止，对技术创新的相关研究主要是在管理、运营领域等进行探索，且越来越多地融入财会领域以及中介层面等。本书将技术创新与会计学科的并购理论相结合，并且将研究范围拓展至重污染这一传统行业，既降低了行业层面的异质性干扰，也是对技术创新研究领域的有效扩展。最后，本书针对绿色并购对于绿色技术、资源及管理经验等获取的本质特征，基于持续创新实现机制理论，构建起绿色并购捕获技术创新机遇、增强技术创新动力和提高技术创新能力的逻辑架构，合理剖析了绿色并购对重污染企业技术创新的作用。综上所述，本书将绿色并购与技术创新相结合，清晰地揭示出绿色并购对技术创新的影响，证实了绿色投资对企业价值的正向作用。

　　第二，基于绿色并购影响技术创新的双重渠道以及三维主体特征异质性调节的解析，充分挖掘了绿色并购对于技术创新的作用机制。本书并未局限于研究绿色并购与重污染企业技术创新在整体层面的简单直接关系上，而是基于内在机理分析所提出的绿色并购对技术创新机遇捕获、动力增强及能力提高的三要素耦合机制，充分探索作用路径及异质性情境，即不仅研究绿色并购为什么对重污染企业技术创新产生激励效应，还有如何产生作用，以及在何种情况下强化或抑制作用的发挥，进而试图建立一个详细的理论框架，揭示从绿色并购活动中提升技术创新的复杂挑战。主要是从学习方式选择和资本获取的两条渠道解析了绿色并购对技术创新的作用路径，即阐明了二元学习和绿色金融在两者间关系中的传导原理，这是从企业学习和融资动态行为过程阐释实现机制的积极探索，也是佐证机遇、动力及能力微观三要素耦合作用存在性的大胆尝试。另外，基于资源基础理论及默会知识理论等，依据每一维度从相对微观层面到宏观层面进行典型特征选取的原则，分别加入并购交易双方及两者间关联性三个维度主体特征，细致分析这些因素对于机遇、动力或能力方面的影响，所得结论证实了多个异质性调节效应的存在，为未来研究方向提供更为广泛的见解，从而认识到预先存在的特征条件是至关重要的。上述测试内容均极大地丰富了绿色并购与技术创新之间关系的研究。

　　第三，有效加强了关于企业通过绿色并购及技术创新实现绿色转型等相关研究结论的现实意义。本书基于组织整体层面及微观要素层面来阐释绿色并购后的技术创新激励效应对于重污染企业转型的促进作用，深化了对于绿色并购及技术创新的认知，并充分揭示了绿色并购后的技术创新能够实现经济、社会、资源与环境的和谐统一。实证指出通过绿色并购后的技术创新孕育新的利润增长点是企业尤其是重污染企业实现转型升级的根本出路，也是其摆脱不可持续发展困境的关键路径，为企业转型升级的创新实践提供了数据支持。具体而言，本书研究的重要性体现在政府和组织均需要推动绿色发展的有效信息，以加强企业的绿色实践，而本书及时地提供了关于绿色并购影响重污染企业技术创新的最新信息，从而提高组织对绿色并购的接受程度，为类似于重污染等处于技术创新发展困境的众多企业提供清晰且令人信服的解决方案，促使企业能够积极参与并充分受益于绿色并购，推动"绿色""清洁""节能""环保"的实现，进而最终为解决我国企业通过绿色并购实现创新转型问题提供实践思路，对组织、政府及社会相关部门都具有决策借鉴价值。

# 目　　录

# 第1章 绪 论

## 1.1 选题背景与研究意义

### 1.1.1 选题背景

过去经济发展的模式主要是基于不可再生自然资源的过度消耗，这种不合理的方式迫使 21 世纪成为经济亟须向绿色化转变的一个全新阶段，与环境有关的基本问题也得到广泛关注。联合国环境规划署指出绿色发展强调生态系统的保护、自然资源的有效管理，以及二氧化碳排放和污染的减少。中国政府已充分意识到环境污染、资源枯竭和能源短缺等生态问题，在污染控制、循环经济和绿色发展等方面发布了一系列指引，且颁布不同的环境保护政策来规范经济主体的行为。例如，"十三五"规划首次提出贯彻创新、协调、绿色、开放、共享的发展理念；党的十八届五中全会指出坚持绿色发展；党的十九大报告明确强调形成绿色发展方式以及建立和完善绿色、低碳、循环经济体系；党的十九届五中全会则重申推动绿色发展。另外，随着我国《环境保护法》《清洁生产促进法》《节约能源法》《固体废物污染环境防治法》《环境保护税法》和《环境监测管理办法》等法律法规的修订实施，国家在宏观层面上逐步推动环保部、工信部和财政部等多个部门联动，共同推进新材料、新能源、节能减排、低碳绿色发展，明确规定在具体操作中全部淘汰落后产能的工艺设备，实现生产清洁化，达到绿色安全标准。在这样的全新时代背景下，存在工艺装备落后、环境污染重、能源消耗高、安全隐患多等突出问题的企业，尤其是煤炭、化工、钢铁、有色金属等依靠资源与能源高消耗的重污染企业，

1

其传统工业化道路和发展模式已不再适合国家发展议程。高环境风险有悖于绿色发展，迫切需要这类企业严格执行相关政策，加快调整与淘汰不合规生产设备、工艺和产品，采用自动化生产机器和安全、可靠的污染治理技术，合理选择低污染、低排放、低能耗、经济高效的工艺，实现环境保护与经济高质量的双赢，这种绿色发展模式将成为中国经济最重要的新增长点和动力源。

绿色发展背景下企业开始重视绿色制造并付诸行动，即在提高环境质量、实施节能减排、生产更多环保绿色产品的过程中，需要进行绿色投资，这是提高组织竞争优势和实现经济可持续发展的重要行为决策。绿色投资是企业的重要命题，可以促使生产经营活动摆脱传统业务（Chen，2010），尤其企业想要在社会与环境的和谐发展中生存与增长，这种绿色投资将必不可少。2010 年，国务院发布《关于促进企业兼并重组的意见》，有效加快转变经济发展方式和结构调整，提高发展质量和效益。2013 年，工业和信息化部、工业经济联合会发布有关方针来加快重点行业企业兼并和重组。政府开始通过相关部门发布一系列文件，鼓励企业通过并购促进绿色发展。绿色并购是一种特殊的绿色投资模式，通过将投资多元化涉入绿色活动或行业，帮助其转变成为能源效率更高、污染更少的企业。从国际经验和长期趋势看，发展时间较长、市场经营模式和竞争模式已成熟并固定的重污染企业需求峰值已越过或即将临近，不再会有帕累托改进的可能。面临无法改变的生存压力，具有"现实需要"的在战略新兴领域占据有利生态位和获取先发优势的绿色并购成为重污染企业向绿色化和低碳化发展的重要途径。此外，现阶段资源环境对重污染企业的刚性约束力逐渐增强，过去以量增长的衡量模式已不再符合高质量发展要求，具有"国家需要"的以节约资源和生态保护为导向的绿色并购成为重污染企业向清洁生产领域拓展的重要手段。例如，2017 年 2 月，百合花集团股份有限公司股权收购百合环境科技 100% 股权，通过标的方所提供的工业固废处置及设备优化技术来提高本企业固废综合利用能力。2018 年 12 月 11 日，南京红太阳股份有限公司收购重庆中邦科技有限公司 100% 股权，利用标的方核心产品三药中间体的低成本和安全环保绿色的生产工艺路线来推动本企业农药杀虫剂长远发展。在大力倡导企业积极履行社会责任的前提下，重污染企业不仅是经济主体，更是道德主体，若其以符合法规和道德伦理的方式开展绿色并购活动，满足外部利益相关者的环保诉求，将不断提高经营能力，增强行业经济活力和优化产业格局。

生态文明和美丽中国的理想以及经济高质量发展愿景与日趋恶化的环境现实之间的差距亟须弥补，而技术创新是弥补这些差距和实现环境治理的关键和有效途径。作为排污核查重点单位以及公众关注重点对象的重污染企业在可持续发展中陷入困境，根源在于创新力不足，迫切需要其通过创新改进生产技术和推进产品生态设计等，实现节能减排。传统创新观认为，技术创新是企业的灵魂，需要依靠组织自身得以实现。企业通常把创新活动作为一个内部过程来管理，主要依赖于内部能力和技术，可以保证技术机密性和组织领先地位，一般情况下只有那些拥有充足内部资源的企业才能通过创新获得收益。然而，快速的技术变革、日益增长的技术复杂度和缩短的产品生命周期，致使单个企业较难满足创新中的技术和资源等要求。另外，当前面临新兴企业的激烈竞争且处于具有商业价值的知识迅速扩散的时代，这种创新方式不再具有持续性。尤其是在传统环境下的创新和网络构建通常会受到时空的限制，企业单纯依靠自身技术创新将面临更高风险和时间压缩不经济（Dierickx and Cool，1989）。因此，基于外部知识的多样性能够加快新产品的研发速度，降低创新过程中的错误率，降低新产品开发的风险（Dyer and Singh，1998），重污染企业需要改变完全自力更生的落后心态、提高创新的开放度、扩大创新合作的边界，构建起依托于广泛知识技术的、不只是关注组织内部的技术创新模式，积极培育经济新增长点，紧密围绕国家节能减排、环境治理和绿色发展的目标和任务，实现污染防治、节能降耗及转型升级。

从传统的能源生产体系向绿色可持续的经济增长新模式转变需要找到合适的途径，而作为外部增长方式的并购可以促进这种改变，帮助企业在复杂但至关重要的过程中实现技术创新。以特殊绿色投资模式的绿色并购为代表，为重污染企业技术创新走出困境提供了契机，使企业在较短时间内获得标的企业的绿色技术、设备和人才等，创造了利用外部资源的机会，大幅提升创新空间，产生技术创新协同效应，克服内部研发长期性和高不确定性等特点，进而实现绿色发展目标。不难发现，并购和创新都是实现组织增长和树立竞争优势的工具，且越来越多的研究关注到并购与创新过程之间的联系(陈爱贞和张鹏飞，2019；佟岩等，2019)，但鲜有文献针对绿色并购与技术创新的关系进行探讨。然而，在绿色发展大背景下，重污染企业积极开展并购活动，且存在绿色并购和非绿色并购两种不同类型。那么，与为了分散经营风险以及实现规模扩张等目的的非绿色并购相比，重污染企业绿色并购的实施是否实现了明显激励技术创新的设想？另外，从动态行为过程来看，两者间存在哪几条典型的作用路径？关于并购与创新的研究得到了大量混合结果，可能与调节变量的缺失有关。而绿色并购与技术创新间关系也会受到一系列变量的调节，现有文献中较少提及，忽视并购交易所涉及的主并方、标的方以及主并双方关联特征的潜在异质性分析，会导致结论的薄弱性和模糊性。由此，本书期望通过三维解构来深入分析制约或强化两者间关系的条件，以便更好地理解绿色并购对技术创新的作用。大多数研究是通过经济绩效来评估绿色并购经济后果，但绿色并购后技术创新的转型效果如何？基于此，本书试图打开绿色并购与技术创新之间的"黑匣子"，建立一个详细的理论框架，为绿色并购所蕴含的成功机制提供一个基于技术创新视角的解释。

## 1.1.2　研究意义

### 1. 理论意义

随着并购和创新成为当今竞争战略发展的中心，了解并购交易对企业创新的影响是极为重要的。但现有的关于并购效应的研究大多局限于股东价值或企业绩效上，本书则一方面将研究从一般的并购交易扩展到日益增长的绿色并购类型，另一方面聚焦于重污染企业的技术创新研究，均拓宽了相关领域的未来发展潜力。具体来看：

第一，构建了绿色并购影响企业技术创新的理论分析框架。并购常被视为主并双方在交易基础上实现技术创新的一种途径。在绿色发展过程中，资本市场内的绿色并购活动大幅增加，同时具有重要性和迫切性的企业创新和转型行为激增，引发了本书关于绿色并购与技术创新的研究命题。作为获取标的方绿色技术、知识、资源与人才等重要手段的绿色并购，本书深入探讨了其对技术创新机遇、动力及能力的影响，进而更加深刻清晰地展示了绿色并购的积极创新效应。另外，技术创新在行业、区域、国家和全球各级的研究广泛，现有文献关于技术创新的研究对象多数涉及高新技术行业，而Spithoven 等(2010)开始突破行业限制，将技术创新的探讨拓展至传统行业。本书将实践中颇具复杂性、系统性和极具挑战性的技术创新研究领域转向重污染这一传统领域，能够更好地推断同一行业内企业发生的绿色并购如何发挥促进技术创新的关键作用。实证结果证明绿色并购是组织积极的战略反应，可以提高企业赢得生存和增长的技术创新水平，这为企业绿色发展提供了理论证据。

第二，本书同时探索了绿色并购作用于技术创新的双重渠道机制以及三维主体特征对绿色并购与技术创新关系的影响，全方面丰富了相关领域的研究。在内在机理分析所提出的绿色并购对重污染企业技术创新机遇捕获、动力增强及能力提高的三要素耦合机制框架内，充分考察了作用路径及异质性情境。现存文献较多研究二元学习的影响因素，本书挖掘了二元学习在绿色并购与技术创新之间的作用路径，可以为二元学习的研究提供新的思路。与此同时，绿色金融作为一条中介机制，加深了企业对于绿色并购的积极评价，且揭露了资本支持对于技术创新的重要作用，有助于丰富绿色金融方面的相关文献。此外，在异质性分析中，不难发现先前的文献缺乏深入研究制约或强化并购与创新关系的条件，并且较少有文献涉及多维度主体特征的影响差异。特别是在并购开展过程中所涉及的主并双方以及两者间关联性特征方面，如果不能对相关的重要变量进行控制，即忽视了主并方、标的方以及主并双方关联特征的异质性所发挥的潜在交互作用，会导致结果的不确定性和结论的薄弱性。鉴于此，本书为了更好地理解绿色并购与技术创新之间的关系，通过维度细分以及依据每一维度从相对微观到宏观层面的典型特征选取原则来明确地描述其调节效应，以此对现有文献进行改进和完善。研究结论揭示出在绿色并购对技术创新激励过程中离不开主并双方的能力以及两者之间的配合，进而企业可以通过重视、寻找及改变一些具体操作来强化绿色并购对技术创新的促进作用。

第三，依托于先发优势理论，本书从绿色并购后技术创新的转型力度、转型效率以及商业模式改变的全面转型效果评价完善了研究的逻辑链条。

在经济高质量推进过程中，重污染行业的发展大大落后于其他行业，转型迫在眉睫。与非绿色并购相比，绿色并购是重污染企业抓住绿色发展机会的积极尝试。本书主要从组织整体层面及微观要素层面阐释了绿色并购的技术创新激励效应对于企业转型的促进作用，充分奠定了先发性优势。这是对于绿色并购及技术创新的进一步深化理解，为转型升级的实现提供了理论依据。

**2. 实践意义**

重污染行业在我国工业化进程中发挥着独特作用，是国民经济的支柱产业。随着经济快速发展，我国重污染企业出现了严重的产能过剩和环境污染。虽然内部资源已被证明能够帮助企业发展核心竞争力，特别是在复杂的领域以及与其他知识领域深度集成的领域（Chesbrough and Teece，1999），但企业需要意识到除了建立内部研发所需的内部能力和资源之外，创新过程的核心还必须包括识别、连接和增强外部知识来源。先前对内外部知识资源的研究重点通常是在静态意义上检查两者之间的权衡，但是外部资源更有可能使企业跟上新技术的发展，从而增加组织在动态环境中的灵活性。并购被用作从企业边界以外的知识来源学习和获取资源和能力的一个重要手段，成为解决我国重污染行业产能过剩和环境污染的有效手段，尤其是通过绿色并购吸收其他企业先进的绿色技术、绿色资源等，整合开发绿色产品，实现节能减排和资源优化，促进经济和社会绿色发展。基于此，本书强调绿色并购可以激励重污染企业技术创新，从而赢得生存和增长，为促进企业创新及转型等提供了重要的参考路径。在绿色并购和技术创新基础之上，采用绿色技术及工艺，改进生产设备，扩大生产规模进而推动"绿色""清洁""节能""环保"的实现，最终可以为解决我国重污染企业通过绿色并购实现创新转型问题提供实践思路，对组织和相关环保部门都具有决策借鉴价值。

具体对于企业而言，创新转型将是重污染行业未来绿色发展的主旋律，组织要在该行业中立足与实现可持续经营，必须要强化技术创新活动。绿色并购则是获取、补充与完善自身技术领域和产品线的重要外部途径之一。由此，重污染企业应将绿色并购置于战略高度，积极将技术因素有机整合入并购决策之中。更为重要的是，企业在实践中要通过绿色并购方式不断开拓内部技术知识的深度与宽度，在动态行为过程中加大探索式学习，借助国家绿色金融扶持，促进技术创新水平的提升，推动绿色并购真正融入重污染企业的实际经营和产品生产之中，实现组织与经济的高质量发展。此外，并购交易双方及两者间关联特征能够显著影响绿色并购的技术创新效应，即主并方高管绿色经历、双向业绩反馈和所在地财政压力，标的方资源存量和区位优势，双方知识相似性、市场互补性及地理距离均可以在一定程度上影响激励效应的发挥。因此，企业应重视特征异质性，充分发挥其重要推动作用，促使组织在实际管理中更好地把握未来的创新战略投资方向。

对于政府而言，由于环境污染问题具有强烈外部性，可以预见到完全依靠市场进行问题解决见效将很慢，需要政府部门监管的介入。尽管当前政府及相关部门出台众多法律法规以及核查规章制度，逐步对企业行为进行规范，但是重污染上市公司年报所披露的相关环保信息缺乏实质性与有效性，侧面反映了企业对于绿色并购和创新转型的重视不够且措施乏力，在很大程度上仅停留于满足政府监管的最低层次。鉴于此，政府应采取更为积极的态度，不断完善与健全有关法规，提高企业环保投资信息披露的水平和质量，也应强化与企业间的沟通交流，及时获取陷入发展困境企业的利益诉求，有针对性地提高政府投入的力度和有效性，增强扶持效果，以及建立科学有效的评价体系。最终促使企业绿色并购后做好技术知识储备，将并购双方不同技术进行有效融合，使创新真正转化为重污染企业自身的技术能力及竞争优势。

## 1.2　概　念　界　定

### 1.2.1　绿色并购

国内学者胥朝阳和周超（2013）较早对绿色并购进行相关探索，他们认为绿色并购是以获取或拓展绿色竞争优势为动因的一类并购，其绿色性主要是对于主并方而言，借助该并购可以获得或分享自身所缺少的能够降低环境污染、减少环保成本等的绿色技术与绿色设备等；其目的性是指最终能够实现节能减排等绿色和可持续发展目标，达到经济与社会双赢效果。之后邱金龙等（2018）、高汉和胡超颖（2019），以及国外文献中 Li 等（2020）、Foss 和 Meier（2019）与 Pernick 和 Wilder（2007）均研究了绿色并购这一新兴方式，其具体内涵尚未进行统一。本书沿用潘爱玲等（2019）所提出的绿色并购内涵，即对其的界定是为提高环保水平以及向低污染和低能耗行业转型而获取节能减排等绿色技术、设备与人才等的并购。

## 1.2.2　技术创新

熊彼特在 1934 年的《经济发展理论》中给出技术创新的定义，即在新产品和服务产生过程中重新组合生产要素、引入新的生产过程、营销和商业组织等方面。基于上述概念，学者们从不同视角出发予以界定。博家骥（1998）认为技术创新是含有科学、技术、商业和金融等一系列步骤的综合过程。Tidd 等（2001）对于技术创新的定义是指将机会转化为新想法并将其广泛应用于实践的过程。Tidd 和 Bessant（2009）指出技术创新是一个漫长而复杂的过程，包括寻找、选择、实施和获取价值的阶段。Christensen（2013）最初的研究主要集中于技术创新，广义上将其定义为引入与现有产品和技术不同的一组特征、性能和价格属性的创新。技术创新具有既是过程又是结果的双重本质。本书侧重于过程导向，认为技术创新作为一种过程是从想法产生到决定实施想法再到试验达到目标的所有步骤（Greve and Taylor，2000）。

## 1.2.3　重污染企业

重污染企业的选择以刘运国和刘梦宁（2015）、邱金龙等（2018）的研究为基础，根据 2012 年中国证监会所发布的修订版《上市公司行业分类指引》，将覆盖火电、钢铁、水泥、电解铝、煤炭、冶金、化工、石化、建材、造纸、酿造、制药、发酵、纺织、皮革和矿业等重污染行业内的企业作为研究对象，具体而言主要涵盖：煤炭开采和洗选业（B06）、石油和天然气开采业（B07）、黑色金属矿采选业（B08）、有色金属矿采选业（B09）、纺织业（C17）、皮革和毛皮等（C19）、造纸和纸制品业（C22）、石油加工和炼焦及核燃料加工（C25）、化工原料和化工制品（C26）、化学纤维制造业（C28）、橡胶和塑料制品业（C29）、非金属矿物制品业（C30）、黑色金属冶炼和压延加工业（C31）、有色金属冶炼和压延加工业（C32），以及电力、热力生产和供应业（D44）。

## 1.2.4 异质性

异质性来自于拉丁语单词，是异质的状态或性质——由不同的、可区分的部分或元素组成。异质是在化学环境中以一种更具体的方式来描述由两种或两种以上不同或相同物质在不同相态组成的混合物。异质性指的是这种混合物的状态。一般来说，同质性是指单一的状态，即由相同的部分或元素组成，而异质的事物由各种不同的部分组成，常用来说明多样性。关于单词"异质性"的第一次记录大约出现在 1640 年，异质性广泛运用于生态和化学领域。随着微观数据集的传播和新理论的发展，国际贸易和宏观经济学领域发生了转变，人们的注意力转向了企业异质性，该领域研究对经济理论及计量经济学实践方面形成了长久影响。Heckman（1984）提出未测量变量的异质性是一个重要主题，因为它在数据中具有明显差异，忽视其后果是不可取的。尤其当使用面板微观数据时，该问题将变得更为明显，并且有可能观察到同一个体随时间的持续差异。

企业异质性是指组织在规模、成立年份、资本强度、所有权、人力资本、组织模式、技术选择等相关因素上的差异（Jansen et al.，2005）。多位学者对企业异质性进行了深入研究：Nelson 和 Winter（1982）提出，企业间知识资源的异质性促进了知识从领先技术企业向落后企业的流动；Schnabel 和 Wagner（1992）的实证结果表明，企业的异质性体现在组织规模、人力资本、资金密集程度、所有权和企业历史等因素上，而这些因素导致了企业技术创新扩散绩效的差异；Cozza 和 Zanfei（2016）则利用欧洲专利局的数据研究了企业异质性对外部技术连通性和创新的不同影响。考虑到企业异质性对研究的重要性，本书主要从并购交易所涉及的并购主体及关联性特征出发，进行了三个维度的全面异质性调节分析。

## 1.3　研究内容和技术路线

### 1.3.1　研究内容

在经济进入绿色发展的时代背景下，基于重污染企业现状，系统、深入地研究绿色并购影响技术创新的内在机理、作用路径、异质性调节因素及效果评价，提出科学且可行的对策建议，对于我国企业创新和经济可持续发展的实现具有重要意义和作用。本书的研究内容主要包括七个部分：

第一部分，绪论。阐述绿色背景及对企业生产经营提出环保要求下绿色并购的必要性，另外技术创新是弥补现实与理想差距的有效手段，而借助绿色并购推动技术创新是破解重污染企业创新困境的重要方式。在此基础上，对主要变量进行准确界定后，介绍了本书研究内容、方法及意义等。该部分是对本书研究的高度概括。

第二部分，理论基础与文献综述。对本书所涉及的持续创新实现机制理论、绿色理论、资源基础理论、默会知识理论、组织学习理论和先发优势理论，以及对国内外关于绿色并购、技术创新以及并购与创新之间关系的相关文献进行了综述，通过简要评述指出当前文献所存在的研究空间和未来方向，为后文研究奠定了翔实的基础。

第三部分，绿色并购影响重污染企业技术创新的内在机理。从绿色并购本质特征出发，基于持续创新实现机制理论，从"机遇、动力和能力"构成要素间耦合作用的微观视角揭示了绿色并购激励重污染企业技术创新的形成机理，即绿色并购有利于技术发展中的机遇捕获、惯性突破后的动力增强和资源寻求下的能力提升，从而促进技术创新。具体是利用2010—2018年重污染上市公司并购事件为样本，实证检验了绿色并购与技术创新之间的关系，并进行了相关稳健性检验和内生性处理，表明实证结果的可靠性。

第四部分，绿色并购与重污染企业技术创新：基于动态过程的作用路径解析。在阐述绿色并购对技术创新激励作用基础上分析其渠道机制，以此佐证机遇、动力和能力微观三要素耦合作用的存在性。本部分主要在学习和融资动态过程之上，一方面基于学习方式选择角度，揭示包含利用式和探索式的二元学习的独特内涵，剖析探索式学习方式发挥的部分中介效应；另一方面基于资本获取角度，揭露绿色金融的关键性助力，解析其所产生的中介作用。选取相关数据和利用数理模型进行三步法回归论证。

第五部分，绿色并购与重污染企业技术创新：基于主体特征的异质性分析。重点探索与识别影响绿色并购与技术创新间关系的调节因素，细致分析其对机遇、动力及能力微观三要素的强化或抑制作用。本部分主要从三个维度进行解构，由并购交易所涉及主体角度出发，基于主并方特征、标的方特征和并购双方关联性特征进行异质性分析。具体而言，依据从相对微观层面到宏观层面进行每个维度的典型特征选取原则，首先是考察了主并方高管绿色经历、双向业绩反馈和所在地财政压力的影响，其次是标的方资源存量和区位优势的作用，然后是主并双方知识相似性、市场互补性和地理距离的潜在作用，最后利用重污染企业并购数据进行对应的实证检验。

第六部分，重污染企业绿色并购后技术创新的转型效果评价。绿色并购后技术创新行为的经济后果主要体现在重污染企业转型效果提升上。鉴于此，本部分基于先发优势理论，从组织整体层面和要素微观层面做出阐释，并通过实证分析进行佐证。另外，进一步检验对于转型效率及商业模式改变的影响。据此，从转型效果全面评估绿色并购的技术创新效应，是对研究内容的后续完善。

第七部分，研究结论与启示。通过理论分析与假设检验得到本书的研究结论，不仅有效拓展了相关领域的研究范畴，即提供了新的研究思路，而且是对实践中围绕国家政策导向利用绿色并购激励技术创新而实现企业绿色发展的积极探索。最终启示不论在企业层面、政府层面还是在社会层面，均应借助切实可行的行动来推动经济和社会的双赢。

## 1.3.2 技术路线

立足绿色发展背景下重污染企业发展现状，本书在创新实现机制理论框

11

架内综合运用绿色理论、资源基础理论、默会知识理论、组织学习理论和先发优势理论等，按照"文献回顾及简评—内在机理—作用路径—异质性分析—效果评价"的逻辑链条展开对于绿色并购与技术创新之间关系的研究，增强内容的连贯性和严谨性。

在文献回顾及简评部分，细致梳理当前国内外关于绿色并购、技术创新及两者间关系的较大程度上存在密切关联的文献，在总结与深入解读已有研究视角与结论的基础上，指出理论界尚存在的研究争论及空间，为本书涉及命题的开展奠定充分的研究基础。

在内在机理部分，借鉴持续创新实现机制理论，搭建起绿色并购下的技术创新实现机制框架，即绿色并购帮助重污染企业捕获技术创新机遇，增强技术创新动力和提高技术创新能力，在分别阐述绿色并购影响三要素的过程基础上，揭示了三方面相互融合和有机耦合共同激励技术创新的一般机理。

在作用路径部分，明晰绿色并购对重污染企业技术创新的影响并非简单的单线作用，而是需要对两者间复杂路径进行剖析。主要是基于学习方式选择和资本获取的动态过程解析间接传导渠道，分别引入二元学习和绿色金融来探讨绿色并购影响技术创新的中介机制，从而证明内在机理中微观三要素间的耦合作用。受制于有限注意力及资本的企业，倾向于选择二元学习中的探索式方式，以及积极获取绿色金融带来的资本支持，这成为绿色并购促进技术创新的重要渠道机制。

在异质性分析部分，绿色并购与技术创新作为重污染企业重要的投资活动，不可避免受到多维度主体特征的影响。因此，依据并购交易涉及主体及两者间关联性典型特征的不同，对每个维度从相对微观层面到宏观层面展开解构后依次选取主并方高管绿色经历、双向业绩反馈和所在地财政压力，标的方资源存量和区位优势，以及主并双方间知识相似性、市场互补性和地理距离来分别考察对于技术创新机遇、动力及能力的强化或制约作用，以此来探究不同主体特征对绿色并购与技术创新间关系的调节效应。

在效果评价部分，检验重污染企业绿色并购后技术创新的转型效果。不再局限于从财务绩效考察经济后果，而是充分考虑重污染企业发展需求，即绿色并购后的技术创新所需达到的转型升级是其关键性目标。因此，评估转型力度、转型效率以及商业模式改变等转型效果是对绿色并购的创新效应的有益扩展研究，是指导企业实践的价值所在。

在充分考虑上述内容后，构建出本书的技术路线，具体如图 1-1 所示。

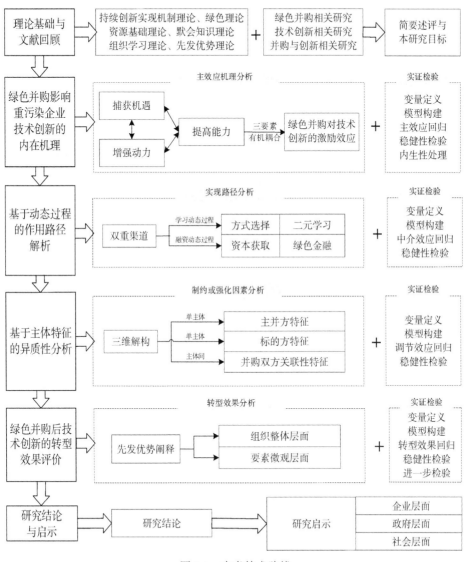

图 1-1　本书技术路线

# 1.4　研　究　方　法

本书主要将文献分析法与实证分析法相结合。

关于文献分析法，主要是利用中国知网、Google Scholar、Web of Science以及百度学术等多个数据库，搜集与阅读国内外关于并购和创新的大量文献。在分类梳理、仔细研读及归纳总结相关理论、学术观点与逻辑推导的基础上，做好文献综述。具体阐述了持续创新实现机制理论、绿色理论、资源基础理论、默会知识理论、组织学习理论和先发优势理论，以及绿色并购、技术创新、并购和创新关系的相关研究，从而评价当前研究现状，积极挖掘研究内容潜力，在此基础上明确本书研究重点，理顺研究逻辑，提出本书研究命题。

关于实证分析法，主要以 2010—2018 年重污染上市公司并购样本为研究对象，在变量定义与数据获取基础上，综合运用各种数理统计方法进行假设验证，具体包括描述性统计、相关性(Pearson)检验、变量 T 检验以及多种回归方法不断论证绿色并购对技术创新的激励效应，并且为了保证结论的可复制性，分别进行了指标替换、剔除特殊样本和增加控制变量的稳健性检验，以及倾向得分匹配(PSM)、Heckman 两阶段以及两阶段最小二乘法(2SLS)的内生性检验。采用类似的方法对多维度特征在绿色并购与技术创新之间关系所发挥的强化或制约的调节作用进行了检验。基于基本的统计方法，利用三步回归法检验了二元学习和绿色金融在绿色并购影响技术创新过程中的中介效应。除此之外，本书还利用数据包络分析(DEA)计算得到转型效率，做了进一步检验，从而更好地完成绿色并购后技术创新的转型效果的分析。以上所有数据的计算以及检验工作均是依托于 Excel、Stata15.0 以及 DEAP2.1 软件来实现。

# 1.5　主要创新点

绿色并购是近年来资本市场实践中的热点话题，但是专门针对绿色并购特殊性的研究则较为鲜见，尚未深入揭示重污染企业绿色并购的特殊属性，

# 第2章 理论基础与文献综述

## 2.1 理 论 基 础

### 2.1.1 持续创新实现机制理论

依托于熊彼特的创新理论，技术创新过程主要经历创新想法的产生、技术的获取、产品的生产以及销售获取经济效益四个基本阶段。在此基础上，向刚等(1996)首次提出基于可持续发展理论的持续创新概念，即在一个较长阶段内，企业持续不断形成和实施技术创新，促进经济效益增长目标实现的过程。他们搭建起持续创新能力、持续创新动力及创新机遇三要素所组成的企业持续创新实现机制理论框架，科学阐释三大要素有机耦合、共同促进同一系统内持续创新实现的运行机理。欧洲联盟则在1999年提出的持续创新概念中强调创新能够改进环境质量。

机遇，对创新具有重大促进作用。从字面上来理解，机遇是稍纵即逝的机会，约瑟夫·熊彼特最先明确了机遇在创新过程中的至关重要性，对该作用的论证主要是从企业家角度出发，其能否抓住当下机遇是影响创新的核心要素。管理学之父彼得·德鲁克同样是基于企业家主导力量，从其主动捕捉机会的关键作用来阐释机遇对创新的作用，即认为组织在开展创新之前机遇的平等性使企业家具备主动权，不能消极被动对待，而是需要企业家具有目的性地搜寻创新机会并开展相应活动。机遇作为组织实现目标进程中与内外部资源交互耦合所形成的理想结果，是一种短暂而易消失的有利时空区间，有助于企业赢得超常利益，是可以明显帮助企业达成目标的条件和环境(黄津孚，1999)。从决策角度来看，Ohsawa(2001)认为机遇是一种机会或风险，是能够对个体或组织的决策制定过程具有重要影响的事件或状态。Gaglio(2004)将机遇理解为对企业具有较大诱惑的对于组织未来的一种认知。世界银行经济学家们则强调了一个国家所能获得的繁荣性在很大程度上取决于机遇(黄津孚，2005)。我国最早对持续创新机遇进行概念界定的学者是汪应洛和向刚(2004)，指出企业持续创新机遇的主要特征是持续时空分布。向刚(2004)着重提到持续创新机遇搜寻的核心是企业家精神，即强调创新的实施和创新效益的实现是凭借企业家执着地发现与抓住机遇。段云龙(2010)则在考虑时间价值和风险因素下，对持续创新机遇的价值评价模型进行构建，且通过案例分析予以测算。

动力，是企业按照设置的目标采取创新行动，具有创新的主动性和能动性。动力对创新的作用主要细分为四种观点：第一种是内源观，该视角强调创新的原动力或根本动力是源自于内部因素，其中企业追求利益最大化和企业家精神是主要因素，相反外部激励因素并非动力，而是属于创新的条件(向刚等，2010)。第二种是要素观，即一系列因素和条件构成的集合可以激励组织产生意愿进而展开创新活动(Rosenbery，1974)。不同于第一种视角，该定义下动力也包含促使创新的众多外部因素。第三种是协同观，该视角与内源观的相同之处在于指出创新的自动力来自企业内部，而政府扶持、科技驱动及市场竞争等外部因素将与内部动力发挥协同作用(侯二秀和石晶，2015)。第四种是期望观，该视角认为动力属于创新主体意识，是一种主观层面的价值判断，以弗洛姆的期望理论为例，动力可以分解为主体关于现有及未来所采取创新行为的利益价值与预期实现该目标的概率间乘积的主观价值判断(万君康和王开明，1997)。向刚教授认为企业持续创新动力贴合于内源观，即组织内部因素是持续创新的根本动力，而外部推动因素应归为机遇，而非属于动力。结合多种观点能够发现，创新动力体现为企业在开展创新行为过程中的主动性与创造性，可以积极将内外部驱动因素转化成企业的创新意愿。

能力，是影响组织创新管理的要素。创新能力通常是技能和知识的复杂模式，随着时间推移作为组织惯例嵌入，成为企业的基本要素(Teece et al.，1997)。Rangone(1999)将创新能力定义为组织开发新产品和新工艺的能力，以及实现卓越的技术和管理绩效的能力。Lawson 和 Samson(2001)认为创新能力是为企业及其利益相关者持续地将知识和想法转化为新产品、新流程和新系统的能力。Neely 等(2001)提出创新能力是组织产生创新的潜力。Yliherva

（2004）指出创新能力包括组织无形资产和开发这种资产的能力，使组织能够不断产生新的创新。组织竞争力将更加依赖于未来产生创新的能力（Alasoini et al.，2007）。创新能力具有边界和过程多面性，概念存在分散性，在维度上未形成一致，其中创新潜力是影响创新能力现状的因素，反映了组织产生创新的潜在可能性。Paalanen 等（2009）通过基于实践的创新活动方法来看待创新能力，子类包括吸收能力和外部知识、组织结构和文化、领导能力和沟通能力以及个人的创造力。而 Tura 等（2008）将创新能力分为三个子类：开放能力、专长能力和操作化能力。Branzei 和 Vertinsky（2006）将创新能力定义为获取和吸收外部知识，并将其转化为新颖、独特的想法，产生并有效地将新产品或改进产品商业化来收获这些想法的能力。然而一般衡量创新能力具有挑战性，因为其本质的无形性，是一种驱动能量，能够产生和探索激进的新想法和概念，利用内外部资源发展成可销售和有效的创新。

企业不是一个拥有实现其目标所需的一切必要资源的孤立实体，需要考虑外部关系，与其他组织间的合作能够帮助企业识别、获取和应用从外部行为体所获得的知识，以发展其创新能力（Frishammar et al.，2012）。这种合作可以在类似于供应商和消费者之间的垂直关系内、竞争对手间的水平关系内或大学和研究所间的机构关系内找到（Weber and Heidenreich，2018）。此外，企业可以通过发展其搜集、分析和解释当前和未来源自消费者和竞争对手信息的能力来增加其适应外部环境的潜力。

通过持续创新实现机制理论的相关文献回顾，可以发现持续创新的实现是包含机遇、动力和能力的复杂过程，企业需要科学把握三要素内涵而促进技术创新顺利开展。

### 2.1.2 绿色理论

人类活动造成环境退化有着漫长而复杂的历史。直到欧洲全球扩张和工业革命时期，环境退化总体上仍是呈不平衡和相对局部化。20 世纪后半叶出现"现代生态危机"，其特征是环境问题在范围、规模和严重性上呈指数级增长。"现代"环境运动被公认为诞生在 20 世纪 60 年代，这是一场广泛而持久的社会运动，宣传和批评了第二次世界大战后长期经济繁荣带来的环境副作用，即快速的经济发展、新技术的扩散和人口的增长产生了越来越多的能源和资源消耗、污染和废物以及地球生物多样性的迅速减少（Dyer，2017）。20世纪 70 年代联合国第一次关于全球环境危机举行了会议，到 80 年代出现了绿色公共政策，要求人类使用绿色理论来理解和解释相关问题。到了 90 年代，自然环境作为一个日益重要的问题，要求理论以及实践的关注，尤其是越来越多的证据显示人类活动显著改变了全球气候以及生态安全。虽然在 20世纪的最后几十年，一些国家的部分环境指标有所改善，但 21 世纪的全球环境评价总体仍然不佳。2005 年 3 月完成的联合国环境规划署千年生态系统评估发现，用以支持地球上生命的生态系统服务中约 60% 正在退化或被不可持续地使用。

　　环境问题通常是无意的、分散的、跨界的、耗时长的，涉及范围广泛的行为者，成为全球性问题，需要广泛利益相关方之间进行艰苦的谈判与合作。长期以来关于生产、分配和消费的政治经济实践旨在满足人类当前的需要和欲望，形成一条特定的依赖于对自然资源过度消耗的发展道路。生态思想关注的是自然本身的利益，而不仅仅是人类在自然中的利益，绿色理论在价值中抓住了这一取向。绿色理论的出现，更为激进地挑战现有的政治、社会和经济结构，超越了环境保护主义和政治生态学。Goodin（1992）认为绿色理论的一个显著特征是它独立于实践理论或政治机构运行，是一个有价值的理论。具体而言，人类的物质发展应该受到限制。从这个意义上说，绿色理论是以生态为中心的，即支持生态中心主义（生态中心思想）而反对人类中心主义（人类中心思想）。该思想并非由于生态中心主义则忽视人类的需求和欲望，而它是把人类的需求和欲望包含在更广阔的生态视野中。生态中心主义优先考虑健康的生态系统，因为它们是人类健康和福祉的先决条件。相比之下，人类中心主义只看到自然对人类的短期工具价值。因此，绿色理论的核心是生态中心与人类中心的差别。虽然最初整体生态中心的观点意味着拒绝国内政治和国际政治的分裂，这是源于国家之间武断的边界并不符合生态系统，但随着时代推进，绿色理论能够帮助人类从长期的生态价值而不是短期的个体或政治利益的角度来重新定义环境危机等问题。

　　通过回顾绿色理论的历史发展进程及主要内涵，可以发现该理论是在充分考虑环境问题基础上打破了传统发展理论，引导人类、组织及国家充分重视生态保护，企业需要在该指引下进行相关活动。

### 2.1.3 资源基础理论

资源基础理论被广泛认为是描述、解释和预测组织关系最突出和最有力的理论之一，已经成为管理学理论史上最具影响力和被引用最多的理论。它着力阐释企业内部是持续竞争优势的来源，其核心观点为组织所获取与控制的资源和能力在具备稀有性、价值性、独特性以及无法替换性时才可以达到与保持长久优势状态（Barney，1991）。在战略管理领域当中被确定为第一个关于资源基础理论的出版物是由 Wernerfelt（1984）所发表，他试图发展一种竞争优势理论，是在企业开发或获得的资源来实施产品市场战略的基础之上，对于波特所提出的立足于企业产品市场地位的竞争优势理论形成补充。该理论是从组织控制的资源角度来看待波特所描述的竞争问题。因此，企业所拥有的产品市场地位间的竞争可以理解为其所拥有的资源地位间的竞争。Rumelt（1984）同年发表的论文讨论了类似的问题。

Barney（1986）后续提出组织控制的资源属性可以发展出一种持久而卓越的企业绩效。他认为该理论与基于产品市场地位的竞争优势理论有不同的含义，较早介绍了战略要素市场的概念，即企业在市场中获取或开发实施其产品市场战略所需的资源。他指出如果战略要素市场是完全竞争的，从这些市场可以获取资源并预期将资源用于实施产品市场战略时产生绩效，那么企业将不可能赚取经济租金。Dierickx 和 Cool（1989）扩展了 Barney（1986）的论点，描述了一个企业已经控制的资源是什么，使得该资源有可能产生经济租金。他们还认为，人力资源管理控制的资源比其他资源更有可能成为经济租金的来源。正是组织所拥有的独特资源才能使企业获得并维持卓越的业绩。Conner（1991）探讨了资源基础理论与微观经济学其他传统的关系，主要是开始探索一些基于资源逻辑含义的企业理论。Castanias 和 Helfat（1991）展示了经济租金的创造和占用如何使企业管理者和股权持有者的利益一致，以及基于资源的逻辑如何帮助解决代理理论中的激励问题。

企业资源通常具有四个属性：一是必须具有价值，因为它利用组织环境中的机会或中和威胁，二是在当前企业和潜在对象竞争过程内是稀有的，三是难以模仿，四是难以替代。这些属性可以被认为是企业资源的异质性和固定性指标，以及在产生持续竞争优势方面的有用性。资源基础理论将异质企业资源和能力的存在视为已知，并考察了这些资源对企业获取和维持竞争优势能力的影响。资源从何而来的问题只在资源基础理论中涉及，这一过程可能对其他企业内部管理人员模仿特定企业资源和能力产生一定程度的影响。因此，一般来说，历史性特别是路径依赖，是资源的重要属性，会对模仿它们的成本产生影响。

Wernerfelt（1984）和 Barney（1991）所提供的关于资源的定义颇为宽泛。Wernerfelt 谈到它是企业中任何可以被视为优势的东西，Barney 则认为包括企业控制的任何能够使其实施战略的东西，均试图表明资源基础理论的普遍性特点，而非属于中间性理论。现有文献中引入了多种资源类型，例如，Barney（1991）认为企业资源可以是物质资本、人力资本或组织资本。Stalk 等（1992）则区分了资源和能力。然而资源基础理论的核心命题并没有随着不同类型的引入而改变，即无论所讨论的资源是否被贴上"资源、能力、组织资本"等标签，该理论均认为资源只有在被激活时才有可能成为持续竞争优势的来源。所有这些不同的标签只是把"资源"这一术语所创造的巨大而无组织的空间解析为一个更有组织的空间，从而便于研究。本质上使资源成为持续竞争优势潜在来源的内核与使能力、动态能力、惯例等成为持续竞争优势的潜在来源是一致的。由此，实际上资源基础理论并非单纯针对资源，而是关于资源所具备的属性，进而资源基础理论也可以被简单地称为知识基础观或动态能力观。

目前，资源基础理论的核心主张并非动态化：拥有某种资源的企业将能够获得持续的竞争优势。但该理论也关注各种各样的动态过程，并由它们创造这些资源和优势。虽然企业运用动态能力来开发的能力可能是新颖的，但创建新能力的假定则是不变的，也就是说使企业能够开发新能力的动态能力被认为是固定的。因此，基于动态能力的模型实际上并未比资源基础理论更具动态性，从这个意义上来看基于资源基础理论的动态能力也是静态的。未来开发真正的动态资源基础模型是一大发展方向。

通过回顾资源基础理论发展脉络、内涵与本质，可以从广泛意义层面总结得到：于企业而言，资源是组织拥有的所有人力、资金和物质资源与能力，包括但不限于人力资本、有形资源、无形资源、组织文化、组织能力、知识和信息，由此获取竞争优势。

## 2.1.4 默会知识理论

"默会"是由科学家和哲学家 Michael Polanyi 所首创。Polanyi(1962)将默会知识定义为不可言语的、不直观的、不明确的知识。Nonaka 和 Takeuchi (1995)将其描述为一种非语言的、非数字的知识形式，具有高度个人性和情境特异性，根植于个人的经验和想法、价值观和情感。他们还区分了技术默会知识和认知默会知识。Gascoigne 和 Thornton(2014)为其存在和重要性进行了辩论，采用一种置于对立极端之间的策略：其一是认为所有的知识都是严格客观的或可编纂的，其二则认为一些知识是主观的或不可表达的和非概念性的。他们认为默会知识既不是客观的，也不是主观的，而是个人的；既不是可编纂的，也不是不可描述的，而是可根据上下文表述的；既不是可还原的知识，也不是单纯的能力，而是实践知识；不是非概念的，而是概念结构的。

理解企业内知识的关键在于明示知识和默会知识之间的差异性识别。默会知识是通过合作经验学习，较难表达、形式化和沟通(Inkpen and Dinur, 1998)。Spender(1996)认为默会知识是被理解为一种尚未转化成实践、已经转变为习惯的知识。相反，明示知识则具有规则和程序等正式的系统方法。默会知识可以由个人持有，也可以通过共享合作经验和对事件的解释而集体持有。个体默会知识存在于员工的技能、习惯和抽象知识。集体默会知识常存在于组织对过去的合作经验所达成的共识、惯例及文化等。Winter(1987)开发了术语——复杂性与简单性、不可教与可教、不可观察与可观察，来区分不同类型的知识。Madhavan 和 Grover(1998)对组织中的明示知识和默会知识进行了类似的区分。然而绝对的默会知识和绝对的明示知识很少见，Inkpen 和 Dinur(1998)则指出明示知识和默会知识的划分不应被视为二分法，而应该看作一个光谱，两种知识类型在两端都是极点，知识类型应是在一个从明示到默会的连续体上进行分类。

一般情况下通过衡量编纂水平可以评估知识的缄默性(Zander and Kogut, 1995)，主要是将编纂水平描述为知识在转移时以书面形式表达的程度。明示知识容易以符号方式表达，可以数字化，并通过符号传递给其他个体。默会程度越高，越难进行转移，由此默会知识的传递比明示知识的传递更加困难，从而多数组织倾向于把知识管理工作集中在开发更为容易的明示知识上。默会知识作为重要的知识类型，往往是核心竞争力和竞争优势的源泉。通常个人或企业可能选择保持其知识的缄默性，以防止转移和扩散，从而保持竞争优势。作为一种竞争优势，它由于难复制或模仿而具有可持续性。从财务角度来看，它是任何企业内无形资产的重要组成部分。此外，它对于做出正确的组织决策和创新也是至关重要。Hildreth 和 Kimble(2002)指出由于有些知识无法捕捉，需要一种方法来认识到知识存在于人而不是机器或文档中。他们建议使用实践社区，为人们提供一个环境，通过与他人的互动，在一个创造、培育和持续的环境中发展知识。

总结起来默会知识的四个主要特征：第一，本质上是个人的。该知识首先属于个人，源自他们的独特经历。在缺乏分享或编纂情况下，人员流失将转化为默会知识的损失。而创新是一种试错过程，其中默会知识和研究人员主动性发挥了关键作用。第二，发展遵循一种隐性学习。在学习中，常规或实践被非正式地吸收，个体则可以无意识地吸收复杂信息。管理领域试图将企业战略的发展描述为通过行动进行学习的新兴过程，而不是明确成文的规划过程。第三，很难将其编纂成册并以明确的方式进行交流。将默会知识转化为明示知识以促进其在组织内的分享和传播是一项重大挑战，特别是对员工流动率高的企业而言。此外，该过程面临时间和精力投入、成本、模仿风险和难度等障碍，以及在某些情况下难以识别性。第四，操作相关性。该知识来源于个人和偶然的实践学习，实际上是为完成特定任务。由此，这种实用知识"根植于特定环境中的行动、承诺和参与"。

默会知识的获取渠道主要可以分为：(1)内部流动，涉及同一组织内各个地点和国家之间的个人、团体、部门和机构层面的默会知识流动。(2)纵向企业间流动，覆盖在同一产品、过程或技术领域合作的不同行业的员工之间的联系(与买方—供应商、供应商和分包有关)。(3)横向企业间流动，指同一行业的不同企业之间员工的联系，以及员工之间的协作关系。(4)机构间流动，包括企业、高等教育机构、公共研究机构和其他中介机构之间的联系。关于默会知识发生在创新过程中的获取、利用和生产的具体阶段有：产生新的科学知识时；设计新产品引入新知识时；学习新的生产方法时；新产品或新工艺被企业内部或外部消费者使用时(Slaughter，1993)。

回顾关于默会知识理论的含义、分类与转移等具体研究，可以发现默会知识是组织各项决策与行为的关键性要素，其重要性贯穿始终。

## 2.1.5 组织学习理论

组织学习是政治学、产业经济学、经济史、心理学以及管理学等关注的焦点之一。从 Cangelosi 和 Dill（1965）开始讨论组织学习的话题以来，人们认识到学习是竞争力的关键。虽然学习是以劳动力中的个体为基础，但组织可以全面学习，即强调个体在学习中作用的同时，团体和企业将受到个体学习的影响，帮助指导和使用这种学习。学习贯穿于组织所有活动之中，且通常具有积极结果，但也可能是消极的，即企业通过犯错来学习。由于不同研究者将组织学习的概念应用到不同的领域，导致对于该术语的含义或基本性质，仍然具有一定程度的分歧。其中，既有学者从信息处理视角看待组织学习（Huber，1991），也有学者强调的是产品创新（Nonaka and Takeuchi，1995）。这些研究具有一些共同的思路，但是领域存在较大差异，涉及信息处理、产品创新或有限理性等不同现象。尽管关于组织学习是否应该被定义为认知上的变化或行为上的变化存在争议，但研究者承认学习可以表现为认知或行为的变化（Easterby-Smith et al.，2000）。因此，组织学习常被定义为组织知识的变化，该变化是作为经验的功能而发生（Fiol and Lyles，1985）。相应知识可以多种方式表现出来，包括认知、习惯和行为的变化。

关于组织学习的层级，Cangelosi 和 Dill（1965）提出学习发生在个体、团体和组织层面。然而，他们假设在每个层次上具有相同的学习过程。通过伙伴关系和合资企业之间的跨组织学习形式作为第四个层次在文献中出现（Inkpen and Crossan，1995）。关于组织学习的来源，Argyris（1999）简单总结出两种情况：首先，学习是在计划好的行动完成时发生，其次是若计划没有完成，则会发现并纠正原因。对于"检测"和"纠正"的方法是否观察组织如何学习的最佳方式一直是争论的主题。关于组织学习的类型，Argyris 和 Schon（1978）所提出的单循环和双循环学习框架在该领域被大量引用，但鉴于学习是一个极为复杂和难以精确跟踪的过程，后续很少有学者开发出类似的框架和工具，来跟踪和识别组织内的学习。

组织学习一般含有三个子过程：创造、保留和转移知识。有研究者提出搜索作为另一个组织学习的子过程，组织可以选择在当地或遥远的地域搜索新的或已知的经验(Sidhu et al.，2007)。这些子过程之间是相关的，例如，新知识可以通过转移而产生(Miller et al.，2007)。关于第一个子过程，指的是当组织从经验中学习时，新知识就会产生。了解经验对创造的影响将有利于理解知识创造的组织学习子过程。大量证据表明一个庞大、深刻和多样化的经验基础有助于创造，因为它增加了可以搜索的潜在路径数量，以及潜在的新知识组合数量(Rietzschel et al.，2007)。而先前经验会导致在解决问题时使用熟悉的策略从而限制创造性思维(Audia and Goncalo，2007)。学者们还考察了动机如何影响创造，如 Lant(1992)研究了期望水平对搜索和创新等的作用。

关于第二个子过程，其含义是随着时间推移，知识可以被保留下来，表现出一些持久性。该方面的研究主要集中在组织记忆中知识的储存和流动两部分，考察了组织记忆对组织绩效的影响，以及组织如何在记忆中"重用"知识以及是否"忘记"所学习的知识(Majchrzak et al.，2004)，即通过组织学习获得的知识会随着时间的推移而持续，还是会衰减或贬值。其中，Benkard(2000)和 Thompson(2007)等发现了知识衰退或折旧的证据。

关于第三个子过程，显示出知识可以在组织内部和组织之间转移。通过知识转移，组织会受到另一个组织经验的影响或从其他组织经验中间接学习(Argote and Ingram，2000)。一些研究识别了促进或抑制知识转移的因素，从而解释在转移程度上所观察到的变化，主要包括知识的特点、参与转移的组织特征(吸收能力等)或位置，以及组织之间关系的特征(Cross and Sproull，2004；Gittleman，2007；Zollo and Reuer，2010)。Quigley 等(2007)研究也强调动机是知识转移的预测因素。而知识转移通常发生在边界之外，其中边界可以是团体之间、组织之间或地理区域之间(Tallman and Phene，2007)。

最后，关于组织学习前因与后果方面的文献中，文化、战略、结构等各种组织因素对组织学习具有促进作用。Woiceshyn(2000)则基于对技术方面的研究，提出分配给学习的资源、动机、提供的激励、共享的价值观及企业战略等因素会影响组织学习。另外，组织学习能够影响企业绩效，或是调节其他变量对企业绩效的影响。Hayward(2002)等研究发现组织学习能够提高并购、多元化和外国企业的生存和有效性。此外，组织学习促进企业创新、增加消费者导向以及推动信息系统和业务流程再造的实施(Ahuja and Lampert，2001；Hult et al.，2000；Robey and Sahay，1996)。

结合组织学习领域的文献中关于其定义、层级、来源以及子过程等分析与梳理，可以深入理解组织学习对包含创新在内企业行为的影响，后续在具体解析中应依据情境站在不同的视角下判断组织学习作用的发挥。

## 2.1.6 先发优势理论

先发优势的概念最初源于轶事和经验证据，而非来自理论视角，证据显示先行者的竞争表现往往优于后来者。20 世纪 70 年代研究表明，在处方药（Bond and Lean，1977）和卷烟（Whitten，1979）两类产品中，第一批进入者比后来者享有更持久的性能优势。大约在 1980 年"先发优势"开始吸引管理者的注意力，他们从理论层面寻找关于为什么先行者常赚取超过资本成本的利润，且获取更大市场份额或比竞争对手生存更长时间的相关解释。进入市场的顺序和市场份额被认为具有因果相关性（Urban and Star，1991），即平均而言先行者比后来者拥有更高市场份额，而后来者又比更后来者拥有更高的市场份额。因此，企业常被鼓励采取先发制人战略，以达到先行者的地位。目前关于先发优势理论的阐释主要是经济学和消费者行为领域，即一是经济学角度的进入壁垒概念和企业效用函数等，二是消费者角度的习惯形成、学习和声誉优势等。

经济学家通常不从企业或业务单位连续进入市场的角度来看待先发优势现象，而是从进入壁垒做出分析。根据 Von Weizsacker（1980）的说法，进入壁垒是一种生产成本，由寻求进入某一行业的企业承担，已处于该行业内的企业则无需承担。进入壁垒对于非先行者而言，暗指其必须花费额外的资源，即为了在市场上与先行者展开有效竞争需要以超出同时进入情境下所需的资源。通常一个行业内的非先行者企业所面临的障碍可能与该行业外的非先行者所遇到的障碍不同（Mitchell，1991）。对于所有非先行者而言，进入壁垒的形成被认为是由于先发优势，主要包括抢占竞争对手的宝贵空间或生产资源、从初始投资中获得规模经济、从关键创新专利中获益、通过学习经济获得成本优势、从不完全模仿的知识和实践中创造成本优势（Gilbert and Newbery，1982；Lilien and Yoon，1990；Reed and DeFilippi，1990）。进入壁垒反过来延长了先行者和后来者响应之间的间隔时间，所提前的时间能使先行者从两方面获益：一是在没有竞争的情况下，先行者的角色是垄断者，可以利用该地位获得比竞争市场更高的利润或扩大整个市场规模，另外在竞争对手进入市场后，先行者通过已经建立的市场地位和学习经济曲线，可使其保持主导的市场份额和比后来者更高的利润。支持先发优势的经济论据主要是即使许多因素促成了进入壁垒，而这些壁垒是由先发而建立起来。

借鉴行为和认知理论，消费者了解品牌并形成偏好的过程对创造先发优势至关重要。当消费者对产品属性或理想组合的重要性不了解时，先行者可以了解属性的价值，确定理想的组合，并最终影响消费者的偏好，使其优于后来者。先行者通过努力营销，第一步能够建立对其有利的结构市场，第二步是定义一个产品类别作为"原型"，从而所有后来者以此作为评判标准（Howard，1989）。因为消费是一种学习经验，如果先行者的品牌被认为是理想的，形成独特的竞争优势，那么后来者品牌与先行者相比处于劣势，竞争进入变得困难。在消费者判断和决策方面的文献中可以找到相应的支持性证据（Houston et al.，1989；Tversky，1977）。该现象被称为"领先效应"，行为优势也被认为是由先行者所获得。例如，在市场上领先意味着具有高度的消费者意识，进而产品试用过程中，在消费体验良好的情况下，导致持续的再购买行为，以最小化消费者感知风险和信息成本。一旦该模式建立起来，消费者将不愿意更换品牌（Hoch and Deighton，1989）。类似地，Hauser 和Wernerfelt（1990）提出的分析模型显示后来者品牌会发现由于消费者决策和搜索成本导致其很难穿透消费者的可接受品牌集。

虽然先发优势的行为视角提供了有价值的见解，但不能充分代表现实情况。例如，隐式或显式地假定先行者提供了高质量的产品，或选择了正确的定位，抑或追求了正确的竞争策略，而后来者品牌被认为试图成为类似品牌。这样的假设不仅极大地限制了相关见解的普遍性，而且限制了其市场适用性。行为观忽略了后来者具有通过提供高价值的产品来吸引先行者的消费者和那些新进入市场的消费者的组织能力。Hauser 和 Shugan（1983）表明如果第一个进入者相对于后来者没有选择正确的市场位置，它将处于竞争劣势，而后来者将能够从先行者的错误定位中了解到消费者的偏好进而更好地定位自己的品牌。随后，Urban 等（1986）指出虽然进入市场的顺序是市场份额的决定因素，但后来者在产品定位和大力促销方面具有战略选择，这可能是更强的市场份额决定因素。Carpenter 和 Nakamoto（1990）提出的博弈论模型表明若先行者没有不对称竞争优势，后来者可以通过大量广告有效地挑战主导品牌，即通过影响消费者偏好而不是回应其偏好来获得竞争优势。由此，后来者可以减少先行者的独特性影响，并通过远离先行者、发展和建立更理想的地位来增加自身独特性。技术生命周期和博弈论等方面的文献指出后来者采用的进入策略可能远远超出差异化定位（Foster，1982；Buaron，1981）。

基于对先发优势理论的含义解释以及挑战性分析，辩证来看，短期内企业可以由先发行为奠定竞争优势，长期情况下后来者则可以通过改变战略等来扭转不利影响。

## 2.2 文 献 综 述

### 2.2.1 绿色并购相关研究

在过去十几年里，并购在企业成长和竞争力方面发挥了重要作用，特别是研究人员、经理人和银行家均对它进行了全面研究。时间因素和难以获得市场份额是开展并购最重要的原因，通常优先于内部发展。并购成为提升企业创造价值能力的重要方式。

#### 1. 关于绿色并购的内涵

绿色并购作为一种新兴并购方式，成为企业实现绿色发展的重要手段，尤其对于高消耗、高排放和高污染的典型"三高"类重污染企业而言，将是其在战略新兴领域占据有利生态位和获取先发优势的快速途径。绿色并购本质上属于企业的一种绿色投资行为，而当前理论界对绿色投资的解释尚未形成统一解释。从已有的研究来看，Kahlenborn（1999）将绿色投资描述为投资者在关注传统投资目标的同时，也关注生态目标的任何形式的金融投资。Marinoni 等（2009）认为绿色投资是环境投资，是指用于支持环境改善的社会投资。Eyraud 等（2013）提出绿色投资是为了达到降低温室气体以及污染物排放量，而非能源产品的生产与消费并不显著减少的情况下所需的投资。Sun 等（2019）认为绿色投资是以环境保护为目的对项目进行资金投资。Pimonenko 等（2019）细化绿色投资是直接投资于绿色资产的资本，其中绿色资产是能够促进实现绿色目标的资产，包括减少二氧化碳排放、缓解气候变化、推广可替代能源、绿色教育和绿色思想等。绿色投资一般有两层含义：一个是狭义层面，指为了治理污染与保护环境所进行的投资，另一个是广义层面，指利于人类福利、经济可持续发展，以及社会和谐与进步的一切积极而有意义的投资。立足于两层含义，绿色投资所涵盖的内容广泛，其中主要包括环保方面的投资及产业投资、发展循环经济方面的投资，还有目的是以承担社会责任的投资，绿色并购则是其中新兴的投资方式。

绿色并购逐渐引起学者们关注，其中国内较早开始研究的是胥朝阳和周超（2013），对绿色并购进行了初探，他们提出以获取或拓展绿色竞争优势为动因的一类并购可冠以绿色并购，其绿色性主要是针对主并方借助并购获得或分享自身所缺少的能够降低环境污染、减少环保成本等的绿色技术与绿色设备等，其目的性是为了实现节能减排等绿色和可持续发展，最终达到经济与社会双赢的效果。之后邱金龙等（2018）在实证检验中将绿色并购界定为能够取得节能减排技术、提高环保水平以及向清洁生产行业转型的并购类型。高汉和胡超颖（2019）认为有利于企业进行绿色生产达到绿色发展的并购应归类为绿色并购。国外文献中 Salvi 等（2018）提到绿色并购是指企业为获取绿色资源和开发绿色技术而进行的收购、兼并等经济活动。Song 和 Huang（2019）指出绿色并购和技术并购的内核上关于技术的获取和推广是相似的，可绿色并购的含义更广。Foss 和 Meier（2019）对于绿色并购的定义是标的企业提供一种产品、服务或流程，使用有限或零不可再生资源来提供价值，产生的浪费明显少于传统替代品。学术界对于绿色并购的内涵还在继续进行明确。

**2. 关于绿色并购的分类**

与对并购的分类相似，Lu（2021）将绿色并购划成三种形式：横向、纵向和混合。横向绿色并购是指同一行业或同一生产部门的企业之间，或者生产、销售相同或类似产品的两个（或两个以上）企业之间的绿色并购。由于是同一类型产品，交易可以在短期内改善现金流。纵向绿色并购指的是制造同一产品而处在不同生产环节的企业之间的绿色并购，主要通过并购同一产业链上具有正向和逆向环节的绿色企业，降低生产成本，扩大生产规模。混合绿色并购则是不同行业企业间的绿色并购。一般跨行业交易难以在短期内实现环境经验分享和技术交流，由此研究得到横向绿色并购产生更大协同效应的可能性最大，因为它利于获得同类型企业的环保技术和管理经验，从而扩大环境保护投资。

### 3. 关于绿色并购的驱动因素

企业绿色投资的驱动机制主要可归纳成三大类：其一为政府驱动机制，是一种外在驱动力，即企业在环境规制压力下为获取合法性而进行绿色投资，反映了企业行为受政府层面的影响。正式环境规制由政策部门提出，是以改善环境品质为目的而形成的规范，通过公权力作为保障手段实现环境保护（Frondel et al.，2007；周海华和王双龙，2016）。在正式环境规制上，领导干部自然资源资产离任审计制度的实施使得领导干部希望同时实现地区经济发展与绿色环保发展，那么其很可能会撮合地方企业开展绿色并购（曹玉珊和马儒慧，2021）。在官员更替即地方官员新上任时期，在环境治理以及环境绩效考核的压力之下，地方企业为了获取新任官员的组织合法性，很可能会积极地进行绿色并购。如果标的企业受到绿色产业政策支持，那么企业为了获取协同效应，会更加主动地进行绿色并购（黄维娜和袁天荣，2021）。其二为市场驱动机制，是一种内驱力，即企业为了获取潜在收益目的不断塑造与提升自身竞争优势而选择绿色投资。实现经济发展低碳转型不仅依赖于"硬件"层面的正式制度，更需要"软件"层面等非正式制度的升级换代。如果企业承受着较大的媒体压力，那么为了缓解社会舆论可能带来的负面影响，重污染企业会倾向于采取绿色并购措施。其三为道德驱动机制，是一种隐形驱动力量，即企业的绿色投资行为主要出自遵守伦理和道德要求。如在传统文化方面，儒家文化增强了重污染企业的环保意识，从而加快了绿色并购进程（潘爱玲等，2021）。

具体来看，组织经营状况和污染物排放会显著影响企业绿色投资行为（马妍妍和俞毛毛，2020）。而学者们开始关注企业社会责任和并购目标选择、交易不确定性和完成时间的关系。Gomes（2019）研究结果表明，企业社会责任（和环境维度）得分越高，成为标的企业的可能性越大，且社会责任（及环境维度）得分的增加降低了并购完成的不确定性（Arouri et al.，2019）。主并方的高社会责任水平则增加了并购交易完成的可能性并缩短了完成并购交易的时间（Deng et al.，2013）。其他现存文献主要集中在外部因素对于绿色并购的驱动作用。邱金龙等（2018）实证检验了正式和非正式类型环境规制对企业绿色并购的异质性影响，其中正式环境规制所包含的市场激励型呈倒 U 形，而命令控制型作用不显著，另外非正式环境规制发挥显著正向作用。潘爱玲和吴倩

(2020)基于环境治理中发挥重要作用的政府官员主体,深入考察了官员更替及调任方式对于绿色并购的明显影响,提出官员环保治理的监督和奖惩力度的积极驱动作用。另外还有科技迅猛发展的时代背景下,媒体报道与关注成为重污染企业改变行为的重要驱动力,潘爱玲等(2019)研究揭示了媒体压力下绿色并购后的会计信息质量较低,反映了绿色并购行为的工具性动机,而媒体监督治理功能的有效性需提升。目前关于绿色并购驱动因素的研究仍有待拓宽。

### 4. 关于绿色并购的后果

回顾现有金融及管理领域的绿色文献,可以发现绿色并购对企业并购后结果影响的研究有限。首先,绿色并购类投资有益于企业价值创造。普华永道(2012)一项研究证据表明,目标企业的社会责任表现在很大程度上影响主并方的评价。Lin 和 Wei(2006)强调了标的方在工作保护、公平、员工安全等方面可持续发展成就与并购绩效间的积极关系。Mirvis(2008)指出如果并购后的企业在长期视角下具有战略和文化上的契合度,那么主并方可以借助目标定位为可持续发展的标的方获得利益。根据 Godfrey(2009)的解释,具有较强社会责任实践的企业能够创建一种良好声誉,在发生不利事件时降低负面反应的严重程度,降低企业风险,为股东保留企业价值。Jo 和 Na(2012)实证证据表明实施强有力环境管理的企业实现了股票收益为正,而环境管理薄弱或缺乏的企业则出现负的股票收益,即以高环境标准为特点的企业创造价值的可能性更大。Bettinazzi 和 Zollo(2017)进一步证实了这一观念,他们发现以利益相关者为导向的企业和并购绩效之间存在正相关关系。鉴于此,绿色并购可以对旨在通过外部增长提高企业社会责任程度的主并方起到至关重要的作用。Salvi 等(2018)指出日益恶化的环境问题是绿色并购交易增长的主要原因之一,考察了绿色并购活动对主并方盈利能力的影响,并从道德角度解释环境责任对交易后财务成功的影响。Lu(2021)发现绿色并购能够改善企业环保投资进而促进企业的可持续发展。其次,绿色并购有利于风险承担。Banerjee 和 Gupta(2019)报告了关于企业层面环保实践和研发对企业风险承担的影响。Li 等(2020)则利用 2008—2013 年绿色并购活动数据,结合二级财务数据,考察了中国重污染企业绿色并购对其风险承担能力的影响,实证发现绿色并购有助于污染企业获得更多资源、缓解融资约束和减少税收负担,意味着组织合法性的提高，为企业承担更大风险提供了能力。之后学者们还研究了绿色溢价现象，即主并企业愿意为并购中参与可持续发展活动的标的企业支付溢价，该溢价以标的方的要约价格与市场价格之间的差额计算(Chan and Walter, 2014)。Gomes 和 Marsat(2018)发现企业社会责任承诺与为绿色交易而支付的并购溢价之间存在正相关关系。此外，还有研究已经指出绿色并购有利于产业结构的调整(Salvi et al., 2018)。

### 2.2.2 技术创新相关研究

技术创新被认为是组织竞争力和成功的关键。技术创新已经发展成为一个极为广泛的概念，工程学、市场营销学、管理学以及经济学均涉及技术创新，可以从不同角度来进行理解。

**1. 关于技术创新的内涵**

随着熊彼特(1912)第一次提出创新概念和理论的发展，技术创新得到了大量的系统性研究。OECD(1981)对技术创新的定义是成功开发和销售新的或改进的制成品、工艺或设备的商业使用或为社会服务所必需的科学、技术、商业和金融步骤。Damanpour(1991)指出技术创新可以是阶段性的、递增性的、产品性的、过程性的、行政性的或技术性的。Amabile(1998)将技术创新定义为在一个组织中成功地实施创造性的想法。Tidd 等(2001)对于技术创新的定义是指将机会转化为新想法并将其广泛应用于实践的过程。国内学者冯之浚(1999)提出技术创新是创造、转换和利用知识的全历程，是实现技术的产生和产品的商业化的一系列活动，即以一个设想的产生为起点，之后涵盖设计、试验和制造产品以及在市场上进行销售的环节。《中共中央国务院关于加强技术创新、发展高科技、实现产业化的决定》中明确提出技术创新是指企业对新的知识、技术及工艺加以利用，对新的生产方式和经营管理模式予以采用，产品的质量得以提高，新的产品得以开发及生产，新的服务得以提供，从而达成高市场占有率及市场价值目标。Poutanen 等(2016)则从微观层面上认为技术创新是不同主体之间的互动、关系形成和知识创造过程。这些定义强调了技术创新既是过程又是结果：当技术创新作为一种过程时，常被描述为一个想法的使用、介绍和应用或开发和实施；当定义侧重于结果时，技术创新被定义为一种产品、过程、软件、想法、概念等，在其所引入的环境中被认为是新颖的。总体而言，当前研究人员对于技术创新的概念界定并未形成共识，相关定义的侧重点不同：一些主要是从技术的创造性特点出发，一些是着眼于流程的复杂综合性，另外则是落脚于产品的商业化价值。

熊彼特（1934）区分了五种技术创新类型：新生产、新生产方法、开拓新市场、向市场提供产品的新方式和企业组织的新方式。Cooper 和 Kleinschmidt（1986）通过对 195 种新产品的研究，将创新性分为"高""中"和"低"三种类型。高度创新包括新的产品和新的生产线，这也是新的市场。中度创新包括企业创新性较低的新产品和新产品线。低度创新则包括修改、降低成本和重新定位。Diaconu（2011）指出技术创新也可以划分成产品创新与过程创新。产品创新是指新的或改进的产品、设备或服务在市场上获得成功。过程创新包括采用一种新的或改进的制造或分销过程，或一种新的社会服务方法。这两种创新之间并非相互排斥，例如，过程创新可能会导致产品创新，同样产品创新也可以诱导过程创新。

**2. 关于技术创新的特点**

首先，技术创新的一大特点是其高度不确定性（Tripsas et al.，1995），表现在三个方面：产出水平、产生回报时间和具体应用领域，甚至不确定投资的预期结果能否真正实现。从事这些技术创新活动的投资者并不具备从投资中获得全部收益的安全性。其次，技术创新具有路径依赖的特点。现在的决策受到过去选择的限制。对一种方法的连续投资，无论是认知的、行为的还是经济的，都会导致特定方向的动量增加，从而创造出一个"轨迹"（Dosi，1982）。这种路径依赖很可能导致对行动的承诺升级，从而与现实相冲突。最后，复杂性是技术创新的重要特征。作为企业一项重要投资决策，面对不断变化内外部环境的复杂情况，技术创新将是一个难度颇大的决定。

**3. 关于技术创新的影响因素**

自 20 世纪 50 年代以来，针对技术创新的一大类研究是基于微观经济角度，来探究影响技术创新的因素。目前，文献中存在各种因素对企业技术创新产生影响。首先，外部环境是推动技术创新的基本因素之一。Miller 和 Friesen（1984）和 Carlin 等（2004）指出消费者需求的高变化率和激烈的竞争有利于技术创新。其次，企业特定特征是技术创新的重要决定因素。学者们将技术创新与企业规模、企业年龄、盈利能力、出口收益和资本密集度等因素联系起来（Brunnermeier and Cohen，1999；Coad and Rao，2010；De Loecker，2013；Stoever and Weche，2018）。Ghisetti 等（2015）得出企业知识来源的广度对创新具有积极影响。企业的经验和资源基础，以及内部管理流程对技术创新的成功也非常重要（Cohen and Levinthal，1990）。另外，高管和员工个人特质发挥重要作用，如 Barker 和 Mueller（2002）指出年轻且具有职业背景的高管所在企业的技术创新程度更高。在拥有更多受过教育和技术上合格员工的企业中，对技术创新的态度也更为积极（De Miguel and Pazó，2017）。最后，技术创新的成功实施需要供应商的协调、国际市场的参与、外资的存在等因素（Gann and Salter，2000；Kemp et al.，2000）。

大多数关于技术创新决定因素的实证研究是在工业化发达国家所进行，但利用技术发达国家的创新研究结果来解释技术基础较不发达国家的创新行为可能是不恰当的。于是东欧转型经济体、伊朗以及中国开始开展大量相关研究。在独特的中国情境下，梁娟（2007）和葛红岩（2010）指出企业文化对于技术创新的重要导向作用。文芳（2008）和周建等（2013）研究了高管及团队特征与企业技术创新之间的相关关系。冯根福和温军（2008）、苏文兵等（2010）及鲁桐和党印（2014）从公司治理角度研究了其对企业技术创新的影响，发现股权机构以及激励机制等发挥重要作用。王文寅和菅宇环（2013）综述了社会网络的密度与联系强度以及资源整合行为推动企业技术创新的影响过程。张娜等（2015）实证探究了内部创新、产业组织、制度环境和技术溢出效应对于高技术产业技术创新的影响机理。余子鹏和王今朝（2015）借助调查数据检验得到内外部众多因素对于技术创新的差异化影响，其中优惠政策及劳动力市场等未显著作用于企业技术创新，管理者年龄、企业设备水平和制度制定等因素对技术创新选择产生较强影响。另外，产业政策对于企业技术创新形成了明显的促进效应（余明桂等，2016）。

### 4. 关于技术创新的经济后果

学者和实践者都认识到技术创新对于企业获得可持续竞争优势的重要性。文献中的许多跨学科广泛研究着眼于技术创新和企业绩效之间的联系。总体来说，有明确证据显示技术创新对企业的长期盈利能力和增长起着至关重要

的作用（Atalay et al.，2013；Camisón and Villar-López，2014），例如早期
Franko（1989）证明了研发支出和企业随后的销售收入之间的积极关系。
Geroski 等（1992）表明技术创新能够使企业获得更大的市场份额和更高的增长
率和利润。Mann 和 Babbar（2017）同样发现，创新公告带来了积极的市场回
报。国内学者徐欣和唐清泉（2010）、单春霞等（2017）以及范旭和黄业展
（2018）均得到类似的研究结论。然而一些学者由于相关的高投资成本、回报
的不确定性、获得回报的长时间延迟、难以有效衡量回报以及理清感知的失
败风险原因则反对技术创新的绩效效益。例如，Durand 等（2008）报告称，中
小企业在生物技术领域的财务业绩受到其创新活动的负面影响。同样，
Vermeulen 等（2005）以及 Tahinakis（2014）等得出的结论也是技术创新强度对
企业绩效的影响为负向。

在复杂的社会生态系统中，技术创新是实现可持续发展的关键。创新和
可持续发展转型文献中的一个主题是更深入地关注技术创新在转型中的作用
（Loorbach and Rotmans，2010）。Kaschny 和 Nolden（2018）认为技术创新不仅
影响到企业的所有领域，而且还影响到众多流程，这些流程需要根据技术创
新活动进行修改和调整，从而引起企业转型。彭薇等（2020）指出技术创新可
以促使企业在生产过程中不断提高产品附加值，转变生产模式和实现转型调
整。熊立等（2017）以及赵玉林和裴承晨（2019）实证检验后得出技术创新对产
业转型升级有正向推动作用。

对技术创新研究的回顾表明，技术创新是一个多方面的结构，恰当和充
分地捕获其内容仍然是一个开放的研究领域。

### 2.2.3　并购和创新关系研究

大多数经济组织理论依赖于每笔交易的成本与收益的比较来解释经济活
动，通常忽略了多种创新来源的可能性。借鉴交易成本经济学和产权理论的
文献，一般将外部资源和内部发展之间作为替代性选择，即经典的自制还是
购买决策。技术过程通常是缄默的，因此不容易从一家企业传播到另一家企
业（Larsson et al.，1998）。为了避免高昂的交易成本，企业可能会被诱导进行
内部研发，以解决默会知识传播的相关问题（Bresman et al.，1999）。与此同
时，由于创新成功的低概率和提供足够回报所需时间长度所带来的高风险，

内部发展很可能会被企业感知。因此，当面临资源约束或有吸引力的外部创新来源存在时，企业更倾向于在内部研发投入较少的资源。有现象表明并购具有创新投资组合的企业通常比企业在开发知识资产方面更具确定性，风险更低。

鉴于此，并购与创新的关系已经受到了学术和实践领域的关注。然而，关于并购交易与创新之间的关系存在争议。在所有的创新发展过程中，无论是内部还是外部的组织边界，并购通常是在一个动态环境中的有效反应，将创新元素进行迅速整合（Dallocchio et al.，2015）。并购后的创新是参与并购的主要动机（Ahuja and Katila，2001；Desyllas and Hughes，2008）。目前的研究表明，并购对企业创新有积极的影响，可以提高技术创新水平（Ma and Xiao，2017）。例如，并购被视为吸收标的企业的知识库（Bresciani and Ferraris，2016），该过程可以通过提供规模经济，并通过增强主并方的创造性重组潜力，扩大其知识库从而增加创新产出。主并方企业可以收购具有较大研发强度的企业以学习其先进的创新能力（Anand and Delios，2002）。并购同一或互补技术领域的企业，并购方通过消除冗余实现研发效率，开发新的知识和技术（Makri et al.，2010）。相反，其他学者则认为并购对企业创新有负面影响。经常发现并购不会增加研发投入水平和专利产出，反而会削弱创新，只是替代了创新的内部发展（Cassiman et al.，2005）。具体而言，Carayannis 等（2017）指出并购涉及多个复杂层面，如管理、整合和交易成本等问题。因此，在现有的并购文献中，创新成为具有普遍性争议的问题之一。

绿色并购是广义技术并购的延伸。技术并购强调其交易是为了技术的获取和推广，而绿色并购的含义涵盖但不局限在该方面。胥朝阳和周超（2013）认为绿色并购是在获取或扩大自身绿色竞争优势的基础上进行的并购。虽然国内外学者对绿色并购进行了一些探索，但对绿色并购创新效应的研究还比较欠缺。在瞬息万变和风险高的技术领域，企业不得不寻求技术合作。第一次对技术并购理论进行研究是在 1975 年，Williamson（1975）初步阐述了技术并购的发展动机，随后 Lehto 和 Lehtoranta（2004）、Granstrand（2005）明晰了取得发展所需的技术资源是驱动企业实施技术并购的根本因素。并购文献也强调了当前的并购趋势。De Man 和 Duysters（2005）的研究综述指出，并购是用来吸收外部技术来应对急剧变化的经济。Rossi 等（2013）的另一篇并购文献综述发现，在生物技术、ICT、电子和电信行业，获取目标企业的技术是并购的主要动机，而且技术并购交易的数量在不断增加。此外，Ferreira 等（2014）的一项关于并购的文献计量研究发现，1991 年之后并购文献之中的技术创新、知识和学习等术语被越来越多地使用，而重组、进入模式和国际战略等术语的研究则较少。而国内对技术并购的研究起步较晚，其中刘开勇（2004）对技术并购进行了系统研究，他认为技术并购是指对中小企业的大规模并购。这开启了国内关于技术并购的研究，从那时起逐渐形成与完善了针对技术并购的理论框架。一系列研究意味着知识、技术和创新受到了并购研究人员的关注，技术并购是目前并购研究的主流之一。然而，许多文献指出迄今为止，对类似于技术并购的关注度仍不够，研究也存在忽视分析该类型并购在创造技术创新中的作用。

在以技术为导向的并购中，主并方吸收外部知识的能力对于成功整合所并购的研发和其他技术股份至关重要（Chesbrough，2003）。该类型并购为企业提供了获取新创新的手段，以补充其现有的技术资本存量，从而提高其研发活动（Hitt et al.，2001）。Conn 等（2005）认为技术驱动的并购对主并方是有益的。Higgins 和 Rodriguez（2006）报告指出，低研发生产率可能是并购研发型企业的潜在动机，即企业可以使用技术并购作为其内部研发的替代品，以弥补其研发差距，并重组和重新定义其研发活动。Higgins 和 Rodriguez（2006）一致认为技术并购之所以会产生价值收益，是由于主并方和标的方可以通过改善和补充主并方的研发活动来创造技术方面的协同效应。虽然非技术企业并购技术企业可能是为了获得目标企业的成长机会，但它可能没有能力为其当前的研发活动创造额外价值。与非技术并购不同的是，企业技术并购开展的目的是通过对于标的企业知识的吸收来快速强化自身研发能力，并创造出仅靠自有资源无法产生的创新。Ahuja 和 Katila（2001）等研究表明技术并购可以提高创新绩效，而非技术并购对后续创新产出没有显著影响。具体是以 1980—1991 年间欧洲、美国和日本的 72 家大型化工企业为例，创新是由主并企业在收购后 1 到 4 年内获得的基于 USPTO 的专利数量来衡量的。他们将技术并购与非技术并购区分开来，发现后者对企业的创新措施没有显著影响，而技术并购目标方知识库的绝对大小对创新产生积极影响，目标方知识基础的相对大小对创新产生负面影响。其中知识库的大小是通过并购前 5 年企业各自所持有或引用的专利来衡量的，相对知识库则是目标知识库除以收购者知识库来衡量。

### 2.2.4　简要述评

　　并购和创新均是企业重要的投资活动，对企业、社会和国家的发展发挥着不可或缺的作用。现存相关研究领域不乏针对两者的文献，定性与定量分析丰富了方法类型，前因与后果充实了观察视角，强化或制约因素补充了测试维度。正如通过对绿色投资领域相关文献的分析，可以发现当前研究大多集中在企业的绿色管理策略、影响其实施的因素、典型的实施路径和绩效反应上。关于并购对经济影响的研究很多，但是关于并购对企业创新的影响并没有得出一致性结论，且相关文献大多基于发达国家和发达经济体，而针对中国本土研究仍不够细致。基于中国国情与国外环境存在极大不同，研究结论的推广性和适用性存疑，由此依据我国企业数据得出的结论将更有价值。另外，绿色并购是近两年发展起来的研究话题，作为能够发挥重新配置资源和调整企业发展方向作用的重要投资方式的并购行为，针对这一现象的学术认识和理解却较少，尤其鲜有文献将其与创新相结合，相关研究领域还较为欠缺从绿色并购角度直接关注其创新效应的实证研究。作为绿色投资的进一步衍生物，从绿色并购的角度研究创新问题，是对绿色投资相关研究的进一步细化，将提供具有启发性的理论框架。

　　与国外已有的大量丰富的研究成果相比，国内有关于技术创新的科研起步相对较晚，本研究可以从国外文献中获得有价值的方向，一方面是多个视角的探讨可以增强对技术创新的认识。从前因、过程到对绩效后果的影响均大幅拓宽了熊彼特最初提出的技术创新内涵，取得了一定的研究成果。但目前国内外关于技术创新与并购结合的研究还相当有限，并没有系统地捕捉到绿色并购与其的关系。另一方面是现有研究主题指引了本次研究的内容和方向。国外文献主要聚焦于技术创新的诱因、类型、机理与后果等多个层面，其中关注焦点是其驱动因素以及其对经济绩效的影响，有利于广泛而系统地揭示技术创新的运行机制，也是为后续研究人员的科研提供了相应的思路和线索。但是其缺乏深入性和系统性，且多数运用调查问卷方法或聚焦于工业及高新技术产业等进行分析，仍缺乏重污染行业的数据支撑，这是本次后续研究的重要切入点。具体而言，重污染行业内企业的并购和技术创新的研究成果仍较少，缺乏聚焦于该行业的针对性解释，导致未形成具有实践指导价值的实用性措施。对于同行业内的重污染企业而言，技术创新的差异应从不同类型并购交易的层面进行阐释，且需要充分解构并购交易涉及主体维度的特征，期望通过聚焦性研究为具有类似特征的行业内企业形成渗透效应，这也为本次研究提供了一定的研究空间。

　　鉴于此，本书的研究将解决以下几个问题：第一，基于重污染企业不同并购类型的分析，即与非绿色并购相对比，来考察绿色并购对技术创新的作用是否符合"激励论"；第二，从动态行为过程探寻绿色并购对技术创新的作用路径有哪些，进而丰富两者间内在机制的理论框架；第三，纳入多维度主体特征的影响进行绿色并购与技术创新间关系的异质性分析，探讨不同情境下绿色并购创新效应的差异如何；第四，从绿色发展背景出发探索绿色并购后技术创新的转型效果如何，来进一步完善两者间的互动关系。

# 第3章 绿色并购影响重污染企业技术创新的内在机理

## 3.1 重污染企业的发展困境

党的十八大做出关于"大力推进生态文明建设"的战略决策，把生态文明建设提升到与经济建设、政治建设、文化建设、社会建设并列的位置，形成了中国特色社会主义五位一体的总体布局。党的十八届五中全会首次将绿色与创新、协调、开放、共享等共同构成五大发展理念，实现以效率、和谐、持续为目标的经济增长和社会发展方式，对推动生态文明建设具有重要意义。习近平总书记在党的十九大报告中提出坚持人与自然和谐共生及绿水青山就是金山银山的理论，强调生态文明建设与绿色发展，加快建立绿色生产和消费的法律制度和政策导向，建立健全绿色低碳循环发展的经济体系。党的二十大再次明确强调了"推动绿色发展，促进人与自然和谐共生"，绿色发展已经成为一个重要的时代命题。党和政府愈发重视生态文明建设，打造绿色经济。生态文明建设强调尊重自然、保护自然、与自然和谐共处，在开发利用自然资源的同时，更加注重绿色发展、低碳发展、循环发展（史丹，2018）。绿色发展则以人与自然和谐发展为导向，以经济、社会和环境可持续发展为目标，推动经济结构调整。

重污染企业是促进我国经济发展的关键主体，同时也是环境污染物的主要来 源。在过去相当长的一段国民经济发展进程中，重污染企业都承担着重要的经济角色，驱动着我国经济总量的持续增长。随着资源过度消耗现象和生态环境污染问题日益严重，如大气污染、土壤退化、水体污染等，政府环境治理压力越来越大，对环境保护的重视程度和环保要求越来越高，我国环境规制事业开始战略转型，发展理念由"重经济增长，轻环境保护"转变为"重经济增长与重环境保护并行"。在我国大力推进生态文明建设的基本方针下，重污染企业的发展面临着诸多压力与困境，这些因素的存在阻碍了企业自身的可持续发展，更不利于我国经济的改革。

**1. 法律法规及政策制度规定日趋严格**

党的十八大以来，我国更加重视生态文明建设，根据绿色发展的目标与要求，完善与出台相关法律法规与政策制度，致力于建设完备的法律体系与政策保障。我国相关部门在已有的《环境法》等法律基础上，又明确提出构建自然资源资产产权制度、资源有偿使用和生态补偿制度、国土空间开发保护制度、资源总量管理和全面节约制度、空间规划体系、环境治理和生态保护的市场体系、环境治理体系、生态文明绩效评价考核和责任追究制度八个方面的制度体系(史丹，2018)。这些法律法规及政策制度大力倡导绿色循环经济，对于企业的清洁生产、污染物排放、能源消耗等环境方面提出了明确的要求，鼓励企业建立绿色低碳循环发展的生产体系。遵守相关法律法规及政策制度，规范经营是每个企业生存发展的前提与必要条件。重污染企业相较于其他企业而言，对于达到我国的法律法规及政策制度的要求有一定的难度，易出现违反法律的污染行为。在我国日益严格的政策法规体系下，越来越多的重污染企业存在环境违法违规问题，并受到了严厉的处分与整治。为达到相关政策法规的严格要求，重污染企业面临着巨大压力，违法违规行为的出现阻碍企业进一步可持续发展。

**2. 对重污染企业的环保执法力度不断加强**

为配合相关的法规制度，保障其有效性，我国建立了一批专业素质过硬、训练有素的环境执法队伍，严格按照法律法规，对重污染企业污染源进行监察，对违法违规项目进行整治，对环境破坏行为进行查处。为顺利实现生态文明建设的目标，我国不断加强执法力度。2022 年，生态环境部颁布了《关于加强排污许可执法监管的指导意见》，文件指出要创新执法理念，加大执法力度，优化执法方式，提高执法效能，健全执法监管联动机制，构建企业持证排污、政府依法监管、社会共同监督的生态环境执法监管新格局。执法力度的提升加强了对于企业日常经营行为的监督，重污染企业作为污染物的主要来源之一，更是得到了相关政府部门的重点关注。与此同时，中央环保督察组从 2016 年 1 月开始进驻各地级市，大力展开环保督察工作，至 2022 年为止已经开展了两轮全面督查工作。环保督察组重点核实习近平总书记等重要领导同志有关生态环境保护指示文件的落实情况；贯彻新发展理念；检查有关环境保护法律法规及政策制度的执法情况；针对企业重点督察污染防治主体责任落实情况、污染防治工作进度、企业生态环境保护现状及遵守法律法规情况、生态环境风险防控情况等。环保督察工作进一步加强了对于重污染企业的监管力度，促使企业调整经营策略，切实落实环保义务。在我国不断加强的对于环境保护的执法与监督力度下，重污染企业的环境违规行为更易受到查处。重污染企业积极转变发展方式，降低污染物排放迫在眉睫。

**3. 企业环境责任履行重要性日益提升**

企业是社会的一部分，与个体公民一样，既拥有社会公民应享有的权利，又需要承担相应的社会责任，权利和义务应相统一，尤其是企业在经营过程中需要将权利与义务融入企业战略之中（赵琼，2007）。企业作为经济效益与社会效益的统一体，在追求利益最大化的同时，需履行相应的社会责任。随着我国生态文明建设进程的不断推进，企业对资源环境和可持续发展的责任在企业所要承担的社会责任中的重要性不断提升。尤其对于重污染企业而言，承担环境责任关乎企业的长远发展。2021 年，生态环境部印发了《企业环境信息依法披露管理办法》（以下简称管理办法）。该管理办法聚焦于重点企业，将重点排污单位、环境风险高、具有生态环境违法行为、与公民利益密切相关的企业列为环境信息依法披露的责任主体。同时，管理办法规定了企业应当于每年的 3 月 15 日前披露上一年度的环境信息，主要包含以下多方面内容：第一，企业生态环境保护等方面的基本信息；第二，企业环境管理信息；第三，污染物排放、碳排放信息；第四，生态环境违法信息；第五，生态环境应急信息等。企业环境信息综合反映了企业履行环境责任的状况。依据信号传递理论，企业及时披露与环境保护有关的信息会向社会公众传递积极承担社会责任的信息，能够提升企业声誉，引导稀缺资源的流入，提升股价（邱金龙，2018）。依法开展环境信息披露是消除信息不对称导致的市场失灵和落实企业环境责任的重要基础。重污染企业是管理方法重点监督的单位，且其为重要的污染物排放物来源，易产生环境违法行为，面临着不佳的环境责任履行困境。通常上市公司的环保绩效会影响投资者的决策，而股票市场会对企业重大污染行为做出显著负面反应，股票收益下降(沈红波等，2012)。长期来看披露消极的环境信息会对企业的形象带来不良影响，严重损害企业声誉，极其不利于企业价值的创造。

**4. 社会关注与媒体监督压力持续上升**

媒体是信息传递的中介，兼具独立性和专业性，媒体的介入可以降低企业内外部信息不对称(潘爱玲等，2019)。媒体监督作用的实现主要是通过媒体对企业负面新闻的报道，根据有效市场理论，如果企业被报道了负面信息，信息交易者和噪声交易者就会根据信息重新进行资产定价，媒体的大量负面报道则会加剧企业财务绩效的降低(黄辉，2013)。尤其对于高污染型企业来说，媒体处于自身生存空间或利益的考虑，往往更偏向于曝光这类组织的污染负面信息，以获取更多共鸣(Bushee et al.，2010)。媒体对于重污染企业的负面报道一方面会引发公共舆论，影响投资者的决策，给股价带来消极作用，另一方面则会引发政府的介入与调查，并使企业受到相应的处罚(Snyder and Stromberg，2010)。媒体监督提升了企业污染事件被曝光的概率，加大了企业的生存风险。重污染企业一旦产生负面新闻便面临着财务绩效降低、受到行政处罚的困境。对于公众而言，作为环境污染最大的受害者，绝大多数与媒体一样，具有强烈的动机来监督企业的污染行为(潘爱玲等，2019)。随着绿色发展理念的普及、人民对美好生活的日益向往，社会公众的环保意识不断增强，对于企业环保行为的关注度大幅提升。其一是互联网的发展为社会公众参与到自愿的环保监督中提供了重要的有效途径。随着网络信息的透明化，借助媒体的力量，社会公众可以实时掌握企业的重大环保事件，了解企业更多环保信息。其二则是互联网也为社会公众提供了相对广阔的发言平台，尤其是数字化时代下群众具有言论自由，可以对事件进行客观的评价。一些反映当今社会主要矛盾的事件、自然灾害、与民生息息相关的事件经网络报道后极易引起传播与讨论，并形成网络舆情(姜胜洪，2008)。特别地，重污染企业的环保违规等丑闻事件的发生会导致公众对企业产生负面情绪，对企业品牌所持信心下降，从而影响购买意愿与品牌价值(顾浩东等，2019)。

**5. 环境污染违规成本大幅增加**

企业的负面环境事件主要分为环境污染事故、政府处罚、环保诉讼及媒体曝光等(沈红波等，2012)。一方面，政府处罚和环保诉讼会直接导致企业经营成本上升。我国为环境保护制定了颇为严格的法律法规，并不断加大处罚力度。其中，重污染企业一直以来是政府环境部门监督的主体，一旦发生环境违法行为，便面临着被罚款、整治甚至停业的风险。例如，紫金矿业集团股份有限公司在 2010 年因紫金山金铜矿重大环境污染事故被处罚金 3000 万元，多名企业负责人被追究刑事责任。2017 年，浙江宝勋精密螺丝厂因倾倒固废污染长江被判处罚金 1000 万元，多名相关负责人被追责。由此可见，这些处罚款的缴纳直接增加了企业的经营成本，降低其利润，导致企业面临重大经营风险。

　　基于此，积极保护环境、进行生态文明建设、贯彻绿色发展理念是我国经济的基本发展方向。尤其是随着我国环保立法进程的不断推进，公众环保意识的不断增强，环境违规行为必将受到更严重的处罚，对企业的发展产生长期的负面影响。近些年重污染企业环境违规事件频发，倒逼其调整产业结构，减少污染物排放，发展绿色循环经济势在必行。为了达到上述目标，绿色转型是重污染企业的首要选择。企业绿色转型是以资源节约和环境友好为导向，推进国家可持续战略的实施(刘学敏和张生玲，2015)，实现生产过程的绿色化，获得经济效益和环境效益的统一的重要途径，是企业迈向"能源资源利用集约、环境影响降低、污染物排放减少、劳动生产率提高、可持续发展能力增强"的过程(李平，2011)。

## 3.2　重污染企业绿色并购的优势

### 1. 速度优势

　　相较于其他绿色转型模式而言，绿色并购具有显著的速度优势。企业内部环保投资与绿色创新往往具有投资周期长的特点。研发投入周期长，见效慢，企业往往积极性不是很高。并且环保投资的积极影响并不是立竿见影，而是一个渐进的过程，会产生滞后效应。在滞后期内，企业逐渐加大环保投资，这在一定程度上增加了企业的经营成本，在短期内使企业的利润水平有所下降，企业经营风险上升，进而会增加投资者要求的报酬率，股权资本成本呈现出不降反升的趋势(李虹等,2016)。

绿色并购快速地引进标的企业的清洁能源和节能减排技术,节约研发投入,提高经营效率。同时新技术的溢出效应还有助于企业原有技术水平的提升。技术的革新不仅可以实现企业能源利用率的提高和单位产品污染排放量的减少,还可以提高污染排放物的再处理水平,帮助重污染企业快速达到绿色生产的目的。在重污染企业转型的过程中,帮助企业占据有利生态地位,获得先发优势。特别是当企业面对媒体的负面报道时,绿色并购可以极大缩短反应时间,迅速以实际行动回应消极媒体信息,从最大程度上降低负面报道带来的企业形象损害。

**2. 传递信号优势**

根据信号传递效应,企业进行绿色并购可以传递企业保护环境,积极履行社会责任的信号,有利于提升企业的声誉;此外,根据眼球效应,关注是一种稀缺资源,个体只会对吸引其关注的信息加以反应。企业进行绿色并购需要发布并购公告,相较于内部环保投资与绿色创新而言,更能吸引投资者的关注。同时,绿色并购属于符合国家发展要求的热点题材,也会引发媒体的追踪报道。重污染企业通过绿色并购向公众传递绿色转型和合规经营的信号,为企业贴上"绿色发展"标签,有利于企业良好社会形象的塑造。

**3. 缓解挤出作用**

从经济角度出发,环保设备造价高昂,高成本的环保投入不能够为企业带来可见的收益。研发投入往往占用大量资源,研发效果却难以预期。环保投资与绿色创新会制约或挤占企业对其他项目的投资,具有较高的机会成本,从而影响企业进行环境治理的主观意愿,企业难以实现经济效益和环境效益的统一(唐国平等,2013)。实施绿色并购则能在很大程度上缓解挤出作用,特别是在实施绿色并购以后,重污染企业一方面可以继续充分利用现有的资源,保持企业正常经营活动,防止经济绩效大幅下滑,另一方面可以通过绿色并购创新现有生产方式,实现绿色生产,扩大企业的生产规模,为企业带来规模优势,由此也保障了企业对经济效益的追求,实现了包括经济效益,环境效益和社会效益在内的综合效益。

# 3.3 理论分析与研究假设

重污染企业生产特点是基于资源的巨大耗用，生产方式广泛存在低资源利用率，最终导致环境污染和生态破坏，造成资源少、环境容量小和生态脆弱的困境。在绿色发展重要战略思想指引下，资源环境对企业的刚性约束力逐渐增强，引导重污染企业淘汰过去陈旧模式，加快绿色调整。因此，一方面是推动国民经济发展的重要动力源，另一方面则是消耗资源环境的主要领域，重污染企业所面临的绿色发展已上升到政治高度，对于促进经济高质量具有重要意义。借助绿色并购，重污染企业可以开展技术改造，提高生产效率，减少污染物排放，节能降耗，在存量方面淘汰落后产能、促进产业调整，在增量方面助力动能转换，实现绿色发展目标。

根据熊彼特的观点，类似于有机结构中细胞的再生过程，一个经济体只有通过技术创新才能获得更新。企业需要技术创新，不仅是为了迅速成长，也是为了生存（Cefis and Marsili，2006）。一般而言，并购被越来越多地看作从组织边界以外的知识来源学习和获取资源、能力的机制（Cassiman and Veugelers，2002）。依据潘爱玲等（2019）的研究，绿色并购的绿色性主要体现在上市公司为了获取或者拓宽企业发展所需的清洁能源和绿色技术等，与技术驱动型并购内涵相似。针对包含技术类在内的并购与技术创新的关系，成本假说认为并购会增加企业生产成本，挤压包含技术创新在内的其他投资，产生挤出效应。而波特假说则认为技术创新具有补偿效应，即并购会增加组织的生产成本，但技术创新可以打破现有条件的约束，抵消所产生的额外成本，具有成本补偿的作用。尤其在绿色发展大背景下，通过绿色并购遵守环保法规的要求，不断倒逼重污染企业技术创新。而且显著不同于西方的"技术并购效应悖论"，当前我国学者关于技术并购对企业创新的影响研究中，几乎未发现两者间抑制作用的存在（韩宝山，2017）。因此，技术类并购能够对企业技术创新产生积极作用（刘辉等，2017；任曙明等，2017；王维和李宏扬，2019），该"激励论"的主要原因表现在：一方面，作为资源重新配置的重要途径，并购可以促进企业利用内外各种创新资源，提高创新能力，实现价值创造；另一方面，作为技术外部获取的重要方式，并购可以提高生产效率，提升研发过程中利用规模经济和范围经济的可能性。温成玉和刘志新(2011)、韩宝山(2017)以及黄璐等(2017)学者均得到技术并购产生积极的创新效应。因此,企业不仅可以通过内部努力进行创新,也可以从并购等外部来源获得进行创新的技术知识和资源,从而促进建立在企业内外部广泛的知识基础之上的技术创新,正如 Valentini(2012)研究指出主并方企业通过并购标的方研发资源来尽快实现商业化。

基于有限理性,相比于为了分散经营风险以及实现规模扩张等目的的非绿色并购,组织内现有资源的复制和利用变得有限而技术创新陷入困境的重污染企业,将倾向于参与绿色并购,且主要采取改进技术等预防性措施降低污染物产生(孙宝连等,2009),从而组织可以减少被创新挡在门外的危险,有助于推动重污染企业跨越组织边界进行非内生过程的技术创新,合理高效利用内外部资源来改善并购协同的效果,最终降低对环境的负面影响。因此,绿色并购由主并方重污染企业所驱动,不仅希望获取更高利润而提升绩效,也期望促进技术创新而增强生存能力。具体而言,不同于非绿色并购,依据持续创新实现机制理论,主要从以下三个方面来解析绿色并购对重污染企业技术创新的激励效应:

第一,绿色并购能够捕获重污染企业技术创新机遇。由于技术创新过程涉及高额的研发设备投资、人工以及销售等方面的成本,研究开发高不确定性导致这些成本有极大可能性将无法收回,高成本的资源投入形成了门槛,从而技术创新具有明显的"门槛效应"。通常第一个进入市场的产品(Geroski et al.,1997),或者第一个被授予专利的企业成为技术创新的基础门槛(Cefis,2003)。与其他行业相比,重视经济效益且技术知识落后的传统行业内的重污染企业通常不是活跃的创新者,技术、设备及人才等硬件与软件投入方面的缺乏致使其开展技术创新的更高难度,进而存在面临更为明显的技术创新门槛。绿色发展则意味着一种新的科学技术范式,与非绿色并购不同,绿色并购交易则涉及标的方所拥有的绿色技术、设备与资源等将成为重污染企业跨越门槛开展技术创新的全新机遇。有别于选择非绿色并购的重污染企业,实施绿色并购的企业不再被动等待机遇,而是及时捕获绿色并购所带来的技术创新机会,积极从标的方获取自身所缺乏的默会性质的清洁生产类绿色技术等。具体来看,借助绿色并购这一战略工具,重污染企业直接嵌入已被标的方证实其价值性的正确创新体系,即通过转移机制完成外部默会技术、设备及人才等的嫁接，帮助其从外围实现突破，达到内外部有效链接，从而对生产技术和方法重新组合建立新的生产函数，快速缩小重污染企业现有技术与绿色生产的差距，从而不被阻拦在创新门槛之外进而更容易实现门槛的跨越。由此，绿色并购是收购具有绿色特征的标的方，帮助重污染企业跨越创新门槛，有效突破技术层级轨道，迅速带来技术的更新换代，缩短技术的提升周期，更快实现技术水平的跨越式发展，即主并方重污染企业通过捕获创新机遇来提升了技术创新变成现实的可能性。因此，绿色并购为不断激励重污染企业技术创新提供并捕获了相应机遇。

第二，绿色并购能够增强重污染企业技术创新动力。在特定时间投资于技术创新活动的企业在未来更有可能继续从事该类活动，这反映了技术创新过程的路径依赖和累积性（Dosi，1988），该创新流程具有惯性。一般企业已掌握的技术知识具有专用性和适用范围，影响后续技术知识的选择与引进，易导致技术锁定，这些限定都将极大降低企业技术创新的动力。在生态文明建设及绿色发展背景下，重污染企业需要积极响应国家的政策号召，改变原有的盈利方式，重视社会责任的承担，而技术创新方式是重污染企业在新的环境形势下做出的极优决策。然而，如重污染企业以内部研发为主进行创新，更易致使其采用原有的生产设备和工艺，及依赖并沿着既定创新轨道，不可避免其对现存知识重复利用造成组织惰性和能力刚性（Vermeulen and Barkema，2001），从而较难开发出更符合消费者需要的绿色产品，满足绿色发展的硬性需要。但是，并购对于企业持续创新动力提升具有积极作用（Puranam et al.，2003）。相比之下，对于开展非绿色并购主要是为了分散风险或规模扩张的重污染企业而言，最有可能在其已有一定知识的领域学习新技能和开发新资源，从而过去的积累会严重限制其进一步学习的范围，减少自我创新，尤其是当外部环境发生改变时，原有适应性大幅减弱，从而失去把握市场的动力。据此，重污染企业有更强的动机通过绿色并购来帮助其减少封闭式自我创新活动中存在的落后行为，采取关闭低效研发实验室、终止低价值研发项目以及重新组织研发部门等方法进行全新技术创新，同时扩大重污染企业研发团队，避免研发人员形成创新路径依赖，提高其从标的企业获得最新知识的敏感性，增强后续技术创新。由此，重污染企业与标的企业实现生产研发共享一个创新体系，能够产生技术协同效应内化为自身技术创新，加深了绿色并购后创新的积极性，进而为重污染企业的技术创新提供了动力。另外，"人"是动力产生的根本内源，由于绿色并购也引入了标的方开放式的绿色管理经验与理念等，不仅影响主并方高管的绿色意识和创新精神，还会为员工带来创新氛围，从而具有更大动力开展技术创新。

第三，绿色并购能够提高重污染企业技术创新能力。通常能力是组织相对于其竞争者表现更优异的高层级的、习得的、模式化的、重复的行为集合（Winter，2003）。资源是直接或间接影响技术创新能力的主要力量，资源丰裕度是引起企业创新能力变化的关键性来源。市场内一些特有资源内嵌于特定环境与组织之中，并购能够快速弥补现有资源组合的关键缺口（Gubbi and Elango，2016），为技术创新活动提供要素支持。区别于非绿色并购，企业通过绿色并购能够获取目标企业的知识型资源和资产型资源，特别是主并方重污染企业缺乏绿色性质的资源，而标的方拥有绿色资源，当双方拥有互补资源时，能够增强重污染企业从新资源集合中进行技术创新的能力。技术创新是一个对新知识积累和对旧知识淘汰的过程，存量知识的不同是造成技术创新差异的根本原因（Kesidou and Romijn，2008）。因此，在绿色并购过程中，伴随着对标的企业的整合，新的生产制造知识引入主并方之中，扩展了重污染企业的知识边界，增加了资源总量，对内部能力形成补充，提升其在产品设计上的可制造性和市场针对性，从而符合环境规制的要求。此外，互补资产是支持技术创新的重要资源。Knudsen（2006）认为，企业如果要使技术创新成果成功地商业化，需要具有互补资产，而企业对这类资产的需求程度愈高，将会愈倾向于增加开放度，期望通过联结外部以获取互补资产而形成更多技术创新（Torkkeli et al.，2009）。其中作为技术创新主体的人力资源是核心资产之一，重污染企业可以通过绿色并购在短时间内获取自身所缺乏的大量研发人才，快速提高自身研发能力，有效提升自身研发效率，不断激发企业技术创新潜力，进而增大技术创新外溢效应。由此，绿色并购是交易双方资源相互融合、深度配置与整合的过程，帮助重污染企业扩展其资源规模，加深对于清洁生产领域掌握的广度与深度，有效增强深层次创新从量变到质变的实力提升，从而为其技术创新提供了能力。

综上，相比于非绿色并购，重污染企业通过绿色并购能够利用技术发展中的机遇捕获、惯性突破后的动力增强和资源寻求下的能力提升，三要素相互耦合来不断促进技术创新（见图3-1）。

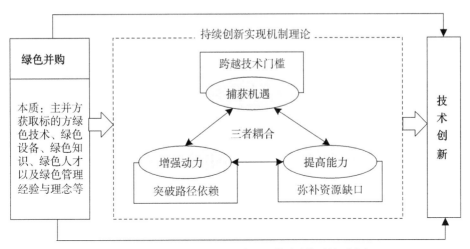

图 3-1 绿色并购影响重污染企业技术创新的机制图

因此，提出本章节的主效应假设：

**假设 1**：与非绿色并购相比，绿色并购能够显著促进重污染企业技术创新。

## 3.4 实证设计

### 3.4.1 数据来源与样本筛选

从 2010 年开始，政府相关部门陆续发布了系列文件，通过并购促进企业绿色发展。在 2010 年国务院发布了《关于促进企业兼并重组的意见》，有效加快经济发展方式转变和结构调整，提高发展的质量和效益。2013 年，工业和信息化部、中国工业经济联合会发布的有关方针提出加快重点行业企业兼并和重组的目标。同年，国务院还发布了《关于化解产能严重过剩矛盾的指导意见》，积极有效指导了重污染等行业化解过剩产能工作。在这种绿色发展的背景下，重污染企业开展了一系列并购活动。由此，本书所做研究的时间区间起点为 2010 年。

依据证监会《上市公司行业分类指引》（2012）以及国家环境保护总局《关于印发〈上市公司环保核查行业分类管理名录〉的通知》等，重污染行业包括

B06、B07、B08、B09、C17、C19、C22、C25、C26、C28、C29、C30、C31、C32、D44 所代表的煤炭开采和洗选业、石油和天然气开采业、黑色金属矿采选业、有色金属矿采选业、纺织业、皮革和毛皮等、造纸和纸制品业、石油加工和炼焦及核燃料加工、化工原料和化工制品、化学纤维制造业、橡胶和塑料制品业、非金属矿物制品业、黑色金属冶炼和压延、有色金属冶炼和压延、以及电力、热力生产和供应业。从国泰安并购数据库收集 2010—2018 年重污染企业所发生的并购条目，具体筛选标准为：买方为上市公司；保留行业代码为重污染行业的样本；保留重组类型为资产收购，剔除资产剥离、资产置换、吸收合并、债务重组、股份回购、要约收购和股权转让的样本；保留标的类型为股权或资产的样本；保留收购金额不小于 100 万人民币的样本；剔除并购交易未完成和失败的样本；剔除已持有标的企业股权比例高于 30% 的样本；将同一企业在相同或不同年份的多次并购视为多个样本事件。另外，在原始样本中剔除了研发及其他财务数据等缺失的企业后，共获得 851 个有效观测值。由于部分变量的数值存在异常值，为排除极端值影响，本章节对主要连续变量进行了 1% 和 99% 水平上的 Winsorize 处理，利用经过缩尾后的数据进行回归。

## 3.4.2　变量说明

### 1. 被解释变量

技术创新(TI)：研发经费和专利数量是实证研究中最常用的两类技术创新指标。一般研发方面的数据在获取上相对容易且大多数研发指标都是标准化的。Armour 和 Teece(1980)则通过使用研发支出作为代理来降低衡量技术创新活动的困难程度。作为一种财务指标，它允许基于支出水平占销售额的百分比对企业进行比较，并表明比例越大的企业技术创新也越多。然而专利数量并不能反映创新的全貌，原因是通常专利保护创意，由此它们多数是创新过程内的中间产物。此外，专利数量反映的是对专利的倾向，这种倾向可能因企业、工业部门和国家而异，而不是实际上的创新成果。因此，Griliches(1990)等普遍认为专利数量与研发支出高度相关，但不一定是创新产出。本书借鉴 Hagedoom 和 Cloodt(2003)做法，采用并购后一年研发支出占营业收入百分比的形式对技术创新进行衡量。

**2. 解释变量**

绿色并购（GMA）：这是本书的核心解释变量。依据潘爱玲等（2019）的定义，对重污染企业绿色并购的界定是为提高环境保护水平以及向低污染和低能耗行业转型目的而获取节能减排等绿色技术、绿色设备、绿色人才及绿色管理经验等的并购。首先手工搜集上海证券交易所和深圳证券交易所发布的关于重污染上市企业的并购公告，其次了解标的企业经营范围以及相应并购事项的背景和目的，最后判断该并购交易是否有助于重污染企业展开绿色生产等，从而符合绿色并购的特点，若是，该变量取值为 1，否则是非绿色并购，取值为 0。

例如，晋控电力（000767）在 2015 年 4 月 17 日所发布的《关于收购联众恒久节能科技（北京）有限公司 100% 股权的公告》中指出"公司收购联众恒久节能公司后，可以掌握先进节能技术，选择成熟节能设备，设计完整节能方案等进一步节能降耗"；类似地，金发科技（600143）在 2018 年 10 月 24 日《关于收购宁波银商投资有限公司和宁波万华石化投资有限公司 100% 股权的公告》中提到"宁波海越是石化新材料领域的战略新兴企业，拥有年产 60 万吨丙烷脱氢装置等以及配套的环保装置。公司可以通过并购借助该优势进行发展"。这些并购公告所展现出重污染企业收购的特点符合绿色并购内涵，由此将该变量赋值为 1。

**3. 控制变量**

借鉴方军雄（2008）、李彬和潘爱玲（2015）以及屈晶（2019）等的研究，本书选取大量控制变量，关于这些变量具体的影响方向需要实证做出论证，具体从以下三个层面进行控制：首先是高管特征方面，控制了性别（EGEN）、学历（EEDU）和两职合一（DUAL）；其次是主并方特征方面，对产权性质（ASTATE）、独立董事占比（AINDEP）、企业规模（ASIZE）、企业杠杆（ALEV）、盈利状况（AROE）、上市年限（AAGE）和企业成长性（AGROW）进行控制；最后是对并购交易特征方面的并购对价（PRICE）、并购比例（RATIO）、支付方式（CASH）、资产评估机构（AEO）和会计师事务所（AF）进行相应控制。此外，还考虑了年度（YEAR）和行业（IND）固定效应。具体变量定义如表 3-1 所示。

表 3-1 变量定义表

| 变量 | | | 简称 | 定 义 |
|---|---|---|---|---|
| 被解释变量：技术创新 | | | TI | 并购后一年研发支出占营业收入百分比 |
| 解释变量：绿色并购 | | | GMA | 虚拟变量，绿色并购取 1，非绿色并购取 0 |
| 控制变量 | 高管层面 | 性别 | EGEN | 虚拟变量，主并方高管性别为男性时取 1，否则取 0 |
| | | 学历 | EEDU | 主并方高管学历是中专及中专以下时值为 1，大专时值为 2，本科时为 3，硕士时为 4，博士时为 5 |
| | | 两职合一 | DUAL | 虚拟变量，主并方董事长和总经理兼任时取 1，否则取 0 |
| | 企业层面 | 产权性质 | ASTATE | 虚拟变量，主并方民营企业取值为 1，否则为 0 |
| | | 独立董事占比 | AINDEP | 主并方并购前一年独立董事与董事会人数之比 |
| | | 企业规模 | ASIZE | 主并方并购前一年资产的自然对数 |
| | | 企业杠杆 | ALEV | 主并方并购前一年资产负债率 |
| | | 盈利状况 | AROE | 主并方并购前一年净资产收益率 |
| | | 上市年限 | AAGE | 主并方上市年限+1 的自然对数 |
| | | 企业成长性 | AGROW | 主并方并购前一年销售收入增长率 |
| | 交易层面 | 并购对价 | PRICE | 并购交易对价的自然对数 |
| | | 并购比例 | RATIO | 并购交易股权收购比例 |
| | | 支付方式 | CASH | 虚拟变量，并购现金支付方式取值为 1，否则为 0 |
| | | 资产评估机构 | AEO | 虚拟变量，聘用资产评估机构取值为 1，否则为 0 |
| | | 会计师事务所 | AF | 虚拟变量，聘用会计师事务所取值为 1，否则为 0 |
| | 年度 | | YEAR | 控制年度固定效应 |
| | 行业 | | IND | 控制行业固定效应 |

### 3.4.3 理论模型

为考察绿色并购与重污染企业技术创新之间的关系，即验证假设 1，本章节建立下述实证模型：

$$TI_{i,t} = \alpha_0 + \alpha_1 GMA_{i,t-1} + \sum CONTROLS + \sum YEAR + \sum IND + \varepsilon_{i,t}$$

(3.1)

在模型(3.1)中，$i$ 代表重污染企业，$t$ 代表年度。被解释变量(TI)表示重污染企业的技术创新；解释变量(GMA)为绿色并购，CONTROLS 主要包括一系列控制变量。此外，为了降低可能存在的内生性问题对实证结果的影响，控制变量中除了并购交易层面之外，其他变量均取滞后一期数值。最后，在回归过程中还进一步控制了年度(YEAR)和行业(IND)的固定效应，从而在一定程度上控制随时间和细分行业变化的非观测因素造成的影响。

## 3.5　实证结果分析

### 3.5.1　描述性统计

图 3-2 显示了2010—2018 年重污染企业绿色并购的年度分布状况(未删除研发等数据缺失的样本，总并购数量为914，其中绿色并购数量为255)。从绝对数情况上来看，重污染企业发生的并购交易数总体上为不断增加的趋势，其中绿色并购的数量呈现小幅波动上升态势；从相对数情况上来看，重污染企业绿色并购数占并购总数的比重随着时间推进而增大，均值约为三分之一。因此，并购尤其是绿色并购成为重污染企业实现可持续发展的重要方式。

此外，依据样本数据，从行业分布状况来看，各行业之间的绿色并购情况差异较大，绿色并购主要集中于纺织业、皮革、毛皮、羽毛及其制品和制鞋业、化学原料和化学制品制造业、化学纤维制造业、通用设备制造业、电力、热力生产和供应业等行业；从并购标的情况来看，多数企业选择进行脱离重污染类并购；从主并企业产权性质情况看，国有企业相较于民营企业更倾向于进行绿色并购。总体来看，我国重污染企业对绿色并购的认可度不断增强，越来越多的重污染企业选择绿色并购进行转型，但行业和产权性质等方面的绿色并购情况依旧存在较大差异。

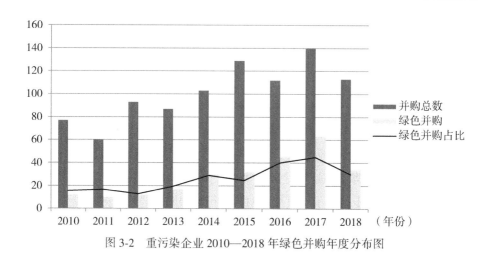

图 3-2　重污染企业 2010—2018 年绿色并购年度分布图

表 3-2 列出了样本描述性统计结果，可以看到重污染企业技术创新（TI）均值为 2.264，最大值和最小值分别为 8.630 和 0.010，标准差为 1.998，表明重污染企业技术创新两级差异较明显；绿色并购（GMA）均值为 0.280，说明近三分之一的重污染企业选择绿色并购，成为重污染企业达到节能减排和满足环境规制要求的重要路径之一。控制变量中，高管层面的性别（EGEN）均值是 0.823，即 82.3% 的高管为男性。高管学历（EEDU）均值和中位数分别是 2.637 和 3。两职合一（DUAL）均值为 0.242，显示发生并购的重污染企业中有 24.2% 的董事长和总经理两职兼任。企业层面上，主并方产权性质（ASTATE）均值是 0.435，则发生并购的重污染企业中国有比民营数量稍多。独立董事占比（AINDEP）最大值是 0.625，最小值是 0.231，中位数是 0.333。企业规模（ASIZE）最大和最小值分别为 26.326 和 19.862，平均值为 22.384。企业杠杆（ALEV）均值为 0.465，标准差为 0.214，说明主并企业的资产负债率是在中等水平区间。盈利状况（AROE）均值为 0.078，反映出并购前一年净资产收益率整体偏低。上市年限（AAGE）均值为 2.110，中位数为 2.303。成长性（AGROW）均值为 0.223，标准差为 0.603，表明主并企业间销售收入增长率存在一定差异。交易层面上，并购对价（PRICE）均值为 19.110，标准差是 1.830，说明并购交易价格差异性较大。并购比例（RATIO）均值为 0.820，收购比例较高。支付方式（CASH）平均值为 0.729，分位数与最大值均为 1，即对于重污染企业并购事项绝大多数采用现金支付方式。资产评估机构（AEO）均值为 0.572，即聘用资产评估机构的并购占比为 57.2%。会计师事务所

（AF）均值为 0.509，超一半的并购交易选聘了会计师事务所。

表 3-2 主要变量描述性统计表

| VARIABLES | N | MEAN | MIN | MEDIAN | MAX | SD |
|---|---|---|---|---|---|---|
| TI | 851 | 2.264 | 0.010 | 1.960 | 8.630 | 1.998 |
| GMA | 851 | 0.280 | 0.000 | 0.000 | 1.000 | 0.449 |
| EGEN | 851 | 0.823 | 0.000 | 1.000 | 1.000 | 0.382 |
| EEDU | 851 | 2.637 | 0.000 | 3.000 | 7.000 | 1.706 |
| DUAL | 851 | 0.242 | 0.000 | 0.000 | 1.000 | 0.429 |
| ASTATE | 851 | 0.435 | 0.000 | 0.000 | 1.000 | 0.496 |
| AINDEP | 851 | 0.370 | 0.231 | 0.333 | 0.625 | 0.053 |
| ASIZE | 851 | 22.384 | 19.862 | 22.128 | 26.326 | 1.477 |
| ALEV | 851 | 0.465 | 0.065 | 0.475 | 0.935 | 0.214 |
| AROE | 851 | 0.078 | −0.518 | 0.076 | 0.565 | 0.124 |
| AAGE | 851 | 2.110 | 0.000 | 2.303 | 3.219 | 0.819 |
| AGROW | 851 | 0.223 | −0.369 | 0.083 | 4.670 | 0.603 |
| PRICE | 851 | 19.110 | 14.509 | 19.177 | 23.022 | 1.830 |
| RATIO | 851 | 0.820 | 0.200 | 1.000 | 1.000 | 0.228 |
| CASH | 851 | 0.729 | 0.000 | 1.000 | 1.000 | 0.445 |
| AEO | 851 | 0.572 | 0.000 | 1.000 | 1.000 | 0.495 |
| AF | 851 | 0.509 | 0.000 | 1.000 | 1.000 | 0.500 |

### 3.5.2 相关性检验

各变量之间的 Pearson 相关系数如表 3-3 所示。可见，GMA 与 TI 的相关系数是 0.174，在 1% 的水平上显著为正，两者之间具有较强的相关性，说明相比于非绿色并购而言，重污染企业开展绿色并购有利于技术创新。控制变量、解释变量及被解释变量之间的相关系数绝大多数小于 0.5，表明模型（3.1）所涉及变量之间不存在严重的多重共线性问题。其中，EGEN、EEDU、

表 3-3　　　　　　　　　　　　主要变量相关系数表

| VARIABLES | TI | GMA | EGEN | EEDU | DUAL | ASTATE | AINDEP | ASIZE | ALEV |
|---|---|---|---|---|---|---|---|---|---|
| TI | 1 | | | | | | | | |
| GMA | 0.174*** | 1 | | | | | | | |
| EGEN | 0.056* | -0.060* | 1 | | | | | | |
| EEDU | 0.136*** | 0.051 | 0.127*** | 1 | | | | | |
| DUAL | -0.002 | 0.015 | -0.032 | -0.004 | 1 | | | | |
| ASTATE | -0.171*** | -0.172*** | 0.066* | -0.083** | -0.252*** | 1 | | | |
| AINDEP | 0.071** | 0.021 | -0.027 | 0.011 | 0.128*** | -0.000 | 1 | | |
| ASIZE | -0.245*** | -0.156*** | 0.037 | -0.036 | -0.222*** | 0.435*** | -0.031 | 1 | |
| ALEV | -0.255*** | -0.066* | 0.058* | -0.114*** | -0.171*** | 0.375*** | -0.016 | 0.519*** | 1 |
| AROE | 0.001 | -0.080** | -0.046 | 0.055 | -0.006 | -0.066* | -0.028 | 0.014 | -0.164*** |
| AAGE | -0.222*** | 0.008 | 0.007 | -0.167*** | -0.197*** | 0.431*** | -0.013 | 0.486*** | 0.529*** |
| AGROW | -0.049 | 0.018 | 0.009 | -0.027 | 0.019 | -0.056 | -0.043 | 0.025 | 0.024 |
| PRICE | -0.088** | 0.001 | -0.038 | -0.079** | -0.064* | 0.125*** | 0.052 | 0.218*** | 0.061* |
| RATIO | 0.099*** | 0.028 | 0.030 | -0.041 | 0.002 | 0.022 | 0.014 | -0.018 | 0.020 |
| CASH | -0.048 | -0.055 | -0.041 | 0.037 | 0.037 | 0.013 | -0.090*** | 0.198*** | 0.075** |
| AEO | 0.043 | 0.062* | 0.046 | -0.032 | 0.051 | 0.001 | 0.034 | -0.140*** | -0.038 |
| AF | -0.025 | -0.105*** | -0.044 | 0.031 | -0.048 | 0.032 | -0.115*** | 0.158*** | 0.078** |

| VARIABLES | AROE | AAGE | AGROW | PRICE | RATIO | CASH | AEO | AF | |
|---|---|---|---|---|---|---|---|---|---|
| AROE | 1 | | | | | | | | |
| AAGE | -0.158*** | 1 | | | | | | | |
| AGROW | 0.317*** | 0.039 | 1 | | | | | | |
| PRICE | -0.032 | 0.199*** | -0.012 | 1 | | | | | |
| RATIO | -0.038 | 0.066* | 0.004 | 0.198*** | 1 | | | | |
| CASH | 0.099*** | -0.058* | 0.079** | -0.450*** | -0.269*** | 1 | | | |
| AEO | -0.077** | 0.103*** | -0.029 | 0.342*** | 0.187*** | -0.437*** | 1 | | |
| AF | 0.107*** | -0.062* | 0.051 | -0.329*** | -0.166*** | 0.484*** | -0.764*** | 1 | |

注：表格中 ***代表 $p<0.01$，**代表 $p<0.05$，*代表 $p<0.1$。

ASTATE、AINDEP、ASIZE、ALEV、AAGE、PRICE、RATIO 和 TI 的相关系数分别为 0.056、0.136、-0.171、0.071、-0.245、-0.255、-0.222、-0.088 和 0.099，且均在统计上显著，即男性高管、高管学历高、国有性质、独董占比大、企业规模小、杠杆低、上市年限短、并购对价低及收购比例高时均对技术创新具有正向作用，而其他变量 DUAL、AROE、AGROW、CASH、AEO 和 AF 与技术创新的关系不显著。关于变量之间的关系还需要进一步通过回归来得以验证。

### 3.5.3 均值 T 检验

如表 3-4 所示，以绿色并购(GMA=1)和非绿色并购(GMA=0)为划分样本的依据，通过对两组独立样本均值差异进行 T 检验，可以发现开展绿色并购的重污染企业技术创新指标均值是 2.821，而开展非绿色并购企业的技术创新指标均值是 2.048，前者在 1% 的显著性水平上高于后者，初步说明了绿色并购可以促进重污染企业技术创新。此外，从各个控制变量的 T 检验结果可以发现，发生绿色并购和非绿色并购的重污染企业在高管、组织及并购交易层面的特征上也存在一定差异。具体而言，开展绿色并购的重污染企业高管性别、产权性质、规模、杠杆、盈利状况和是否聘用会计师事务所的均值显著低于非绿色并购企业。另外，绿色并购所涉及的是否聘用资产评估机构的均值则高于非绿色并购企业。

表 3-4 均值 T 检验一

| VARIABLES | GMA=1 | MEAN | GMA=0 | MEAN | MEAN DIFF |
|---|---|---|---|---|---|
| TI | 238 | 2.821 | 613 | 2.048 | 0.773*** |
| EGEN | 238 | 0.786 | 613 | 0.837 | -0.051* |
| EEDU | 238 | 2.777 | 613 | 2.582 | 0.195 |
| DUAL | 238 | 0.252 | 613 | 0.238 | 0.014 |
| ASTATE | 238 | 0.298 | 613 | 0.488 | -0.189*** |
| AINDEP | 238 | 0.372 | 613 | 0.370 | 0.002 |
| ASIZE | 238 | 22.013 | 613 | 22.527 | -0.514*** |

续表

| VARIABLES | GMA = 1 | MEAN | GMA = 0 | MEAN | MEAN DIFF |
|---|---|---|---|---|---|
| ALEV | 238 | 0.442 | 613 | 0.474 | −0.031* |
| AROE | 238 | 0.062 | 613 | 0.084 | −0.022** |
| AAGE | 238 | 2.121 | 613 | 2.106 | 0.015 |
| AGROW | 238 | 0.241 | 613 | 0.217 | 0.024 |
| PRICE | 238 | 19.114 | 613 | 19.108 | 0.006 |
| RATIO | 238 | 0.830 | 613 | 0.815 | 0.014 |
| CASH | 238 | 0.689 | 613 | 0.744 | −0.055 |
| AEO | 238 | 0.622 | 613 | 0.553 | 0.069* |
| AF | 238 | 0.433 | 613 | 0.538 | −0.106*** |

注：表格中 ***代表 $p<0.01$，**代表 $p<0.05$，*代表 $p<0.1$。

另外，为考察重污染企业技术创新在不同情境下是否存在差异，进行了 T 检验，其中在分组过程中，对于连续变量的处理是高于中位数划分为高组（赋值为 1），而低于中位数则为低组（赋值为 0）。结果参见表 3-5，从中可以看到，与表 3-4 一致，绿色并购与非绿色并购组的技术创新指标均值存在显著差异，提供了初步的数据支持。另外，高管男性组和高学历组的技术创新显著高于女性组和低学历组，以及并购比例高组的技术创新均值明显大于比例低组。而民营组、大企业规模组、高杠杆组、高盈利状况组、长上市年限组、高并购对价组的技术创新分别明显低于国有组、小企业规模组、低杠杆组、低盈利状况组、短上市年限组、低并购对价组。

表 3-5　　　　　　　　　　　　均值 T 检验二

| VARIABLE | VARIABLE = 1 | MEAN(TI) | VARIABLE = 0 | MEAN(TI) | MEAN DIFF |
|---|---|---|---|---|---|
| GMA | 238 | 2.821 | 613 | 2.048 | 0.773*** |
| EGEN | 700 | 2.316 | 151 | 2.021 | 0.295* |
| EEDU | 666 | 2.479 | 185 | 1.491 | 0.988*** |
| DUAL | 206 | 2.255 | 645 | 2.267 | −0.011 |

| VARIABLE | VARIABLE = 1 | MEAN(TI) | VARIABLE = 0 | MEAN(TI) | MEAN DIFF |
|---|---|---|---|---|---|
| ASTATE | 370 | 1.876 | 481 | 2.563 | −0.687*** |
| AINDEP | 395 | 2.359 | 456 | 2.181 | 0.178 |
| ASIZE | 423 | 1.833 | 428 | 2.690 | −0.858*** |
| ALEV | 426 | 1.838 | 425 | 2.691 | −0.852*** |
| AROE | 426 | 2.095 | 425 | 2.433 | −0.339** |
| AAGE | 412 | 1.698 | 439 | 2.795 | −1.096*** |
| AGROW | 426 | 2.244 | 425 | 2.283 | −0.039 |
| PRICE | 425 | 2.118 | 426 | 2.409 | −0.292** |
| RATIO | 448 | 2.437 | 403 | 2.071 | 0.366*** |
| CASH | 620 | 2.205 | 231 | 2.422 | −0.218 |
| AEO | 487 | 2.338 | 364 | 2.164 | 0.174 |
| AF | 433 | 2.210 | 418 | 2.320 | −0.111 |

注：表格中***代表 $p<0.01$，**代表 $p<0.05$，*代表 $p<0.1$。

### 3.5.4 多元回归结果

模型(3.1)的回归结果见表3-6，GMA 的系数在所有回归中均显著为正。具体而言，第(1)列显示在未加入控制变量与未控制固定效应的情况下，GMA 的估计系数在1%水平上显著为正(系数为0.773，$t$值为5.087)，说明绿色并购与重污染企业技术创新呈正相关关系，支持了假设1。在控制了高管层面、企业层面以及并购交易层面变量对技术创新的影响之后，结果如列(2)所示，GMA 的估计系数为0.636，同样在1%的水平上具有统计显著性，即绿色并购的开展促进了企业技术创新。此外，加以对年度和行业固定效应进行控制之后，GMA 与 TI 之间的系数仍在统计上是正向显著(第(5)列显示系数为0.526，$t$值为3.209)。实证结果对于绿色并购与重污染企业技术创新间的关系达到了理论预期。

控制变量中，由第(2)列~第(5)列可以看到，高管性别(EGEN)和学历

61

（EEDU）的系数均为正，且至少可达 10% 水平上显著，表明高管为男性、高学历时重污染企业的技术创新水平更高；两职合一（DUAL）在 1% 和 5% 水平上显著为负，即董事长和总经理兼任不利于技术创新；独立董事占比（AINDEP）和并购比例（RATIO）的系数达到统计学上显著，且为正，表明独董占比和收购比例大时均在一定程度上促进了技术创新。结果还显示企业规模（ASIZE）、杠杆（ALEV）和上市年限（AAGE）的回归系数显著为负，说明企业规模小、杠杆低和上市年限短的重污染企业偏好于更高水平的技术创新。另外，是否聘任资产评估机构（AEO）和会计师事务所（AF）的回归系数主要呈正向显著，意味着聘任资产评估机构和会计师事务所等中介机构在实际操作中发挥了积极作用。最后，关于其他控制变量，主要暗示了产权性质、盈利状况、成长性、并购对价和支付方式均未对重污染企业技术创新产生明显影响。

表 3-6　　　　　　　　　　　绿色并购与技术创新的回归结果

| VARIABLES | （1） | （2） | （3） | （4） | （5） |
| --- | --- | --- | --- | --- | --- |
| | TI | TI | TI | TI | TI |
| GMA | 0.773 *** | 0.636 *** | 0.668 *** | 0.481 *** | 0.526 *** |
| | (5.087) | (4.086) | (4.132) | (3.018) | (3.209) |
| EGEN | | 0.312 * | 0.327 * | 0.364 ** | 0.372 ** |
| | | (1.819) | (1.887) | (2.138) | (2.158) |
| EEDU | | 0.097 ** | 0.081 ** | 0.082 ** | 0.067 * |
| | | (2.539) | (2.159) | (2.171) | (1.793) |
| DUAL | | −0.405 ** | −0.423 *** | −0.382 ** | −0.405 ** |
| | | (−2.575) | (−2.677) | (−2.438) | (−2.580) |
| ASTATE | | −0.147 | −0.138 | −0.082 | −0.101 |
| | | (−0.836) | (−0.732) | (−0.469) | (−0.549) |
| AINDEP | | 2.939 ** | 2.776 ** | 2.607 ** | 2.381 * |
| | | (2.323) | (2.222) | (2.114) | (1.961) |
| ASIZE | | −0.113 ** | −0.106 * | −0.150 *** | −0.157 *** |
| | | (−2.017) | (−1.798) | (−2.669) | (−2.585) |

续表

| VARIABLES | （1） | （2） | （3） | （4） | （5） |
|---|---|---|---|---|---|
| | TI | TI | TI | TI | TI |
| ALEV | | −1.421*** | −1.312*** | −1.072*** | −0.922** |
| | | （−3.806） | （−3.294） | （−2.882） | （−2.331） |
| AROE | | −0.286 | −0.255 | 0.001 | 0.003 |
| | | （−0.554） | （−0.462） | （0.003） | （0.006） |
| AAGE | | −0.218** | −0.206* | −0.254** | −0.229** |
| | | （−2.130） | （−1.949） | （−2.502） | （−2.211） |
| AGROW | | −0.116 | −0.097 | −0.047 | −0.021 |
| | | （−1.371） | （−1.099） | （−0.584） | （−0.251） |
| PRICE | | −0.072 | −0.054 | −0.059 | −0.041 |
| | | （−1.624） | （−1.214） | （−1.356） | （−0.924） |
| RATIO | | 1.001*** | 0.951*** | 0.893*** | 0.845*** |
| | | （3.765） | （3.533） | （3.446） | （3.219） |
| CASH | | −0.035 | −0.024 | −0.011 | 0.008 |
| | | （−0.191） | （−0.129） | （−0.059） | （0.045） |
| AEO | | 0.436* | 0.384 | 0.493** | 0.441* |
| | | （1.737） | （1.523） | （2.018） | （1.788） |
| AF | | 0.411 | 0.381 | 0.677*** | 0.634** |
| | | （1.581） | （1.444） | （2.582） | （2.384） |
| YEAR | NO | NO | NO | YES | YES |
| IND | NO | NO | YES | NO | YES |
| _CONS | 2.048*** | 4.457*** | 3.762*** | 4.071*** | 3.235** |
| | （25.916） | （3.392） | （2.685） | （3.043） | （2.329） |
| $N$ | 851 | 851 | 851 | 851 | 851 |
| ADJ_ $R^2$ | 0.029 | 0.135 | 0.139 | 0.159 | 0.161 |

注：表格中 ***代表 $p<0.01$ ，**代表 $p<0.05$ ，*代表 $p<0.1$ ，括号内的数字为 $t$ 统计量。

# 3.6　稳健性检验

### 1. 更换关键变量衡量方式

为了保证结果的可重复性，本章节进行了替换被解释变量的多重稳健性检验：(1)技术创新存在一定程度的滞后性，选用并购后第二年研发支出与营业收入之比(TIR1)来对技术创新进行衡量；

(2)选用并购后一年研发支出占总资产的百分比(TIR2)作为被解释变量；

(3)将被解释变量替换为并购后一年研发人员占比(TIR3)；

(4)以产出导向衡量技术创新，即选取并购后一年专利申请数(TIR4)作为指标；

(5)基于开放式创新成为潮流，与强调依赖内部知识通过自我研发进行产品开发与推广的传统封闭式创新不同，开放式创新的内涵则侧重于有目的的利用知识流入和流出的双向循环来加速内部创新，也增加创新的对外利用范围而扩大市场。

开放式创新的概念最早是由学者 Chesbrough(2006)在《开放式创新：进行技术创新并从中赢利的新规则》一书中所提出。与强调依赖内部知识通过自我研发进行产品开发与推广的传统封闭式创新不同，开放式创新的内涵则侧重于有目的的利用知识流入和流出来加速内部创新，并为创新的外部使用而扩大市场。另外，开放式创新改变了封闭式创新的从创意产生到市场化阶段所形成的漏斗模型，而是发展成为火箭式流程。Chesbrough 从资源视角指出其包含两方面内容，即同时利用企业内外部创新资源和内外部商业化资源。Hastbacka(2004)提出开放式创新是企业综合利用内部、外部技术和创新思想，伴随投资项目和生产的过程进入，同时可通过向市场进行技术转让和资产分派，再由市场将信息反馈给研发部门的过程，其中内外部资源和市场发挥了核心作用。West 和 Gallagher(2006)对于开放式创新的定义是企业全面系统地从内部及外部的广泛资源中寻找创新资源，有目的地将组织内部的能力和资源与外部所得创新要素进行整合，并通过多种渠道开发市场机会的一种创新模式，它是企业创新全过程的开放行为。本部分沿用上述学者们的定义，认为开放式创新是企业充分利用内外部的知识源和主动成为知识元来进行创新和商业化的过程。开放式创新产生于更加复杂的环境，是适应不同情境的结果。开放式创新具有情境依赖性，它是在环境情境和组织情境下实施的。在外部环境中，行业属性、市场因素均影响开放式创新过程；在组织情境中，组织静态及动态特征的不同会产生开放式创新差异。具体而言，外部的技术机会(Laursen and Salter，2005)和市场波动(Rigby and Zook，2002)、企业年龄、创新力度、创新资金来源、对创新的需要、创新通用性等也是影响开放式创新的重要因素，它们与企业采用开放式创新的程度是正相关关系，即这些因素表现越强，企业越倾向于实施开放式创新。

结合学者 Lichtenthaler(2011) 和 Chesbrough(2003)等对于开放式创新的描述，主要涉及"寻找和获取外部技术""购买专利""招聘技能型人才""与外部企业合资"，还包含"出售或授权专利""免费公开新技术""转让闲置研发项目""有专门部门来将知识资产商业化"等维度。本章节利用样本企业年报，对财报中的典型话语进行分析、总结与赋值。如果未提到或涉及开放式创新行为赋值为 0，提到、涉及或描述了其中一项企业行为则赋值 1 分，两项则赋值为 2 分，三项则赋值为 3 分，以此类推，最后得到样本期内重污染企业的开放式创新(TIR5)总得分，分值越大表明所对应的开放式创新水平越高。

针对上述不同衡量方式，分别对模型(3.1)重新进行回归后的结果如表3-7所示，GMA 的估计系数在回归中均正向显著。这意味着，替换被解释变量的测度方法之后，本章节的主效应结论依然成立。

表 3-7　　　　更换被解释变量衡量方式后主效应检验结果

PANEL A

| VARIABLES | (1) | (2) | (3) | (4) | (5) |
|---|---|---|---|---|---|
| | TIR1 | TIR1 | TIR1 | TIR1 | TIR1 |
| GMA | 0.908*** | 0.598*** | 0.630*** | 0.449** | 0.504*** |
| | (5.287) | (3.498) | (3.574) | (2.554) | (2.793) |
| CONTROLS | NO | YES | YES | YES | YES |
| YEAR | NO | NO | NO | YES | YES |
| IND | NO | NO | YES | NO | YES |

续表

| VARIABLES | （1） | （2） | （3） | （4） | （5） |
|---|---|---|---|---|---|
| | TIR1 | TIR1 | TIR1 | TIR1 | TIR1 |
| _CONS | 2.152*** | 9.089*** | 8.383*** | 9.051*** | 8.305*** |
| | （25.999） | （7.158） | （6.316） | （6.995） | （6.143） |
| N | 738 | 738 | 738 | 738 | 738 |
| ADJ_$R^2$ | 0.039 | 0.214 | 0.230 | 0.233 | 0.243 |

PANEL B

| VARIABLES | （1） | （2） | （3） | （4） | （5） |
|---|---|---|---|---|---|
| | TIR2 | TIR2 | TIR2 | TIR2 | TIR2 |
| GMA | 0.109*** | 0.101*** | 0.106*** | 0.113*** | 0.117*** |
| | （4.193） | （3.689） | （3.755） | （3.975） | （4.055） |
| CONTROLS | NO | YES | YES | YES | YES |
| YEAR | NO | NO | NO | YES | YES |
| IND | NO | NO | YES | NO | YES |
| _CONS | 0.044*** | 0.136 | 0.028 | 0.109 | 0.013 |
| | （8.488） | （1.015） | （0.192） | （0.848） | （0.094） |
| N | 851 | 851 | 851 | 851 | 851 |
| ADJ_$R^2$ | 0.041 | 0.037 | 0.032 | 0.052 | 0.047 |

PANEL C

| VARIABLES | （1） | （2） | （3） | （4） | （5） |
|---|---|---|---|---|---|
| | TIR3 | TIR3 | TIR3 | TIR3 | TIR3 |
| GMA | 2.319*** | 2.202*** | 2.237*** | 2.369*** | 2.331*** |
| | （3.138） | （2.862） | （2.797） | （3.095） | （2.952） |
| CONTROLS | NO | YES | YES | YES | YES |
| YEAR | NO | NO | NO | YES | YES |
| IND | NO | NO | YES | NO | YES |
| _CONS | 8.317*** | 6.815 | 6.292 | 3.104 | 1.658 |
| | （21.782） | （0.909） | （0.621） | （0.398） | （0.159） |
| N | 557 | 557 | 557 | 557 | 557 |
| ADJ_$R^2$ | 0.018 | 0.071 | 0.075 | 0.082 | 0.089 |

续表

PANEL D

| VARIABLES | (1) | (2) | (3) | (4) | (5) |
|---|---|---|---|---|---|
| | TIR4 | TIR4 | TIR4 | TIR4 | TIR4 |
| GMA | 7.514** | 5.492 | 7.084** | 5.404 | 7.246** |
| | (2.342) | (1.627) | (2.052) | (1.601) | (2.124) |
| CONTROLS | NO | YES | YES | YES | YES |
| YEAR | NO | NO | NO | YES | YES |
| IND | NO | NO | YES | NO | YES |
| _CONS | 32.829*** | 13.425 | −9.361 | 1.331 | −30.117 |
| | (23.382) | (0.452) | (−0.329) | (0.044) | (−0.993) |
| $N$ | 556 | 556 | 556 | 556 | 556 |
| ADJ_$R^2$ | 0.010 | 0.050 | 0.071 | 0.068 | 0.090 |

PANEL E

| VARIABLES | (1) | (2) | (3) | (4) | (5) |
|---|---|---|---|---|---|
| | TIR5 | TIR5 | TIR5 | TIR5 | TIR5 |
| GMA | 0.426*** | 0.339*** | 0.380*** | 0.255*** | 0.299*** |
| | (4.520) | (3.568) | (3.891) | (2.637) | (3.036) |
| CONTROLS | NO | YES | YES | YES | YES |
| YEAR | NO | NO | NO | YES | YES |
| IND | NO | NO | YES | NO | YES |
| _CONS | 4.145*** | 6.234*** | 5.610*** | 5.549*** | 4.852*** |
| | (84.409) | (7.195) | (4.646) | (6.140) | (4.062) |
| $N$ | 851 | 851 | 851 | 851 | 851 |
| ADJ_$R^2$ | 0.023 | 0.135 | 0.136 | 0.171 | 0.174 |

注：表格中***代表$p<0.01$，**代表$p<0.05$，*代表$p<0.1$，括号内的数字为$t$统计量。

**2. 剔除特殊样本**

（1）为了消除样本期内部分企业不再从事重污染行业内原有业务对回归结果的影响，将通过绿色并购脱离重污染行业的企业样本予以剔除，增强本章节实证结果的可信度。

（2）为了防止非面板数据对结论的影响，对一家重污染企业在同一年发生的多次并购进行处理，仅保留并购对价最大的一条交易样本。回归结果分别报告于表 3-8 中的 PANEL A 和 B，可以看到 GMA 的估计系数绝大多数仍在统计学上显著为正，即绿色并购对重污染企业技术创新具有明显的促进作用，证明了前文基准回归结果的稳健性。

表 3-8　　　　　　　　　　剔除特殊样本后主效应检验结果

PANEL A

| VARIABLES | （1） | （2） | （3） | （4） | （5） |
|---|---|---|---|---|---|
| | TI | TI | TI | TI | TI |
| GMA | 0.740 *** | 0.714 *** | 0.771 *** | 0.590 *** | 0.655 *** |
| | (3.524) | (3.460) | (3.553) | (2.838) | (3.017) |
| CONTROLS | NO | YES | YES | YES | YES |
| YEAR | NO | NO | NO | YES | YES |
| IND | NO | NO | YES | NO | YES |
| _CONS | 2.048 *** | 3.638 *** | 2.567 * | 3.418 ** | 2.537 * |
| | (25.833) | (2.638) | (1.892) | (2.436) | (1.785) |
| $N$ | 729 | 729 | 729 | 729 | 729 |
| ADJ_$R^2$ | 0.017 | 0.133 | 0.135 | 0.161 | 0.160 |

PANEL B

| VARIABLES | （1） | （2） | （3） | （4） | （5） |
|---|---|---|---|---|---|
| | TI | TI | TI | TI | TI |
| GMA | 0.465 *** | 0.392 *** | 0.426 *** | 0.241 | 0.288 * |
| | (2.735) | (2.306) | (2.454) | (1.406) | (1.666) |

续表

| VARIABLES | （1） | （2） | （3） | （4） | （5） |
|---|---|---|---|---|---|
| | TI | TI | TI | TI | TI |
| CONTROLS | NO | YES | YES | YES | YES |
| YEAR | NO | NO | NO | YES | YES |
| IND | NO | NO | YES | NO | YES |
| _CONS | 2.120*** | 5.067*** | 3.877** | 4.777*** | 3.372** |
| | （22.338） | （3.277） | （2.463） | （3.046） | （2.156） |
| $N$ | 652 | 652 | 652 | 652 | 652 |
| ADJ_$R^2$ | 0.010 | 0.117 | 0.120 | 0.143 | 0.145 |

注：表格中 ***代表 $p<0.01$，**代表 $p<0.05$，*代表 $p<0.1$，括号内的数字为 $t$ 统计量。

### 3. 增加控制变量

重污染企业技术创新除了会受到绿色并购等因素的影响外，还会受到多个层面其他因素的制约。由此，本章节增加更多控制变量来降低不可预测的影响，如高管年龄大时是否更有助于其凭借自身丰富的知识储备与专业能力促进重污染企业技术创新；董事会规模小、现金流大时，组织决策中的分歧较少，及可利用现金流充裕时，能否更好地推进企业技术创新；主并方所在省份被环保约谈的威慑力下，企业是否存在更大程度上的事后补救，进行一定整改来防止触及环保红线，而导致积极投入技术创新的精力有限的状况；标的方民营或国有产权是否存在资源差异影响技术创新；并购中聘用律师事务所对标的资产、上市公司和交易对方的相关法律问题和事项进行充分的核查验证，是否可以更好地为技术创新提供保证。基于此，本章节在控制变量中额外加入但不限于：高管年龄（EAGE）、董事会规模（BOARD）、内部现金流（CF）、主并方所在省份是否被环保约谈（ECP）、标的方产权性质（TSTATE）和是否聘用律师事务所（LF），其中 EAGE 衡量方法是主并方高管年龄；BOARD 是主并方董事会人数；CF 是主并方经营活动的净现金流量与总资产之比；ECP 为虚拟变量，主并方所在省份被约谈，则取值为1，否则为

0；TSTATE 为虚拟变量，标的方为民营时取 1，国有则取 0；LF 为虚拟变量，若聘用了律师事务所，则取值为 1，否则为 0。

从表 3-9 可以看出在控制了更多变量影响后，GMA 的回归系数均在 1% 水平上正向显著，即绿色并购依然正向作用于重污染企业技术创新，这与前文结论保持一致。其中，内部现金流（CF）和标的方产权性质（TSTATE）的回归系数显著为负，表明重污染企业内部现金流未能充分发挥对技术创新的积极作用，同时，标的方为国有时可以促进技术创新。

表 3-9　　　　　　　　　　　增加控制变量后主效应检验结果

| VARIABLES | （1） | （2） | （3） | （4） |
|---|---|---|---|---|
| | TI | TI | TI | TI |
| GMA | 0.558*** | 0.590*** | 0.422*** | 0.462*** |
| | （3.592） | （3.651） | （2.666） | （2.833） |
| EAGE | −0.003 | −0.002 | −0.008 | −0.007 |
| | （−0.345） | （−0.223） | （−0.975） | （−0.880） |
| BOARD | −0.052 | −0.042 | −0.034 | −0.025 |
| | （−1.232） | （−0.988） | （−0.788） | （−0.571） |
| CF | −0.926* | −0.962** | −0.843* | −0.866* |
| | （−1.938） | （−1.983） | （−1.742） | （−1.769） |
| ECP | 0.166 | 0.143 | −0.005 | −0.016 |
| | （1.108） | （0.944） | （−0.026） | （−0.086） |
| TSTATE | −0.402** | −0.369** | −0.405** | −0.380** |
| | （−2.277） | （−2.050） | （−2.304） | （−2.117） |
| LF | 0.062 | 0.088 | 0.091 | 0.127 |
| | （0.255） | （0.357） | （0.384） | （0.528） |
| CONTROLS | YES | YES | YES | YES |
| YEAR | NO | NO | YES | YES |
| IND | NO | YES | NO | YES |

| VARIABLES | (1) | (2) | (3) | (4) |
|---|---|---|---|---|
| | TI | TI | TI | TI |
| _CONS | 4.105*** | 3.324** | 3.632*** | 2.755* |
| | (3.034) | (2.291) | (2.598) | (1.895) |
| $N$ | 851 | 851 | 851 | 851 |
| ADJ_ $R^2$ | 0.144 | 0.146 | 0.165 | 0.167 |

注：表格中 *** 代表 $p<0.01$，** 代表 $p<0.05$，* 代表 $p<0.1$，括号内的数字为 $t$ 统计量。

## 3.7　内生性处理

绿色并购对重污染企业技术创新的影响可能存在着潜在的内生性问题。绿色并购和非绿色并购的主要区别在于并购目标不同，这可能导致重污染企业的技术创新在并购之前就已经存在差异化现象。绿色并购的重污染企业更加注重技术创新，由此原本就不偏好技术创新的重污染企业会更倾向于选择非绿色并购。也就是说，选择不同并购类型的重污染企业有可能是依据其创新偏好而有选择性地进行不同类型并购。此外，存在的遗漏变量等问题也会对该研究产生影响。基于此，运用倾向得分匹配法(PSM)、Heckman 两阶段以及两阶段最小二乘法(2SLS)予以检验。

首先，本章节采用倾向得分匹配法进行内生性检验。按照并购类型是否为绿色并购将全样本分为实验组(绿色并购组)和对照组(非绿色并购组)，之后按照如下 PSM 步骤进行处理：第一步是使用 Probit 模型对高管性别、高管学历、两职合一、产权性质、独立董事占比、企业规模、企业杠杆、盈利状况、上市年限、成长性、并购对价、并购比例、支付方式、资产评估机构和会计师事务所这些控制变量分别进行核匹配，最终选出 784 个样本。第二步将匹配得到的子样本重新进行模型(3.1)回归。表 3-10 报告了匹配前后实验组和对照组的控制变量均值差异。可以看出配对以后，实验组与对照组中 EGEN、EEDU 和 DUAL 等均不存在显著差异，标准化偏差均小于 10%，偏差出现大幅减少，满足平衡性假设，样本匹配效果理想。

表 3-10 **PSM 核匹配后的平衡性检验**

| 控制变量 | 匹配前 U/匹配后 M | 实验组平均值 | 对照组平均值 | 偏差/% | 减少的偏差 |
|---|---|---|---|---|---|
| | | 输出变量：TI | | | |
| EGEN | U | 0.78205 | 0.84 | −14.8 | 88.9 |
| | M | 0.79204 | 0.7856 | 1.6 | |
| EEDU | U | 2.7991 | 2.5867 | 12.8 | 66.9 |
| | M | 2.7965 | 2.7261 | 4.2 | |
| DUAL | U | 0.25641 | 0.24333 | 3.0 | 92.9 |
| | M | 0.26106 | 0.26013 | 0.2 | |
| ASTATE | U | 0.30342 | 0.48333 | −37.4 | 94.1 |
| | M | 0.30973 | 0.32039 | −2.2 | |
| AINDEP | U | 0.37272 | 0.36994 | 5.4 | 49.8 |
| | M | 0.37322 | 0.37182 | 2.7 | |
| ASIZE | U | 22.037 | 22.52 | −34.5 | 97.4 |
| | M | 22.06 | 22.047 | 0.9 | |
| ALEV | U | 0.43608 | 0.47477 | −18.1 | 91.6 |
| | M | 0.43736 | 0.43412 | 1.5 | |
| AROE | U | 0.06766 | 0.08228 | −12.1 | 65.6 |
| | M | 0.06565 | 0.06062 | 4.2 | |
| AAGE | U | 2.1052 | 2.0935 | 1.5 | −68.9 |
| | M | 2.0949 | 2.075 | 2.5 | |
| AGROW | U | 0.24313 | 0.18441 | 10.6 | 80.6 |
| | M | 0.20598 | 0.21735 | −2.1 | |
| PRICE | U | 19.106 | 19.083 | 1.3 | −443.9 |
| | M | 19.11 | 18.981 | 7.0 | |
| RATIO | U | 0.82824 | 0.81292 | 6.7 | 77.9 |
| | M | 0.83092 | 0.8343 | −1.5 | |

续表

| 控制变量 | 匹配前 *U*/ 匹配后 *M* | 实验组平均值 | 对照组平均值 | 偏差/% | 减少的偏差 |
|---|---|---|---|---|---|
| | | 输出变量：TI | | | |
| CASH | U | 0.69658 | 0.75 | −11.9 | 70.7 |
| | M | 0.68584 | 0.70151 | −3.5 | |
| AEO | U | 0.62393 | 0.55167 | 14.7 | 76.5 |
| | M | 0.62832 | 0.61134 | 3.5 | |
| AF | U | 0.43162 | 0.54167 | −22.1 | 85.6 |
| | M | 0.4292 | 0.44503 | −3.2 | |

另外，更换 PSM 匹配方法，即按照近邻匹配原则，由于实验组样本量不足，相对较少，因此采用 1∶2 进行样本匹配。具体是同样选择本章节 15 个控制变量作为匹配变量。配对以后，EGEN、DUAL 及 ASIZE 等变量均不存在显著差异，意味着平衡性假设得以满足。表 3-11 报告了 PSM 之后的样本回归结果，从 GMA 的估计系数可以看到，不论是否控制其他变量，绿色并购依然显著促进了重污染企业的技术创新，与前文结果一致。因此，在采用倾向得分匹配方法后，进一步证实了研究结论的稳健性。

表 3-11    **PSM 后绿色并购与技术创新的检验结果**

| VARIABLES | 核匹配 | | （1∶2） | |
|---|---|---|---|---|
| | （1）TI | （2）TI | （1）TI | （2）TI |
| GMA | 0.767*** | 0.542*** | 0.770*** | 0.634*** |
| | (4.875) | (3.287) | (4.227) | (3.475) |
| EGEN | | 0.321* | | 0.383* |
| | | (1.760) | | (1.863) |
| EEDU | | 0.084** | | 0.044 |
| | | (2.142) | | (0.831) |
| DUAL | | −0.401** | | −0.314 |
| | | (−2.503) | | (−1.555) |

续表

| VARIABLES | 核匹配 | | （1：2） | |
|---|---|---|---|---|
| | （1）TI | （2）TI | （1）TI | （2）TI |
| ASTATE | | −0.076 | | 0.015 |
| | | （−0.397） | | （0.065） |
| AINDEP | | 1.610 | | 1.725 |
| | | （1.273） | | （0.988） |
| ASIZE | | −0.171** | | −0.087 |
| | | （−2.499） | | （−1.040） |
| ALEV | | −1.026** | | −0.984** |
| | | （−2.494） | | （−2.015） |
| AROE | | 0.125 | | 1.366* |
| | | （0.217） | | （1.719） |
| AAGE | | −0.207* | | −0.225 |
| | | （−1.933） | | （−1.618） |
| AGROW | | 0.009 | | −0.024 |
| | | （0.080） | | （−0.238） |
| PRICE | | −0.045 | | −0.107* |
| | | （−0.918） | | （−1.714） |
| RATIO | | 0.870*** | | 0.729** |
| | | （3.131） | | （2.002） |
| CASH | | 0.030 | | −0.151 |
| | | （0.154） | | （−0.633） |
| AEO | | 0.476* | | 0.069 |
| | | （1.850） | | （0.230） |
| AF | | 0.602** | | 0.139 |
| | | （2.181） | | （0.461） |
| YEAR | NO | YES | NO | YES |
| IND | NO | YES | NO | YES |

续表

| VARIABLES | 核匹配 | | （1∶2） | |
| --- | --- | --- | --- | --- |
| | （1）TI | （2）TI | （1）TI | （2）TI |
| _CONS | 2.123*** | 4.289*** | 2.098*** | 3.455* |
| | （25.433） | （2.836） | （17.682） | （1.754） |
| N | 784 | 784 | 500 | 500 |
| ADJ_ $R^2$ | 0.029 | 0.148 | 0.033 | 0.163 |

注：表格中 ***代表 $p<0.01$，**代表 $p<0.05$，*代表 $p<0.1$，括号内的数字为 $t$ 统计量。

其次，本章节采用 Heckman 两阶段模型对绿色并购与重污染企业技术创新之间的样本自选择问题进行矫正。第一阶段主要是运用 Probit 模型，其中绿色并购（GMA）作为被解释变量，将可能影响此决策的变量作为解释变量进行回归，在该阶段加入工具变量（IV）。考虑到绿色并购的工具变量需要满足外生性和相关性要求，本部分选取党的十八大作为工具变量，依据是作为分界时点国家将生态文明提升到战略高度，将积极影响微观重污染企业的绿色并购行为，但与技术创新之间的关系不大。通过第一阶段模型估计得到逆米尔斯比率（IMR）。第二阶段则将包含逆米尔斯比率（IMR）在内的控制变量放入模型（3.1）中进行实证回归，结果参见表 3-12。IMR 系数为−2.839，在 1% 水平上显著，在控制了所存在的样本自选择问题之后，其中 GMA 系数是 5.277，依然显著为正，说明本章节结论基本不改变，是稳健的。

表 3-12　　　　　　　　　**Heckman 两阶段与 2SLS 检验回归结果**

| VARIABLES | Heckman | | 2SLS | |
| --- | --- | --- | --- | --- |
| | 第一阶段：GMA | 第二阶段：TI | 第二阶段：GMA | 第二阶段：TI |
| GMA | | 5.277*** | | 1.383* |
| | | （6.456） | | （1.857） |
| EGEN | −0.167 | 0.622*** | −0.072* | 0.362** |
| | （−1.360） | （3.537） | （−1.828） | （2.031） |

续表

| VARIABLES | Heckman | | 2SLS | |
| --- | --- | --- | --- | --- |
| | 第一阶段：GMA | 第二阶段：TI | 第二阶段：GMA | 第二阶段：TI |
| EEDU | 0.044 | 0.013 | 0.012 | 0.083** |
| | (1.506) | (0.324) | (1.363) | (2.037) |
| DUAL | −0.173 | −0.202 | −0.050 | −0.373** |
| | (−1.471) | (−1.269) | (−1.373) | (−2.301) |
| ASTATE | −0.436*** | 0.552*** | −0.146*** | −0.034 |
| | (−3.766) | (2.845) | (−4.146) | (−0.181) |
| AINDEP | 0.289 | 2.276* | 0.206 | 2.832** |
| | (0.312) | (1.873) | (0.725) | (2.278) |
| ASIZE | −0.183*** | 0.105 | −0.047*** | −0.078 |
| | (−3.790) | (1.486) | (−3.378) | (−1.104) |
| ALEV | 0.216 | −1.335*** | 0.030 | −1.407*** |
| | (0.736) | (−3.522) | (0.332) | (−3.625) |
| AROE | −0.784* | 1.081* | −0.262** | −0.0660 |
| | (−1.821) | (1.784) | (−2.010) | (−0.107) |
| AAGE | 0.209*** | −0.585*** | 0.065*** | −0.277** |
| | (2.671) | (−4.878) | (2.716) | (−2.326) |
| AGROW | 0.130 | −0.245** | 0.011 | −0.137 |
| | (1.561) | (−2.166) | (0.426) | (−1.182) |
| PRICE | 0.018 | −0.092** | 0.003 | −0.075* |
| | (0.553) | (−2.164) | (0.328) | (−1.722) |
| RATIO | 0.070 | 0.854*** | 0.027 | 0.977*** |
| | (0.314) | (2.956) | (0.406) | (3.306) |
| CASH | 0.092 | −0.158 | 0.028 | −0.055 |
| | (0.662) | (−0.851) | (0.638) | (−0.289) |
| AEO | −0.080 | 0.581** | −0.026 | 0.459* |
| | (−0.433) | (2.537) | (−0.495) | (1.959) |

续表

| VARIABLES | Heckman | | 2SLS | |
|---|---|---|---|---|
| | 第一阶段：GMA | 第二阶段：TI | 第二阶段：GMA | 第二阶段：TI |
| AF | −0.095 | 0.735*** | −0.080 | 0.463* |
| | (−0.504) | (3.037) | (−1.444) | (1.881) |
| IV | 0.706*** | | 0.177*** | |
| | (4.727) | | (5.863) | |
| IMR | | −2.839*** | | |
| | | (−5.770) | | |
| _CONS | 2.133* | −0.845 | 1.102*** | 4.474*** |
| | (1.943) | (−0.517) | (3.501) | (5.250) |
| N | 851 | 851 | 851 | 851 |
| PSEUDO $R^2$ | 0.089 | | | |
| ADJ_ $R^2$ | | 0.167 | 0.109 | 0.108 |

注：表格中 ∗∗∗代表 $p<0.01$，∗∗代表 $p<0.05$，∗代表 $p<0.1$，括号内的数字为 $t$ 统计量。

最后，采用两阶段最小二乘法（2SLS）进行检验。选取中共十八届五中全会的召开作为外生工具变量，是绿色并购的解释变量。依据是作为分界时点国家明确提出绿色发展理念，将积极影响微观重污染企业的绿色并购行为。因为内生变量数目与工具变量数目相同，所以不需要进行工具变量的过度识别检验。通过内生性问题的 Hausman 检验，绿色并购被证明在1%统计水平上是内生变量。在第一阶段关于工具变量的检验结果得到，Cragg-Donald Wald F统计量为34.371，大于 Stock-Yogo 检验10%水平的临界值16.38，故拒绝了存在弱工具变量原假设，即本次选择了有效的工具变量。从表3-12中 2SLS 第二阶段的回归结果可以看到，绿色并购对技术创新的影响仍然显著为正，系数是1.383，从而主要结果没有发生改变，进一步排除了内生性问题对于本次研究的干扰。

# 3.8　本 章 小 结

在经济高质量发展背景下，技术创新驱动将成为重污染企业未来经济增长的重要动力，以获取节能减排技术等为目的的绿色并购必然成为未来经济活动的重要组成部分。本章节以 2010—2018 年重污染上市公司并购样本为研究对象，基于持续创新实现机制理论，从绿色并购影响"技术创新机遇+技术创新动力+技术创新能力"三要素角度，分析了绿色并购对重污染企业技术创新的积极作用。研究结果发现：与非绿色并购相比，绿色并购显著促进重污染企业技术创新，发挥正向激励效应。为了确保研究结论的可复制性，进一步通过更换关键变量衡量方式、剔除特殊样本和增加控制变量的方法进行了稳健性检验。另外，针对可能存在的内生性问题，分别运用倾向得分匹配法、Heckman 两阶段以及两阶段最小二乘法予以检验，最终结果未发生明显改变。

# 第4章 绿色并购与重污染企业技术创新：
## 基于动态过程的作用路径解析

前一章证明了绿色并购对重污染企业技术创新的激励效应，那么这种正向影响的作用路径是什么？内在机理分析中提出绿色并购对技术创新机遇捕获、动力增强及能力提高的三要素耦合机制，接下来将深入验证微观作用的存在性。基于绿色并购与技术创新的复杂性，本章节尝试从动态过程剖析绿色并购影响重污染企业技术创新的渠道机制。组织学习和资本获取作为企业技术创新的关键动态过程，有必要从这两个渠道入手。通常二元学习中的探索式学习所具有的前瞻性获取技术发展、重塑生产结构以及寻求全新知识等内涵是对捕获技术创新机遇、增强相应动力以及提高其能力的全面反映。另外，绿色金融具有的导向性是对技术运用的关注、产生的严苛限制是对创新动力的增强、带来的资金投放是对创新能力的提高。综上，若绿色并购引起二元学习中探索式方式的选择以及赢得绿色金融的支持，进而促进技术创新，则可以证明捕获机遇、增强动力以及提高能力三要素耦合作用在绿色并购促进重污染企业技术创新过程中的合理存在性(见图4-1)。本章节将实证分析二

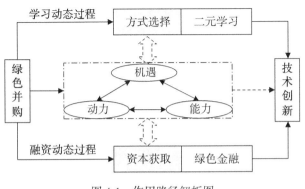

图 4-1 作用路径解析图

元学习方式的中介效应，为相关领域提供一个新视角，还针对绿色金融支持作用的中介机制进行验证，为相关研究补充一个直接证据，最终揭示绿色并购影响重污染企业技术创新的路径黑箱。

# 4.1　理论分析与假设提出

## 4.1.1　二元学习的中介作用

基于组织二元性视角延伸并购问题，另一个研究流出现在利用式和探索式学习上。以往的文献从组织二元协同机制出发，研究了利用式和探索式学习作为影响企业绩效、出口创业绩效和 NPD 绩效的中介因素（Morgan and Berthon，2008；Hughes et al.，2010；O'Cass et al.，2014）。然而，二元学习的概念相对新颖，对于绿色发展背景下的利用式和探索式学习的中介作用，人们知之甚少。利用二元学习方式来解释绿色并购对技术创新的影响，为这个相对复杂的模型提供了一种更简洁的实现路径。本节认为二元学习在绿色并购影响技术创新的动态过程中提供了一种间接传导渠道，而绿色并购后学习方式的选择是更接近于利用式还是探索式的实现从而推动技术创新需要进行深入探讨。

从二元学习的内涵来看，利用式学习是指企业改进现状的方式是借助现有知识和技术，即在组织经验的逐步积累之上，短时间内体现出所取得的回报，进而改善企业运营状况和提高相应效率。企业凭借利用式学习，可以有效降低成本、加大自有知识与技术储备量、拓宽现有产品组合、提高产品与服务质量，提升销售效率，推动组织获取更高的技术创新水平。探索式学习则是企业在新技术研发周期的快速缩短与新产品开发效率提高的基础上，由此拥有新型设计、开发新式营销方案、拓展全新市场，以及服务于潜在或新兴消费者。相比之下，探索式学习强调未来理念，通过积极寻求全新发展路径的方向与可能性和探索全新的研发机会，从而实现企业竞争力和长远收益的提升。立足于 Rosenkopf 和 Nerkar（2001）的结论，探索式学习是组织在产品制造过程中融入市场信息与技术变革，更为创新性的技术随之产生，进一步发现局限于组织内部的比超越组织边界的探索式学习对创新所产生的作用更弱。

一般情况下，企业内部同时存在二元学习方式。对于重污染企业而言，一方面可以通过绿色并购展开利用式学习，在对现有产品和技术充分关注基础上，逐渐加强组织内外部之间的相互适应度和协调度，积极拉动企业对外部创新知识的吸取，及时通过调整并整合与内部知识存量来配置资源，不断修补资源结构，改进现有产品技艺与环节来遵守环保要求，且通过改良获得新的业绩增长点。另一方面绿色并购后可以进行探索式学习，通过获取和整合绿色资源实现对运营模式的改变，重塑新的生产流程及结构，灵活利用企业各种资产创造新技术来研发新产品以吸引新细分市场及新消费者。前者强调重污染企业主要是针对已有知识的延伸来达到对现有产品和服务在功能性与质量方面的调整和改进，现有消费者满意度与市场吸引力得以提升，促成技术创新；而后者则着眼于重污染企业脱离现有知识，全新的技术方式帮助其打开先前未进入的全新市场，开发相应新产品或服务，从而产业结构在较短时间内得到重大转变，最终完成技术创新。据此，重污染企业需要在绿色并购后进行利用式和探索式的二元学习以提升整体技术创新。由于这两种类型的学习方式有不同的目标、操作流程和能力，从而在组织内具有一定相互矛盾性。Voss 和 Voss(2013)研究则指出企业拥有的资源越少，越有可能将其资源配置到一种学习方式上。因此，由于组织资源有限性，重污染企业维持两种不同类型的组织学习的难度较大，即出于二元学习皆会争夺企业资源和时间，则需在相互竞争的二元学习方式之间进行选择，将有限注意力聚焦于其中一个。

从并购动机角度来看，有效股票市场中一些典型的并购在很大程度上是为了增加市场力量、减少广告和其他促销支出或提高效率(胡开春，2007)。这些动机均与市场、分销、生产等相关或具有类似特点，集中体现为利用式学习，而未对探索式学习产生明显促进作用。类似的动机下，非绿色并购主要是为了在市场营销、分销或生产领域占有优势，从而将组织资源从研发投入中进行转移，重新分配资源，并倾向于将重点放在增加现有产品销售上，增加利用式学习而减少具有高风险的探索性学习，将导致创新动力不足，不利于技术创新。而与技术相关的绿色并购更多是涉及自身之前无法获取的资源库，企业可以通过绿色并购形成全新资源组合，增强其使用新知识和新技术进入清洁生产领域的动力，利用式学习积极性大幅降低，而不断提升探索式学习水平，使其快速追踪市场动态和认识市场潜在需求，加深对于新产品开发至关重要信息的理解，进而运用所掌握的新技术促进创新，在市场竞争中赢得优势（March，1991）。探索式学习作为一种突破式、风险较大的组织活动，在面对复杂、动态的市场环境，现有产品容易过时而被淘汰下，企业通过该学习方式能够超越现有竞争范围，寻求新的市场"利基"，组织适应市场的能力得以提高，进而技术创新的加强可以使其竞争优势变大变持久，企业取得行业内主导地位可能性也增大，更有利于其长远发展。

绿色并购能够为重污染企业内利用式学习和探索式学习提供丰富的知识和技术资源，对这两种学习方式具有重要支撑作用，但主要是加大了企业参与以远距离搜索、冒险、实验、灵活变通和发现为特征的探索式学习方式（Benner and Tushman，2002），从而对技术创新产生正向影响。具体而言：

第一，重污染企业所面临的生存困境促使其加大探索式学习。在传统重污染行业之内，企业盈利大幅降低、扩展空间变小、发展潜力与前景不佳。若局限在自身领域将难以生存与成长，而绿色并购推动企业强化探索式学习来帮助其对于技术进步、市场响应、消费者需求等有关前沿信息的获取更具前瞻性，将所探索得到的信息进行反复过滤和吸纳，开拓视野来快速识别新型技术和市场创新价值，找出组织转变方向来及时跳出落后圈层，寻求到新的盈利增长点来实现企业价值最大化，即通过探索式学习愈加有效地促进技术创新。

第二，重污染企业有悖于绿色发展目标的生产经营模式促使其加大探索式学习。企业依托于自身落后的工艺设备、生产方式与流程等，制造出非环境友好型产品，不符合国家发展要求。而绿色并购驱动企业进行探索式学习来重塑生产结构，主要表现在借助标的方生产模式等构建新的工艺和生产流程，实现对运营惯例的改变，同时利用新式经营管理技术来改变业务流程和降低经营成本，建立起全新技术轨道，即利用探索式学习来灵活运用企业有形和无形资产进行全新生产制造，有效避免知识积累路径单一化所导致的创新能力刚性问题，为服务新兴消费者和市场提供新的机会，达到以绿色产品灵活地应对外部环境的变化，最终实现借助探索式学习促进技术创新。

第三，重污染企业为了在清洁生产领域立足促使其加大探索式学习。囿于自身技术资源约束企业难以真正实现绿色生产，而绿色并购使其获得标的方的大量绿色性科学知识和行业知识，增加全新知识存量，有利于重污染企业突破资源制约进而打下坚实的资源基础，为其提供探索式学习所需要的关键性绿色知识。从而带动企业在获取外部全新创新知识后，完成企业内外、个人与组织互补性资源的再组合，对资源在配置上进行根本调整，在现有知识集之外寻找到新的想法和方案，并解决非常规难题，如原有产品的高污染性等问题，以保证创新机遇与企业及产品调性相匹配，寻求与开发全新的绿色产品细分市场来增加相应市场吸引力和份额，提升消费者的绿色满意度。

综上，绿色并购有利于激发重污染企业通过探索式学习形成组织独特的竞争优势，对技术创新产生正向影响(见图 4-2)。

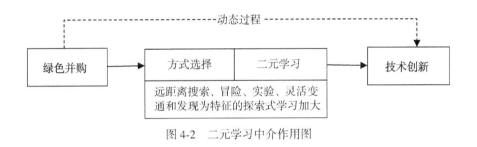

图 4-2 二元学习中介作用图

基于上述分析，提出假设：

**假设 2：二元学习在绿色并购和重污染企业技术创新之间具有中介效应，即绿色并购通过二元学习中的探索式方式促进技术创新。**

### 4.1.2 绿色金融的中介作用

党的十九大报告明确强调了绿色金融对于推动绿色发展的重要作用。根据中国人民银行等七部委在 2016 年 8 月 31 日所发布的《关于构建绿色金融体系的指导意见》，绿色金融的定义为提供的金融服务是关于环保、节能、清洁能源、绿色交通、绿色建筑等领域的项目所进行投融资、项目运营、风险管理等，是一类针对环境改善得以支持、气候变化实现应对和资源被节约且高效利用的经济活动。在绿色发展背景下，用以促进经济和环境协调可持续而开展的信贷类金融活动的绿色金融所提供的外部资金来源(李晓西和夏光，2014)，对于亟须调整增长方式来实现绿色发展的重污染企业而言是至关重要的。本章节认为，绿色金融在绿色并购影响技术创新过程中发挥重要传导作用。

技术创新的本质特征是结果的极端不确定性(Li, 2011)，企业能否筹集到足够的资金来继续创新项目，对于解决不确定性是极为重要的。加之技术创新具有信息不对称和资金投入量大的弊端，易导致企业在从事创新活动时比其他活动面临融资困境的可能性更高。由此企业内部有限的自有资金很可能难以满足创新过程中的资金需求量，则为了支撑其技术创新活动将不得不通过外部渠道来获取资金。而企业受到的外部融资约束会显著抑制企业的创新活动(张秀峰等, 2019)。经济绿色化转变环境下，绿色金融作为企业外部融资方式，是解决资金约束而影响创新的重要途径。D'orazio 和 Valente(2019)发现商业银行对企业的绿色金融支持能够显著增加绿色研发投资。佟岩等(2020)则研究了并购情境下融资决策对技术创新的作用，指出债务融资弱化创新动因对创新产出的积极影响。

从 2007 年以来，资本市场监管部门相继出台了"绿色信贷""绿色证券"等多项环境经济政策。"绿色信贷"要求商业银行需将企业环保守法情况作为审批贷款的必备条件，实行"环保一票否决制"，如对绿色制造企业提供贷款扶持并实施优惠性的低利率，而限制污染企业的贷款额度并实施惩罚性高利率，绿色信贷产生了明显的融资惩罚效应和投资抑制效应(苏冬蔚和连莉莉, 2018)。"绿色证券"也要求企业在 IPO 和 SEO 时，需经由环保部门进行环保审核。在愈发严苛的融资制度背景下，重污染企业技术创新势必将受到资金筹措限制的影响。

此外，基于现有文献，可以发现多数情况下融资约束常作为驱动并购活动的重要因素之一来进行研究(Phalippou et al., 2015；Dogru et al., 2021)。相对而言小部分文献则探索了并购对融资所产生的影响。由于并购被认为是企业扩大规模、重新配置社会资源的有效途径。资金来源有限的企业借此可以通过收购其他企业来缓解资金紧张，从而实现业务多元化。这可以用内部资本市场的作用来解释，即开展并购的背后机制之一是企业可以建立内部资本市场，在同一控制下将资金从一个企业转移到另一个企业，项目间的资金转移也解决了单一项目承受外部融资成本劣势的问题。现有研究也发现并购能够提升企业的融资能力。例如，Tang 和 Han(2018)研究发现大规模并购能够使企业产生更大的资产流入，从而降低债务成本。Cornaggia 和 Li(2019)发现加州地区的并购可以增加企业的信贷供给，降低并购企业的融资成本。

Jindal 和 Seth(2019)则表明印度上市企业的并购可以提高其股票的融资能力。Bindal 等(2020)指出美国发生的并购能够促进中小企业的贷款能力,并购规模对融资能力具有门槛效应。

于重污染企业而言,在绿色并购实现技术创新过程中,离不开大量资金的有效支撑。随着技术拉动经济的飞速发展,特别是在监管趋严及标准提升的发展背景下,尤其重污染企业高排放、高消耗和高污染的生产特点,市场对于这类传统制造业的产品需求大幅减少,导致其产品在市场中的占有率及认可度急速降低。外加组织自身产能过剩、组织盈利能力固化、利润增长空间缩小,导致其可利用资源的有限性、资金链的不稳定性、内部资金的紧张化,从而倾向于诉诸外部融资。然而在国家对于环保的重视下,面对重污染企业未来发展的重大不确定性和弱抗风险性,银行等金融机构对其盈利和财务能力以及偿债能力等进行综合判别后,为维护资金安全性,通常拒绝或严格控制向重污染企业发放贷款,显著增大资金成本或减少信贷决策,即企业外部融资难度加大。这揭示出相比于与其他行业,重污染行业普遍面临高度融资约束,企业获得信贷支持难度颇大,且很大程度上限制贷款的额度及期限。特别是当企业融资约束水平越高时,缺乏充足的资金实力花费在新旧业务转换、技术知识资源研发和未来持续性研发投入等方面,导致更低的技术创新。

随着绿色发展时代主流的到来,政府为了转变经济发展方式,大力发展包含环境保护和新能源等在内的新兴产业,鼓励扶持过剩行业的产业升级和去产能,落后生产工艺为主的重污染行业发展被抑制,同时不断调整信贷政策,为企业营造良好的融资环境。主要是通过一次性奖补、绿色信贷、专项资金、税收优惠等方面的相关政策扶持绿色投资项目,鼓励金融机构通过绿色金融为相关企业提供便捷和优惠的担保服务及信贷支持,实现从资金链上解决问题源头,从而引导生产要素向清洁领域流动,提升企业绿色投资积极性。由此,绿色金融存在一定的偏向性和引导性,即严格限制高能耗、高排放、高污染企业的融资需求及信贷规模,相反,规定某些特定的行业、特定的技术发明或者特定研发项目等才能获得支持,促使企业更倾向投资于绿色金融支持范围内的活动。

鉴于普遍的环境法规和信息不对称,重污染企业面临着越来越严格的融资约束。而依托于绿色并购,这些限制很大程度上会得到缓解,即重污染企业通过国家绿色金融政策提供的融资渠道为技术创新带来更多资金，有计划和持续地进行绿色投资，促使技术创新的顺利实现。因此，绿色金融可在绿色并购与技术创新之间发挥重要的传导作用主要表现在：

一方面，绿色并购展现出良好的环境表现能够降低信息不对称，通过绿色金融有效缓解融资困境，进而促进技术创新。刘晴等（2017）研究指出在面临银行融资约束的环境中，异质性企业将以更大的概率选择政策支持的出口导向型贸易模式而非利润率较高的通常贸易。对于面对融资困境及绿色金融导向的重污染企业而言，在重估资金状况及市场发展前景之后，若不积极加强环境治理，将面临大额污染税、巨额处罚、勒令退出及停产关闭等行政干预。反之，重污染企业借助绿色并购能够快速进入清洁能源市场，有效解决传统能源带来的污染问题，这一符合政府环保法规和产业扶持政策的绿色并购向外界展现出良好的环境表现，更好地满足金融机构投放绿色信贷资金时优先考虑符合环保政策法规的企业的意愿，突破了企业所存在的融资限制，信息不对称的缓解则阻止了融资成本上升及加大获取贷款的机会，减轻技术创新的资金压力。

另一方面，绿色并购呈现出的绿色内涵能够减弱利益相关方的风险感知，引导投资者关注绿色技术运用，通过绿色金融提升融资能力，从而激励技术创新。作为外部债权人的银行机构等无法对重污染企业经营活动进行直接管控，也不能掌控绿色信贷资金的使用去向，无形中增大了融资难度。而重污染企业凭借绿色并购可以在节能减排、抑制环境污染、清洁能源、环保产品等方面积极运用技术，淘汰过去陈旧模式，生产环境友好型绿色产品，拓宽消费者开发半径和培育全新利润增长点。该企业行为积极向银行等机构展现出信贷资金去向，大幅降低了违反绿色金融的贷款要求以及违约的可能性和风险，从而企业更有能力从合法的相关机构取得资金支持，以便用于技术创新活动。由此，重污染企业绿色并购后，在绿色金融提供的资金支持下提升生产能力，扩大经营规模，不断满足市场所青睐的绿色产品需求，协助技术创新的合理推进。

综上，绿色并购作为满足绿色金融资本供给要求的企业行为，将缓解融资限制，提高绿色融资能力，进而推进其技术创新。相反，非绿色并购并不是绿色金融所扶持的企业投资活动，选择这类并购的重污染企业面临较高融资约束水平，资金的极大不足将限制技术创新(见图 4-3)。

图 4-3 绿色金融中介作用图

鉴于此，提出如下假设：

假设 3：绿色金融在绿色并购和重污染企业技术创新之间具有中介效应，即绿色并购带来融资优势通过绿色金融的资金支持来促进技术创新。

## 4.2 研究设计

### 4.2.1 样本来源与数据筛选

根据国家环境保护总局与证监会相关规定，重污染行业包括：火电、钢铁、水泥、电解铝、煤炭、冶金、建材、采矿、化工、石化、制药、造纸、发酵、制糖、植物油加工、酿造、纺织、制革，其代码主要有：B06、B07、B08、B09、C17、C19、C22、C25、C26、C28、C29、C30、C31、C32、D44。从 CSMAR 并购数据库中依据上述行业代码搜寻并整理 2010—2018 年企业并购样本，筛选标准为：买方为上市公司；交易项目进度明确为"成功"字样的样本；重组类型选择资产收购，剔除资产剥离、资产置换、吸收合并、债务重组、股份回购、要约收购和股权转让；标的类型为股权或者资产；收购金额不小于 100 万元人民币；不包括已持有标的企业股权比例高于 30% 的样本；将同一企业在相同或不同年份的多次并购视为不同样本事件；剔除数据存在缺失值的样本。经过筛选，一共获得 851 个并购交易样本。本章节还对主要连续变量进行了 1% 和 99% 水平上的 Winsorize 处理，利用缩尾后的数据进行回归。

### 4.2.2 变量定义

技术创新(TI)——囿于专利不能全面衡量企业的技术创新，由此为了不低估重污染企业技术创新，本书将基于已有研究和数据可得性以及企业之间的可比性，参考李梦雅和严太华（2020）等研究，采用研发强度较能合理反映出企业的技术创新，即研发支出与营业收入之比作为衡量指标。

绿色并购（GMA）——本书认为绿色并购的目的是上市企业为了实现提高环境保护水平以及向低污染和低能耗行业转型而获取节能减排等绿色技术、绿色设备、绿色人才及绿色管理经验等而实施的并购。通过查阅并购公告，分析并购内容，明晰主并双方的经营范围以及并购目的等，确定该并购事件是否为重污染企业通过获取绿色资源或绿色技术等来实现绿色目标。该变量是虚拟变量，若符合判别条件，则绿色并购取值为 1，否则为非绿色并购，值为 0。

二元学习（AL）——对于组织二元学习变量的衡量以调查问卷为主，但基于数据可得性，以及考虑到高管团队在组织学习过程中担任领导角色，在很大程度上决定了学习方式，本章节将主要依据王益民等（2015）的研究，以高管团队教育专业的异质性作为代理变量。具体换算方式为：首先，对高管团队的教育专业进行编码，其中，科学工程，包括理学、农学、工学及医学赋值为 1，经济管理，包括经济学和管理学赋值为 2，文学、哲学以及历史学赋值为 3，法律赋值为 4，其他则为 5，之后使用 Berry 所提出的多样化指数公式：

$$H = 1 - \sum_{i=1}^{n} P_i^2 \tag{4.1}$$

公式（4.1）中，$P_i$ 表示第 $i$ 类成员在高管团队中的百分比，$H$ 值大小介于 0 与 1 之间，值越大，表示异质性程度越高，企业探索式学习越强。在此基础上构建虚拟变量，若值超过 0.5 时则赋值为 1，表明企业更倾向于选择探索式学习方式，而值小于 0.5 时则赋值为 0，表明企业倾向于选择利用式学习方式。

绿色金融（GF）——由于目前绿色金融的内容存在混杂以及流向存在模糊的问题，本章节将绿色金融对企业的资本支持作用由融资约束程度进行反映，关于绿色金融的其他衡量方式将在稳健性检验部分进行更多分析。基于 Hadlock 和 Pierce（2010）的公式（$-0.737 \times$ SIZE）+（$0.043 \times$ SIZE$^2$）−（$0.040 \times$ AGE）来计算企业的融资约束程度，其中 SIZE 是企业规模，SIZE = LN（总资产/1000000），总资产单位为元，AGE 是企业上市年限。所构建的 SA 指数为负，绝对值越大则代表企业融资约束程度越低，即绿色金融支持作用越大。为了更好地对结果进行解释，对该变量取相反数，则该指标值越大，绿色金融支持作用越强。

根据并购和创新影响因素的既有文献，主要引入以下控制变量——高管性别、高管学历、两职合一、产权性质、独立董事占比、企业规模、企业杠杆、盈利状况、上市年限、企业成长性、并购对价、并购比例、支付方式、资产评估机构和会计师事务所。此外，还对年度和行业固定效应进行控制，增强回归结果的稳健性。变量定义详见表4-1。

表4-1 变量定义表

| 变量 | | 简称 | 定　义 |
|---|---|---|---|
| 被解释变量：技术创新 | | TI | 并购后一年研发支出占营业收入百分比 |
| 解释变量：绿色并购 | | GMA | 虚拟变量，绿色并购值为1，否则非绿色并购取0 |
| 中介变量 | 二元学习 | AL | 虚拟变量，探索式学习取值为1，否则为利用式学习取值为0 |
| | 绿色金融 | GF | 由融资约束程度反映绿色金融作用大小，并将SA指数取相反数 |
| 控制变量 | 性别 | EGEN | 虚拟变量，主并方高管性别为男性时取1，否则取0 |
| | 学历 | EEDU | 主并方高管学历是中专及中专以下时值为1，大专时值为2，本科时为3，硕士时为4，博士时为5 |
| | 两职合一 | DUAL | 虚拟变量，主并方董事长和总经理兼任时取1，否则取0 |
| | 产权性质 | ASTATE | 虚拟变量，主并方民营企业取值为1，否则为0 |
| | 独立董事占比 | AINDEP | 主并方并购前一年独立董事与董事会人数之比 |
| | 企业规模 | ASIZE | 主并方并购前一年资产的自然对数 |
| | 企业杠杆 | ALEV | 主并方并购前一年资产负债率 |
| | 盈利状况 | AROE | 主并方并购前一年净资产收益率 |
| | 上市年限 | AAGE | 主并方上市年限+1的自然对数 |
| | 企业成长性 | AGROW | 主并方并购前一年销售收入增长率 |

（说明：上表中"高管层面"跨"性别、学历、两职合一"三行，"企业层面"跨"产权性质、独立董事占比、企业规模、企业杠杆、盈利状况、上市年限、企业成长性"七行）

续表

| | 变量 | | 简称 | 定　义 |
|---|---|---|---|---|
| 控制变量 | 交易层面 | 并购对价 | PRICE | 并购交易对价的自然对数 |
| | | 并购比例 | RATIO | 并购交易股权收购比例 |
| | | 支付方式 | CASH | 虚拟变量，并购现金支付方式取值为 1，否则为 0 |
| | | 资产评估机构 | AEO | 虚拟变量，聘用资产评估机构取值为 1，否则为 0 |
| | | 会计师事务所 | AF | 虚拟变量，聘用会计师事务所取值为 1，否则为 0 |
| | 年度 | | YEAR | 控制年度固定效应 |
| | 行业 | | IND | 控制行业固定效应 |

### 4.2.3　理论模型

为了验证假设 2，利用中介效应模型对绿色并购影响重污染企业技术创新的作用路径进行检验，具体的三步回归法所对应的模型设定如下所示：

第一步是检验方程(4.2)的系数 $\alpha_1$，即解释变量(GMA)对被解释变量(TI)的总效应，该方程与模型(3.1)一致。

$$\mathrm{TI}_{i,t} = \alpha_0 + \alpha_1 \mathrm{GMA}_{i,t-1} + \sum \mathrm{CONTROLS} + \sum \mathrm{YEAR} + \sum \mathrm{IND} + \varepsilon_{i,t}$$

$$(4.2)$$

第二步是检验方程(4.3)的系数 $\beta_1$，即解释变量(GMA)和中介变量(AL)的关系。

$$\mathrm{AL}_{i,t} = \beta_0 + \beta_1 \mathrm{GMA}_{i,t-1} + \sum \mathrm{CONTROLS} + \sum \mathrm{YEAR} + \sum \mathrm{IND} + \varepsilon_{i,t}$$

$$(4.3)$$

第三步是额外控制中介变量(AL)之后，检验方程(4.4)的系数 $\gamma_1$ 和 $\gamma_2$。

$$\mathrm{TI}_{i,t} = \gamma_0 + \gamma_1 \mathrm{GMA}_{i,t-1} + \gamma_2 \mathrm{AL}_{i,t} + \sum \mathrm{CONTROLS}$$
$$+ \sum \mathrm{YEAR} + \sum \mathrm{IND} + \varepsilon_{i,t}$$

$$(4.4)$$

其中，$i$ 表示重污染企业，$t$ 表示年度，二元学习方式(AL)被设定为中介变量，以检验绿色并购对重污染企业技术创新的影响是否通过二元学习作为传导渠道。具体检验原理是：若绿色并购对技术创新的影响有一部分是通过二元学习方式这一中介变量而产生，则需要一方面是方程(4.2)中解释变量(GMA)对被解释变量(TI)具有显著正向影响，即系数 $\alpha_1$ 显著大于 0，另一方面是方程(4.3)中解释变量对中介变量的作用系数显著为正，即 $\beta_1$ 大于 0。与此同时，方程(4.4)内中介变量与被解释变量间的估计系数在统计上正向显著，即 $\gamma_2$ 大于 0，且解释变量的系数 $\gamma_1$ 正向显著且小于系数 $\alpha_1$。若二元学习方式发挥完全中介作用，则在系数 $\alpha_1$、$\beta_1$ 和 $\gamma_2$ 均显著大于 0 的基础上，方程(4.4)中解释变量的回归系数 $\gamma_1$ 不再显著。为了降低可能存在的内生性问题对回归结果的影响，除了并购交易层面的控制变量外，其他控制变量均取滞后一期数值。

为了验证假设 3，类似于二元学习方式(AL)的检验方法，分步构建下述模型(其中，方程(4.5)与方程(4.2)一致)：

$$TI_{i,\,t} = \alpha_0 + \alpha_1\,GMA_{i,\,t-1} + \sum CONTROLS + \sum YEAR + \sum IND + \varepsilon_{i,\,t}$$

$$(4.5)$$

$$GF_{i,\,t} = \beta_0 + \beta_1\,GMA_{i,\,t-1} + \sum CONTROLS + \sum YEAR + \sum IND + \varepsilon_{i,\,t}$$

$$(4.6)$$

$$TI_{i,\,t} = \gamma_0 + \gamma_1\,GMA_{i,\,t-1} + \gamma_2\,GF_{i,\,t} + \sum CONTROLS$$
$$+ \sum YEAR + \sum IND + \varepsilon_{i,\,t} \qquad (4.7)$$

其中，GF 被设定为中介变量，以检验绿色并购是否通过绿色金融来对重污染企业技术创新产生影响，具体的中介效应发挥的判断标准与 AL 相似，即当系数 $\alpha_1$、$\beta_1$、$\gamma_1$ 和 $\gamma_2$ 显著大于 0，且 $\gamma_1$ 小于 $\alpha_1$ 时，GF 发挥部分中介作用；当系数 $\alpha_1$、$\beta_1$ 和 $\gamma_2$ 显著大于 0，且 $\gamma_1$ 不再显著时，GF 发挥完全中介作用。

## 4.3 实证结果分析

### 4.3.1 描述性统计与相关性检验

表 4-2 报告了中介效应所研究变量的描述性统计结果，由于二元学习数据存在缺失值，回归所利用的有效样本量将减少，所以针对该缩小后的样本也

进行了相应的描述性统计和相关性分析。由 PANEL A 可以看到，AL 的均值是 0.456，标准差是 0.498，即采用利用式学习方式和探索式学习方式的重污染企业比例较为接近。与此同时，GMA 和 AL 之间的相关性呈现显著正相关（系数是 0.267，在 1% 统计水平上显著），AL 和 TI 两者间的相关系数是 0.220，且通过了显著性检验。PANEL B 则显示 GF 的最大和最小值分别为 4.061 和 2.815，均值是 3.498，绿色金融支持作用差异较大。GMA 与 GF 之间存在显著的正相关关系（相关系数为 0.213，在 1% 水平上显著），GF 与 TI 之间相关系数为 0.220，在 1% 水平上显著为正。变量之间的相关系数均处于合理的数值范围之内。关于二元学习方式（AL）和绿色金融支持（GF）是否发挥中介作用，需要进行后续回归检验。

表 4-2　　　　　　　　　　　描述性统计与相关系数表

PANEL A

| VARIABLES | $N$ | MEAN | MIN | MEDIAN | MAX | SD | TI | GMA | AL |
|---|---|---|---|---|---|---|---|---|---|
| TI | 697 | 2.163 | 0.010 | 1.910 | 8.630 | 1.974 | 1 | | |
| GMA | 697 | 0.334 | 0.000 | 0.000 | 1.000 | 0.472 | 0.218*** | 1 | |
| AL | 697 | 0.456 | 0.000 | 0.000 | 1.000 | 0.498 | 0.220*** | 0.267*** | 1 |

PANEL B

| VARIABLES | $N$ | MEAN | MIN | MEDIAN | MAX | SD | TI | GMA | GF |
|---|---|---|---|---|---|---|---|---|---|
| TI | 851 | 2.264 | 0.010 | 1.960 | 8.630 | 1.998 | 1 | | |
| GMA | 851 | 0.280 | 0.000 | 0.000 | 1.000 | 0.449 | 0.174*** | 1 | |
| GF | 851 | 3.498 | 2.815 | 3.462 | 4.061 | 0.273 | 0.220*** | 0.213*** | 1 |

注：表格中 ***代表 $p<0.01$，**代表 $p<0.05$，*代表 $p<0.1$。

### 4.3.2　多元回归结果

**1. 二元学习的中介效应**

表 4-3 报告了二元学习中介效应的第一步回归结果，该表中所展示的回归系数显示，不论是否引入控制变量以及年度和行业固定效应，GMA 与 TI

间的系数均在1%水平上符号为正且显著，即绿色并购影响技术创新的总效应显著为正，表明与非绿色并购相比，开展绿色并购促进了重污染企业技术创新。

表4-3　　　　　　　　　二元学习中介作用第一步回归结果

| VARIABLES | （1） | （2） | （3） | （4） | （5） |
|---|---|---|---|---|---|
| | TI | TI | TI | TI | TI |
| GMA | 0.912*** | 0.730*** | 0.763*** | 0.545*** | 0.589*** |
| | （5.864） | （4.523） | （4.494） | （3.297） | （3.437） |
| EGEN | | 0.260 | 0.267 | 0.296 | 0.298 |
| | | （1.408） | （1.427） | （1.608） | （1.605） |
| EEDU | | 0.093** | 0.075* | 0.072* | 0.055 |
| | | （2.237） | （1.851） | （1.791） | （1.385） |
| DUAL | | −0.482*** | −0.513*** | −0.424** | −0.460*** |
| | | （−2.887） | （−3.060） | （−2.544） | （−2.754） |
| ASTATE | | −0.285 | −0.335 | −0.187 | −0.264 |
| | | （−1.482） | （−1.603） | （−0.992） | （−1.306） |
| AINDEP | | 2.429* | 2.133 | 2.063 | 1.752 |
| | | （1.724） | （1.545） | （1.530） | （1.326） |
| ASIZE | | −0.083 | −0.095 | −0.118* | −0.148** |
| | | （−1.338） | （−1.440） | （−1.924） | （−2.233） |
| ALEV | | −1.306*** | −1.106*** | −0.842** | −0.602 |
| | | （−3.317） | （−2.604） | （−2.131） | （−1.432） |
| AROE | | −0.230 | −0.273 | 0.031 | −0.063 |
| | | （−0.411） | （−0.451） | （0.056） | （−0.108） |
| AAGE | | −0.083 | −0.039 | −0.131 | −0.079 |
| | | （−0.733） | （−0.331） | （−1.170） | （−0.688） |
| AGROW | | −0.103 | −0.081 | −0.036 | −0.006 |
| | | （−0.978） | （−0.801） | （−0.371） | （−0.060） |

| VARIABLES | （1） | （2） | （3） | （4） | （5） |
|---|---|---|---|---|---|
| | TI | TI | TI | TI | TI |
| PRICE | | −0.060 | −0.046 | −0.052 | −0.035 |
| | | （−1.225） | （−0.927） | （−1.076） | （−0.726） |
| RATIO | | 1.020*** | 0.986*** | 0.903*** | 0.860*** |
| | | （3.487） | （3.331） | （3.106） | （2.921） |
| CASH | | −0.029 | −0.023 | 0.020 | 0.041 |
| | | （−0.143） | （−0.112） | （0.102） | （0.202） |
| AEO | | 0.288 | 0.230 | 0.347 | 0.290 |
| | | （1.005） | （0.803） | （1.287） | （1.072） |
| AF | | 0.236 | 0.181 | 0.471 | 0.414 |
| | | （0.809） | （0.615） | （1.634） | （1.418） |
| YEAR | NO | NO | NO | YES | YES |
| IND | NO | NO | YES | NO | YES |
| _CONS | 1.858*** | 3.544** | 3.137** | 2.899** | 2.289 |
| | （20.858） | （2.364） | （2.067） | （1.989） | （1.571） |
| N | 697 | 697 | 697 | 697 | 697 |
| ADJ_$R^2$ | 0.046 | 0.118 | 0.123 | 0.158 | 0.162 |

注：表格中***代表$p<0.01$，**代表$p<0.05$，*代表$p<0.1$，括号内的数字为$t$统计量。

表4-4展示了二元学习中介效应的第二步检验的回归结果。由第（1）列不难看出，在未引入控制变量及考虑年度或行业固定效应的情况下，GMA的估计系数为0.722，即绿色并购促使重污染企业二元学习中探索式方式的选择。第（5）列在考虑控制变量及年度和行业固定效应的影响后，GMA与AL间的回归系数为0.632，同样表明绿色并购正向影响探索式学习方式。

表 4-4　　　　　　　　二元学习中介作用第二步回归结果

| VARIABLES | （1） | （2） | （3） | （4） | （5） |
|---|---|---|---|---|---|
| | AL | AL | AL | AL | AL |
| GMA | 0.722*** | 0.633*** | 0.648*** | 0.625*** | 0.632*** |
| | (6.994) | (5.857) | (5.828) | (5.541) | (5.479) |
| EGEN | | -0.018 | 0.007 | -0.019 | 0.012 |
| | | (-0.140) | (0.058) | (-0.144) | (0.093) |
| EEDU | | 0.027 | 0.039 | 0.025 | 0.037 |
| | | (0.906) | (1.269) | (0.822) | (1.204) |
| DUAL | | -0.134 | -0.116 | -0.148 | -0.128 |
| | | (-1.101) | (-0.945) | (-1.202) | (-1.033) |
| ASTATE | | -0.417*** | -0.411*** | -0.384*** | -0.370*** |
| | | (-3.446) | (-3.181) | (-3.117) | (-2.830) |
| AINDEP | | 0.066 | 0.115 | -0.163 | -0.049 |
| | | (0.071) | (0.119) | (-0.170) | (-0.049) |
| ASIZE | | -0.047 | -0.075 | -0.050 | -0.078 |
| | | (-1.005) | (-1.495) | (-1.053) | (-1.498) |
| ALEV | | 0.509* | 0.589* | 0.567* | 0.617* |
| | | (1.736) | (1.919) | (1.868) | (1.935) |
| AROE | | -0.319 | -0.261 | -0.306 | -0.254 |
| | | (-0.734) | (-0.577) | (-0.696) | (-0.551) |
| AAGE | | -0.006 | -0.018 | -0.015 | -0.031 |
| | | (-0.073) | (-0.214) | (-0.181) | (-0.351) |
| AGROW | | 0.042 | 0.030 | -0.015 | -0.032 |
| | | (0.451) | (0.320) | (-0.152) | (-0.330) |
| PRICE | | 0.029 | 0.027 | 0.007 | 0.004 |
| | | (0.848) | (0.787) | (0.205) | (0.105) |
| RATIO | | 0.527** | 0.512** | 0.644*** | 0.636*** |
| | | (2.322) | (2.226) | (2.739) | (2.669) |

续表

| VARIABLES | （1） | （2） | （3） | （4） | （5） |
| | AL | AL | AL | AL | AL |
| --- | --- | --- | --- | --- | --- |
| CASH | | −0.061 | −0.095 | −0.094 | −0.136 |
| | | （−0.428） | （−0.663） | （−0.642） | （−0.913） |
| AEO | | 0.236 | 0.245 | 0.225 | 0.244 |
| | | （1.266） | （1.299） | （1.220） | （1.313） |
| AF | | 0.068 | 0.140 | −0.029 | 0.062 |
| | | （0.359） | （0.731） | （−0.150） | （0.321） |
| YEAR | NO | NO | NO | YES | YES |
| IND | NO | NO | YES | NO | YES |
| _CONS | −0.353*** | −0.470 | −0.738 | 0.444 | 0.350 |
| | （−5.925） | （−0.435） | （−0.558） | （0.394） | （0.259） |
| $N$ | 697 | 697 | 697 | 697 | 697 |
| PSEUDO $R^2$ | 0.052 | 0.086 | 0.098 | 0.110 | 0.123 |

注：表格中 \*\*\*代表 $p<0.01$，\*\*代表 $p<0.05$，\*代表 $p<0.1$，括号内的数字为 $t$ 统计量。

表 4-5 报告了二元学习中介效应的第三步检验结果。第（1）～（5）列均显示 GMA 和 AL 的估计系数符号为正且在统计上显著。具体来看，第（1）列中的 GMA 与 TI 间的系数是 0.718，小于表 4-3 中所对应的总效应系数 0.912，符合部分中介效应的判断标准，表明绿色并购能够通过二元学习中的探索式方式促进重污染企业技术创新。同样地，第（5）列中基于对不同层面影响因素及固定效应控制基础上的 GMA 回归系数是 0.438，数值小于表 4-3 中所对应的总效应回归系数 0.589，再次证明了二元学习方式所发挥的中介作用。假设 2 得以验证。

表 4-5　　　　　　　　　二元学习中介作用第三步回归结果

| VARIABLES | （1） | （2） | （3） | （4） | （5） |
|---|---|---|---|---|---|
| | TI | TI | TI | TI | TI |
| GMA | 0.718*** | 0.585*** | 0.612*** | 0.400** | 0.438** |
| | (4.087) | (3.340) | (3.349) | (2.234) | (2.377) |
| AL | 0.691*** | 0.607*** | 0.621*** | 0.630*** | 0.655*** |
| | (4.149) | (3.753) | (3.781) | (3.947) | (4.046) |
| EGEN | | 0.265 | 0.265 | 0.302* | 0.297 |
| | | (1.443) | (1.430) | (1.662) | (1.620) |
| EEDU | | 0.087** | 0.067* | 0.067* | 0.047 |
| | | (2.123) | (1.654) | (1.676) | (1.185) |
| DUAL | | −0.454*** | −0.488*** | −0.391** | −0.431*** |
| | | (−2.730) | (−2.935) | (−2.371) | (−2.615) |
| ASTATE | | −0.193 | −0.244 | −0.102 | −0.180 |
| | | (−1.019) | (−1.187) | (−0.545) | (−0.903) |
| AINDEP | | 2.427* | 2.119 | 2.129 | 1.799 |
| | | (1.756) | (1.557) | (1.614) | (1.385) |
| ASIZE | | −0.073 | −0.079 | −0.107* | −0.130** |
| | | (−1.189) | (−1.211) | (−1.760) | (−1.994) |
| ALEV | | −1.412*** | −1.227*** | −0.964** | −0.736* |
| | | (−3.631) | (−2.936) | (−2.477) | (−1.782) |
| AROE | | −0.163 | −0.212 | 0.102 | 0.005 |
| | | (−0.290) | (−0.352) | (0.186) | (0.008) |
| AAGE | | −0.082 | −0.035 | −0.127 | −0.071 |
| | | (−0.741) | (−0.304) | (−1.155) | (−0.629) |
| AGROW | | −0.113 | −0.088 | −0.033 | 0.001 |
| | | (−1.043) | (−0.878) | (−0.324) | (0.014) |
| PRICE | | −0.067 | −0.052 | −0.054 | −0.037 |
| | | (−1.379) | (−1.071) | (−1.134) | (−0.769) |

续表

| VARIABLES | （1） | （2） | （3） | （4） | （5） |
|---|---|---|---|---|---|
| | TI | TI | TI | TI | TI |
| RATIO | | 0.905 *** | 0.873 *** | 0.761 *** | 0.715 ** |
| | | （3.119） | （2.972） | （2.644） | （2.460） |
| CASH | | −0.014 | −0.000 | 0.042 | 0.072 |
| | | （−0.071） | （−0.002） | （0.215） | （0.362） |
| AEO | | 0.237 | 0.176 | 0.298 | 0.235 |
| | | （0.823） | （0.612） | （1.106） | （0.871） |
| AF | | 0.222 | 0.149 | 0.478 * | 0.400 |
| | | （0.755） | （0.506） | （1.659） | （1.375） |
| YEAR | NO | NO | NO | YES | YES |
| IND | NO | NO | YES | NO | YES |
| _CONS | 1.608 *** | 3.347 ** | 2.984 * | 2.482 * | 1.867 |
| | （18.939） | （2.255） | （1.921） | （1.707） | （1.247） |
| N | 697 | 697 | 697 | 697 | 697 |
| ADJ_ $R^2$ | 0.073 | 0.138 | 0.144 | 0.179 | 0.185 |

注：表格中 ***代表 $p<0.01$，**代表 $p<0.05$，*代表 $p<0.1$，括号内的数字为 $t$ 统计量。

**2. 绿色金融的中介效应**

表 4-6 报告了绿色金融发挥中介效应的第一步回归结果，该表中所展示的回归系数与第 3 章中表 3-6 的内容一致（本章节后文不再列示本表格），GMA 与 TI 间的估计系数均在 1% 水平上显著为正，即绿色并购对技术创新激励效果的总效应显著为正，说明与非绿色并购相比，绿色并购能够明显促进重污染企业技术创新。

表 4-6                          绿色金融中介作用第一步回归结果

| VARIABLES | (1) | (2) | (3) | (4) | (5) |
|---|---|---|---|---|---|
| | TI | TI | TI | TI | TI |
| GMA | 0.773*** | 0.636*** | 0.668*** | 0.481*** | 0.526*** |
| | (5.087) | (4.086) | (4.132) | (3.018) | (3.209) |
| CONTROLS | NO | YES | YES | YES | YES |
| YEAR | NO | NO | NO | YES | YES |
| IND | NO | NO | YES | NO | YES |
| _CONS | 2.048*** | 4.457*** | 3.762*** | 4.071*** | 3.235** |
| | (25.916) | (3.392) | (2.685) | (3.043) | (2.329) |
| N | 851 | 851 | 851 | 851 | 851 |
| ADJ_$R^2$ | 0.029 | 0.135 | 0.139 | 0.159 | 0.161 |

注：表格中 ***代表 $p<0.01$，**代表 $p<0.05$，*代表 $p<0.1$，括号内的数字为 $t$ 统计量。

表 4-7 报告了绿色金融中介效应的第二步回归结果，由第（1）~（5）列可以发现，绿色并购（GMA）对绿色金融（GF）的影响系数在 1%水平上显著为正，则意味着绿色并购能够促进绿色金融支持作用的发挥，为重污染企业带来资金获取便利。

表 4-7                          绿色金融中介作用第二步回归结果

| VARIABLES | (1) | (2) | (3) | (4) | (5) |
|---|---|---|---|---|---|
| | GF | GF | GF | GF | GF |
| GMA | 0.135*** | 0.126*** | 0.129*** | 0.124*** | 0.127*** |
| | (5.967) | (5.447) | (5.453) | (5.245) | (5.252) |
| EGEN | | −0.006 | −0.003 | −0.008 | −0.007 |
| | | (−0.248) | (−0.118) | (−0.325) | (−0.279) |
| EEDU | | −0.003 | −0.003 | −0.003 | −0.003 |
| | | (−0.531) | (−0.626) | (−0.557) | (−0.603) |

续表

| VARIABLES | （1）<br>GF | （2）<br>GF | （3）<br>GF | （4）<br>GF | （5）<br>GF |
|---|---|---|---|---|---|
| DUAL | | −0.004<br>（−0.183） | −0.004<br>（−0.162） | −0.004<br>（−0.196） | −0.004<br>（−0.168） |
| ASTATE | | 0.031*<br>（1.714） | 0.044**<br>（2.320） | 0.032*<br>（1.778） | 0.045**<br>（2.327） |
| AINDEP | | −0.015<br>（−0.102） | 0.026<br>（0.174） | −0.046<br>（−0.309） | 0.003<br>（0.022） |
| ASIZE | | 0.003<br>（0.437） | 0.008<br>（1.116） | 0.004<br>（0.602） | 0.010<br>（1.343） |
| ALEV | | 0.046<br>（0.958） | 0.027<br>（0.558） | 0.046<br>（0.924） | 0.020<br>（0.415） |
| AROE | | 0.013<br>（0.186） | −0.001<br>（−0.007） | −0.003<br>（−0.038） | −0.022<br>（−0.297） |
| AAGE | | 0.148***<br>（9.100） | 0.138***<br>（8.155） | 0.145***<br>（8.667） | 0.135***<br>（7.812） |
| AGROW | | −0.022*<br>（−1.936） | −0.026**<br>（−2.070） | −0.026**<br>（−2.042） | −0.029**<br>（−2.124） |
| PRICE | | −0.008<br>（−1.506） | −0.007<br>（−1.270） | −0.010*<br>（−1.824） | −0.009<br>（−1.620） |
| RATIO | | −0.054<br>（−1.365） | −0.060<br>（−1.483） | −0.052<br>（−1.317） | −0.056<br>（−1.409） |
| CASH | | −0.011<br>（−0.463） | −0.006<br>（−0.234） | −0.012<br>（−0.514） | −0.007<br>（−0.285） |
| AEO | | 0.014<br>（0.426） | 0.017<br>（0.490） | 0.009<br>（0.281） | 0.012<br>（0.357） |
| AF | | 0.021<br>（0.610） | 0.025<br>（0.716） | 0.008<br>（0.235） | 0.008<br>（0.226） |
| YEAR | NO | NO | NO | YES | YES |

| VARIABLES | （1） | （2） | （3） | （4） | （5） |
|---|---|---|---|---|---|
| | GF | GF | GF | GF | GF |
| IND | NO | NO | YES | NO | YES |
| _CONS | −3.459*** | −3.666*** | −3.641*** | −3.615*** | −3.593*** |
| | （−329.199） | （−21.948） | （−17.573） | （−19.387） | （−15.776） |
| N | 851 | 851 | 851 | 851 | 851 |
| ADJ_$R^2$ | 0.045 | 0.266 | 0.271 | 0.267 | 0.274 |

注：表格中 ***代表 $p<0.01$，**代表 $p<0.05$，* 代表 $p<0.1$，括号内的数字为 $t$ 统计量。

表 4-8 列示了第三步回归结果。在对多个变量进行控制的情况下，第（5）列显示绿色金融（GF）对技术创新（TI）的影响系数为 0.615，在 5%水平上显著，同时绿色并购对技术创新的影响系数为 0.448，在统计学 1%水平上显著，但数值小于表 4-6 中所对应的总效应系数 0.526。由此可知，绿色金融在绿色并购对重污染企业技术创新的影响中发挥了部分中介作用，支持了假设 3。

表 4-8　　　　　　　绿色金融中介作用第三步回归结果

| VARIABLES | （1） | （2） | （3） | （4） | （5） |
|---|---|---|---|---|---|
| | TI | TI | TI | TI | TI |
| GMA | 0.591*** | 0.553*** | 0.581*** | 0.404** | 0.448*** |
| | （3.723） | （3.408） | （3.432） | （2.437） | （2.618） |
| GF | 1.351*** | 0.657** | 0.673** | 0.615** | 0.615** |
| | （5.730） | （2.444） | （2.463） | （2.283） | （2.251） |
| EGEN | | 0.308* | 0.325* | 0.359** | 0.367** |
| | | （1.814） | （1.893） | （2.126） | （2.147） |
| EEDU | | 0.095** | 0.079** | 0.081** | 0.065* |
| | | （2.505） | （2.114） | （2.136） | （1.752） |
| DUAL | | −0.408*** | −0.425*** | −0.385** | −0.407*** |
| | | （−2.623） | （−2.725） | （−2.475） | （−2.616） |

续表

| VARIABLES | （1） | （2） | （3） | （4） | （5） |
|---|---|---|---|---|---|
|  | TI | TI | TI | TI | TI |
| ASTATE |  | −0.127 | −0.108 | −0.062 | −0.074 |
|  |  | （−0.720） | （−0.570） | （−0.356） | （−0.399） |
| AINDEP |  | 2.929** | 2.793** | 2.578** | 2.383** |
|  |  | （2.321） | （2.240） | （2.095） | （1.964） |
| ASIZE |  | −0.111** | −0.101* | −0.147*** | −0.151** |
|  |  | （−1.969） | （−1.705） | （−2.615） | （−2.481） |
| ALEV |  | −1.391*** | −1.294*** | −1.044*** | −0.910** |
|  |  | （−3.732） | （−3.266） | （−2.805） | （−2.304） |
| AROE |  | −0.277 | −0.256 | −0.000 | −0.010 |
|  |  | （−0.536） | （−0.465） | （−0.001） | （−0.019） |
| AAGE |  | −0.121 | −0.113 | −0.165 | −0.146 |
|  |  | （−1.114） | （−1.025） | （−1.531） | （−1.346） |
| AGROW |  | −0.130 | −0.115 | −0.063 | −0.039 |
|  |  | （−1.546） | （−1.296） | （−0.787） | （−0.469） |
| PRICE |  | −0.077* | −0.059 | −0.066 | −0.047 |
|  |  | （−1.741） | （−1.317） | （−1.500） | （−1.051） |
| RATIO |  | 0.966*** | 0.911*** | 0.861*** | 0.811*** |
|  |  | （3.653） | （3.405） | （3.346） | （3.111） |
| CASH |  | −0.042 | −0.028 | −0.018 | 0.004 |
|  |  | （−0.232） | （−0.150） | （−0.102） | （0.022） |
| AEO |  | 0.445* | 0.396 | 0.498** | 0.448* |
|  |  | （1.774） | （1.568） | （2.043） | （1.820） |
| AF |  | 0.425 | 0.398 | 0.682*** | 0.639** |
|  |  | （1.632） | （1.507） | （2.599） | （2.401） |
| YEAR | NO | NO | NO | YES | YES |
| IND | NO | NO | YES | NO | YES |

续表

| VARIABLES | （1） | （2） | （3） | （4） | （5） |
|---|---|---|---|---|---|
| | TI | TI | TI | TI | TI |
| _CONS | −2.626*** | 2.049 | 1.310 | 1.849 | 1.026 |
| | （−3.221） | （1.253） | （0.750） | （1.117） | （0.592） |
| N | 851 | 851 | 851 | 851 | 851 |
| ADJ_$R^2$ | 0.062 | 0.140 | 0.144 | 0.163 | 0.166 |

注：表格中 ***代表 $p<0.01$，**代表 $p<0.05$，*代表 $p<0.1$，括号内的数字为 $t$ 统计量。

# 4.4  稳健性检验

## 1. 更换二元学习衡量指标

考虑到创新的滞后性，将使用并购后第二年的二元学习方式（ALR）和技术创新（TIR1）进行重新验证，具体衡量方式与前文一致。重复实证步骤对原有模型（4.2）～模型（4.4）进行了回归分析。本部分由于数据的可得性，导致样本量有所缩小。依据表4-9，以第（1）、（4）、（7）列为例，根据中介效应检验规则，第一步路径的系数为1.088，第二步路径的系数为0.519，第三步路径中介变量的系数为0.868，解释变量系数为0.925且小于1.088，均通过显著性检验，证明二元学习中探索式方式存在部分中介作用。与前文结论基本一致，说明研究结论的稳健性。

表4-9　　　　　　更换二元学习衡量区间后中介效应检验结果

| VARIABLES | （1） | （2） | （3） | （4） | （5） | （6） | （7） | （8） | （9） |
|---|---|---|---|---|---|---|---|---|---|
| | TIR1 | TIR1 | TIR1 | ALR | ALR | ALR | TIR1 | TIR1 | TIR1 |
| GMA | 1.088*** | 0.725*** | 0.571*** | 0.519*** | 0.378*** | 0.211 | 0.925*** | 0.652*** | 0.532*** |
| | （6.717） | （4.359） | （3.276） | （4.496） | （3.107） | （1.629） | （5.587） | （3.933） | （3.057） |

续表

| VARIABLES | (1) | (2) | (3) | (4) | (5) | (6) | (7) | (8) | (9) |
|---|---|---|---|---|---|---|---|---|---|
| | TIR1 | TIR1 | TIR1 | ALR | ALR | ALR | TIR1 | TIR1 | TIR1 |
| ALR | | | | | | | 0.868 *** | 0.565 *** | 0.537 *** |
| | | | | | | | (5.829) | (3.992) | (3.844) |
| CONTROLS | NO | YES | YES | NO | YES | YES | NO | YES | YES |
| YEAR | NO | NO | YES | NO | NO | YES | NO | NO | YES |
| IND | NO | NO | YES | NO | NO | YES | NO | NO | YES |
| _CONS | 1.818 *** | 7.608 *** | 6.803 *** | 0.152 ** | 3.437 *** | 3.367 ** | 1.332 *** | 6.612 *** | 5.904 *** |
| | (19.819) | (5.357) | (4.830) | (2.403) | (2.858) | (2.169) | (12.701) | (4.644) | (3.987) |
| $N$ | 597 | 597 | 597 | 597 | 597 | 597 | 597 | 597 | 597 |
| PSEUDO $R^2$ | | | | 0.026 | 0.094 | 0.117 | | | |
| ADJ_ $R^2$ | 0.070 | 0.224 | 0.279 | | | | 0.115 | 0.242 | 0.294 |

注：表格中 *** 代表 $p<0.01$，** 代表 $p<0.05$，* 代表 $p<0.1$，括号内的数字为 $t$ 统计量。

## 2. 更换绿色金融衡量指标

第一种方式是本章节利用财务费用除以长短期债务总额平均值计算所得融资成本的相反数（GFR1）作为绿色金融支持作用的代理变量，即将债权融资作为一种绿色金融安排（王旭等，2018）。具体而言，短期负债等于资产负债表中的短期借款项，一年内到期的长期借款、应付债券、长期应付款、其他长期负债项均包含在长期负债中。然后重新检验模型（4.5）~模型（4.7），结果如表4-10 中 PANEL A。以第（3）、（6）、（9）列为例，第一步路径的系数与表4-6中一致，值为 0.526，第二步路径的系数为 0.061，第三步路径中介变量的系数为 0.537，解释变量系数为 0.493（小于 0.526），且均通过显著性检验，结果表明绿色并购对重污染企业技术创新的积极影响中，绿色金融具有部分中介效应。第二种方式是基于 2016 年《关于构建绿色金融体系的指导意见》的发布，以此年份作为分界点，之后企业将明显受到绿色金融的作用，则该变量（GFR2）定义为 1，反之为 0。回归结果见 PANEL B。同样地，替换变量的回归结果与前文的实证检验一致。

表 4-10               更换绿色金融衡量方式后中介效应检验结果

PANEL A

| VARIABLES | (1) | (2) | (3) | (4) | (5) | (6) | (7) | (8) | (9) |
|---|---|---|---|---|---|---|---|---|---|
| | TI | TI | TI | GFR1 | GFR1 | GFR1 | TI | TI | TI |
| GMA | 0.773*** | 0.636*** | 0.526*** | 0.054*** | 0.065*** | 0.061*** | 0.711*** | 0.592*** | 0.493*** |
| | (5.087) | (4.086) | (3.209) | (2.693) | (3.293) | (2.877) | (4.654) | (3.771) | (2.991) |
| GFR1 | | | | | | | 1.147*** | 0.669** | 0.537* |
| | | | | | | | (3.844) | (2.366) | (1.962) |
| CONTROLS | NO | YES | YES | NO | YES | YES | NO | YES | YES |
| YEAR | NO | NO | YES | NO | NO | YES | NO | NO | YES |
| IND | NO | NO | YES | NO | NO | YES | NO | NO | YES |
| _CONS | 2.048*** | 4.457*** | 3.235** | 0.029*** | −0.093 | 0.010 | 2.081*** | 4.395*** | 3.240** |
| | (25.916) | (3.392) | (2.329) | (3.234) | (−0.765) | (0.070) | (26.608) | (3.342) | (2.325) |
| N | 851 | 851 | 851 | 851 | 851 | 851 | 851 | 851 | 851 |
| ADJ_$R^2$ | 0.029 | 0.135 | 0.161 | 0.009 | 0.110 | 0.106 | 0.046 | 0.140 | 0.164 |

PANEL B

| VARIABLES | (1) | (2) | (3) | (4) | (5) | (6) | (7) | (8) | (9) |
|---|---|---|---|---|---|---|---|---|---|
| | TI | TI | TI | GFR2 | GFR2 | GFR2 | TI | TI | TI |
| GMA | 0.773*** | 0.636*** | 0.668*** | 0.597*** | 0.534*** | 0.524*** | 0.684*** | 0.566*** | 0.606*** |
| | (5.087) | (4.086) | (4.132) | (6.149) | (5.191) | (4.950) | (4.365) | (3.575) | (3.687) |
| GFR2 | | | | | | | 0.379*** | 0.348** | 0.320** |
| | | | | | | | (2.637) | (2.417) | (2.179) |
| CONTROLS | NO | YES | YES | NO | YES | YES | NO | YES | YES |
| YEAR | NO | NO | NO | NO | NO | NO | NO | NO | NO |
| IND | NO | NO | YES | NO | NO | YES | NO | NO | YES |
| _CONS | 2.048*** | 4.457*** | 3.762*** | −0.353*** | −4.166*** | −4.321*** | 1.910*** | 4.797*** | 4.079** |
| | (25.916) | (3.392) | (2.685) | (−6.807) | (−4.194) | (−3.360) | (21.856) | (3.712) | (2.960) |
| N | 851 | 851 | 851 | 851 | 851 | 851 | 851 | 851 | 851 |
| PSEUDO $R^2$ | | | | 0.033 | 0.081 | 0.093 | | | |
| ADJ_$R^2$ | 0.029 | 0.135 | 0.139 | | | | 0.036 | 0.141 | 0.143 |

注：表格中 *** 代表 $p<0.01$，** 代表 $p<0.05$，* 代表 $p<0.1$，括号内的数字为 $t$ 统计量。

### 3. 剔除特殊样本

充分考虑到对结果造成干扰的特殊样本所产生的异质性影响，为了确保结论的稳健性，本章节剔除了样本期借助绿色并购脱离重污染行业的企业。表 4-11 中 PANEL A 第（1）~（3）的实证结果显示，无论是否控制其他变量、年度以及行业因素，GMA 与 TI 之间的系数值均显著为正，说明绿色并购促进了技术创新。第（4）~（6）列则可得 GMA 与 AL 的回归系数在 1% 水平上显著为正，即绿色并购影响了二元学习方式，第（7）~（9）列则是将 GMA、AL 与 TI 放入同一模型后的回归结果，AL 系数显著，而 GMA 系数与第一步检验中所对应的数值相比，均变小，同样证实了二元学习对绿色并购与重污染企业技术创新的关系具有部分中介作用。同理，PANEL B 回归结果表明绿色金融起到部分中介作用。

表 4-11　　　　剔除脱离重污染行业样本后中介效应检验结果

PANEL A

| VARIABLES | （1） TI | （2） TI | （3） TI | （4） AL | （5） AL | （6） AL | （7） TI | （8） TI | （9） TI |
|---|---|---|---|---|---|---|---|---|---|
| GMA | 0.837*** | 0.749*** | 0.623*** | 0.708*** | 0.679*** | 0.668*** | 0.597*** | 0.555** | 0.431* |
| | (4.030) | (3.612) | (2.844) | (5.274) | (4.903) | (4.521) | (2.617) | (2.479) | (1.836) |
| AL | | | | | | | 0.866*** | 0.757*** | 0.791*** |
| | | | | | | | (4.708) | (4.306) | (4.442) |
| CONTROLS | NO | YES | YES | NO | YES | YES | NO | YES | YES |
| YEAR | NO | NO | YES | NO | NO | YES | NO | NO | YES |
| IND | NO | NO | YES | NO | NO | YES | NO | NO | YES |
| _CONS | 1.857*** | 2.567 | 2.015 | −0.349*** | −0.409 | 1.373 | 1.542*** | 2.303 | 1.588 |
| | (20.760) | (1.604) | (1.328) | (−5.845) | (−0.357) | (0.993) | (18.088) | (1.451) | (1.046) |
| $N$ | 576 | 576 | 576 | 576 | 576 | 576 | 576 | 576 | 576 |
| PSEUDO $R^2$ | | | | 0.036 | 0.070 | 0.117 | | | |
| ADJ_$R^2$ | 0.027 | 0.107 | 0.156 | | | | 0.071 | 0.139 | 0.190 |

PANEL B

| VARIABLES | (1) | (2) | (3) | (4) | (5) | (6) | (7) | (8) | (9) |
|---|---|---|---|---|---|---|---|---|---|
| | TI | TI | TI | GF | GF | GF | TI | TI | TI |
| GMA | 0.740*** | 0.714*** | 0.655*** | 0.117*** | 0.136*** | 0.153*** | 0.543** | 0.576*** | 0.503** |
| | (3.524) | (3.460) | (3.017) | (3.876) | (4.497) | (4.664) | (2.492) | (2.657) | (2.181) |
| GF | | | | | | | 1.692*** | 1.016*** | 0.987*** |
| | | | | | | | (6.520) | (3.381) | (3.137) |
| CONTROLS | NO | YES | YES | NO | YES | YES | NO | YES | YES |
| YEAR | NO | NO | YES | NO | NO | YES | NO | NO | YES |
| IND | NO | NO | YES | NO | NO | YES | NO | NO | YES |
| _CONS | 2.048*** | 3.638*** | 2.537* | −3.459*** | −3.661*** | −3.569*** | −3.803*** | −0.0820 | −0.987 |
| | (25.833) | (2.638) | (1.785) | (−328.857) | (−22.165) | (−17.721) | (−4.240) | (−0.048) | (−0.545) |
| $N$ | 729 | 729 | 729 | 729 | 729 | 729 | 729 | 729 | 729 |
| ADJ_$R^2$ | 0.017 | 0.133 | 0.160 | 0.024 | 0.319 | 0.329 | 0.067 | 0.145 | 0.170 |

注：表格中 \*\*\*代表 $p<0.01$，\*\*代表 $p<0.05$，\*代表 $p<0.1$，括号内的数字为 $t$ 统计量。

另外，考虑到非面板数据的特殊性，本章节对有效样本进行面板化处理，即只保留同一家重污染企业在一年内发生多次交易中对价最高的一项交易，从而针对缩小后的样本重新进行了三步法中介效应检验。面板数据下回归结果见表 4-12，以 PANEL B 为例，绿色金融中介作用第一步检验结果(1)~(3)列显示 GMA 与 TI 之间的系数均显著为正，说明绿色并购促进了技术创新。在解释变量(GMA)对中介变量(GF)的回归中，系数通过显著性检验，且在加入中介变量和解释变量的第(8)列回归结果中，GF 的估计系数在 1%水平上正向显著，GMA 的系数也在统计上显著为正，数值小于第一步路径相应系数，表明了绿色金融的部分中介作用，即绿色并购对重污染企业技术创新的正向作用有一部分是通过绿色金融支持作用达到的。这与前文检验结果总体上保持一致。

表 4-12　　　　　　　　　　面板数据下中介效应检验结果

PANEL A

| VARIABLES | (1) | (2) | (3) | (4) | (5) | (6) | (7) | (8) | (9) |
|---|---|---|---|---|---|---|---|---|---|
| | TI | TI | TI | AL | AL | AL | TI | TI | TI |
| GMA | 0.715*** | 0.588*** | 0.466** | 0.769*** | 0.696*** | 0.731*** | 0.481** | 0.398** | 0.254 |
| | (4.051) | (3.289) | (2.482) | (6.460) | (5.580) | (5.424) | (2.421) | (2.053) | (1.248) |
| AL | | | | | | | 0.785*** | 0.721*** | 0.792*** |
| | | | | | | | (4.093) | (3.810) | (4.236) |
| CONTROLS | NO | YES | YES | NO | YES | YES | NO | YES | YES |
| YEAR | NO | NO | YES | NO | NO | YES | NO | NO | NO |
| IND | NO | NO | YES | NO | NO | YES | NO | NO | YES |
| _CONS | 1.856*** | 3.457** | 1.698 | −0.405*** | −0.535 | −0.372 | 1.587*** | 3.228* | 1.375 |
| | (18.187) | (1.978) | (1.060) | (−5.857) | (−0.413) | (−0.247) | (16.794) | (1.859) | (0.841) |
| $N$ | 526 | 526 | 526 | 526 | 526 | 526 | 526 | 526 | 526 |
| PSEUDO $R^2$ | | | | 0.059 | 0.086 | 0.117 | | | |
| ADJ_$R^2$ | 0.029 | 0.092 | 0.132 | | | | 0.064 | 0.121 | 0.167 |

PANEL B

| VARIABLES | (1) | (2) | (3) | (4) | (5) | (6) | (7) | (8) | (9) |
|---|---|---|---|---|---|---|---|---|---|
| | TI | TI | TI | GF | GF | GF | TI | TI | TI |
| GMA | 0.465*** | 0.392** | 0.288* | 0.129*** | 0.124*** | 0.129*** | 0.272 | 0.297* | 0.198 |
| | (2.735) | (2.306) | (1.666) | (4.823) | (4.517) | (4.532) | (1.552) | (1.700) | (1.844) |
| GF | | | | | | | 1.499*** | 0.766*** | 0.701** |
| | | | | | | | (5.742) | (2.625) | (2.369) |
| CONTROLS | NO | YES | YES | NO | YES | YES | NO | YES | YES |
| YEAR | NO | NO | YES | NO | NO | YES | NO | NO | YES |
| IND | NO | NO | YES | NO | NO | YES | NO | NO | YES |
| _CONS | 2.120*** | 5.067*** | 3.372** | −3.471*** | −3.786*** | −3.651*** | −3.083*** | 2.168 | 0.812 |
| | (23.338) | (3.277) | (2.156) | (−289.142) | (−18.816) | (−14.238) | (−3.405) | (1.134) | (0.422) |
| $N$ | 652 | 652 | 652 | 652 | 652 | 652 | 652 | 652 | 652 |
| ADJ_$R^2$ | 0.010 | 0.117 | 0.145 | 0.039 | 0.265 | 0.270 | 0.053 | 0.125 | 0.151 |

注：表格中 ***代表 $p<0.01$，**代表 $p<0.05$，*代表 $p<0.1$，括号内的数字为 $t$ 统计量。

#### 4. 增加控制变量

本章节添加了更多的控制变量，尽量降低由于解释变量的遗漏所带来的问题。主要增加了高管年龄（EAGE，主并方高管年龄）、董事会规模（BOARD，主并方董事会人数）、内部现金流（CF，主并方经营活动净现金流量占总资产的比重）、主并方所在省份是否被环保约谈（ECP，虚拟变量，即主并方所在省份被约谈，则取值为 1，否则为 0）、标的方产权性质（TSTATE，虚拟变量，即标的方为民营时取 1，国有则取 0）、是否聘用律师事务所（LF，虚拟变量，即若聘用了律师事务所，取值为 1，否则为 0），从而对模型进行了重新估计。增加额外控制变量后，从表 4-13 中第（2）列结果来看，GMA 与 TI 的回归系数为 0.532，在 1% 水平上显著；第（4）列则表明 GMA 对 AL 的影响系数为 0.613，通过显著性检验。第（6）列结果显示，将 GMA 与 AL 引入回归后，AL 系数为 0.652，在 1% 水平上显著，GMA 系数为 0.386 且在统计学上 1% 水平显著，由于 GMA 系数由 0.532 减小为 0.386，证明二元学习中的探索式方式发挥了部分中介作用，这与前文的回归结果无显著差异，进一步支持了实证结论。

表 4-13 　　　　　　增加控制变量后二元学习中介效应检验结果

| VARIABLES | （1） | （2） | （3） | （4） | （5） | （6） |
|---|---|---|---|---|---|---|
| | TI | TI | AL | AL | TI | TI |
| GMA | 0.648 *** | 0.532 *** | 0.614 *** | 0.613 *** | 0.516 *** | 0.386 ** |
| | (4.004) | (3.097) | (5.646) | (5.254) | (2.981) | (2.103) |
| AL | | | | | 0.571 *** | 0.652 *** |
| | | | | | (3.594) | (4.026) |
| EAGE | 0.002 | −0.005 | −0.001 | 0.002 | 0.002 | −0.006 |
| | (0.198) | (−0.588) | (−0.129) | (0.228) | (0.215) | (−0.629) |
| BOARD | −0.078 | −0.039 | −0.058 | −0.070 * | −0.067 | −0.025 |
| | (−1.606) | (0.779) | (−1.611) | (−1.881) | (−1.371) | (−0.502) |
| CF | 1.134 ** | 1.101 ** | 0.027 | −0.124 | 1.132 ** | 1.140 ** |
| | (2.271) | (2.123) | (0.072) | (−0.311) | (2.272) | (2.213) |

续表

| VARIABLES | （1） | （2） | （3） | （4） | （5） | （6） |
|---|---|---|---|---|---|---|
| | TI | TI | AL | AL | TI | TI |
| ECP | 0.310* | 0.038 | 0.051 | −0.147 | 0.299* | 0.068 |
| | (1.889) | (0.193) | (0.478) | (−1.092) | (1.863) | (0.346) |
| TSTATE | −0.421** | −0.384* | −0.168 | −0.151 | −0.387** | −0.349* |
| | (−2.138) | (−1.944) | (−1.276) | (−1.101) | (−1.980) | (−1.781) |
| LF | 0.135 | 0.199 | 0.005 | −0.158 | 0.134 | 0.236 |
| | (0.504) | (0.739) | (0.026) | (−0.733) | (0.512) | (0.896) |
| CONTROLS | YES | YES | YES | YES | YES | YES |
| YEAR | NO | YES | NO | YES | NO | YES |
| IND | NO | YES | NO | YES | NO | YES |
| _CONS | 3.017* | 1.621 | −0.142 | 1.199 | 2.774* | 1.018 |
| | (1.960) | (1.036) | (−0.121) | (0.837) | (1.810) | (0.637) |
| $N$ | 697 | 697 | 697 | 697 | 697 | 697 |
| PSEUDO $R^2$ | | | 0.319 | 0.329 | | |
| ADJ_ $R^2$ | 0.133 | 0.160 | | | 0.145 | 0.170 |

注：表格中***代表 $p<0.01$，**代表 $p<0.05$，*代表 $p<0.1$，括号内的数字为 $t$ 统计量。

关于增加控制变量后绿色金融中介效应检验结果，第一步路径回归结果与第 3 章表 3-9 一致，表 4-14 中第（3）和（4）列第二步路径中绿色并购对绿色金融回归的系数显著为正，且在第（5）～（6）列中加入解释变量（GMA）和中介变量（GF）后，第三步路径中绿色金融的系数正向显著，而绿色并购的系数依然在统计上显著，但数值大小均小于所对应的第一步路径回归系数。由上述回归结果可知，绿色金融在绿色并购对重污染企业技术创新的影响中具有部分中介效应，即绿色并购对技术创新的激励作用在一定程度上是通过绿色金融的资本支持实现的，从而与前文得出了一致性结论。

表 4-14 增加控制变量后绿色金融中介效应检验结果

| VARIABLES | (1) | (2) | (3) | (4) | (5) | (6) |
|---|---|---|---|---|---|---|
| | TI | TI | GF | GF | TI | TI |
| GMA | 0.558*** | 0.462*** | 0.125*** | 0.124*** | 0.474*** | 0.388** |
| | (3.592) | (2.833) | (5.449) | (5.124) | (2.931) | (2.289) |
| GF | | | | | 0.677** | 0.600*** |
| | | | | | (2.509) | (2.213) |
| EAGE | −0.003 | −0.007 | −0.001 | −0.001 | −0.003 | −0.007 |
| | (−0.345) | (−0.880) | (−0.712) | (−0.486) | (−0.409) | (−0.924) |
| BOARD | −0.052 | −0.025 | 0.004 | 0.004 | −0.050 | −0.022 |
| | (−1.232) | (−0.571) | (0.753) | (0.824) | (−1.169) | (−0.512) |
| CF | 0.926* | 0.866* | −0.007 | −0.016 | 0.921* | 0.856* |
| | (1.938) | (1.769) | (−0.107) | (−0.249) | (1.946) | (1.760) |
| ECP | 0.166 | −0.016 | 0.041** | 0.029 | 0.193 | 0.001 |
| | (1.108) | (−0.086) | (2.023) | (1.180) | (1.293) | (0.008) |
| TSTATE | −0.402** | −0.380** | 0.012 | 0.013 | −0.395** | −0.372** |
| | (−2.277) | (−2.117) | (0.611) | (0.644) | (−2.234) | (−2.073) |
| LF | 0.062 | 0.127 | −0.037 | −0.032 | 0.037 | 0.108 |
| | (0.255) | (0.528) | (−1.092) | (−0.944) | (0.154) | (0.454) |
| CONTROLS | YES | YES | YES | YES | YES | YES |
| YEAR | NO | YES | NO | YES | NO | YES |
| IND | NO | YES | NO | YES | NO | YES |
| _CONS | 4.105*** | 2.755* | −3.617*** | −3.575*** | 1.657 | 0.612 |
| | (3.034) | (1.895) | (−19.248) | (−14.484) | (1.008) | (0.347) |
| N | 851 | 851 | 851 | 851 | 851 | 851 |
| ADJ_$R^2$ | 0.144 | 0.167 | 0.267 | 0.272 | 0.149 | 0.171 |

注：表格中***代表$p<0.01$，**代表$p<0.05$，*代表$p<0.1$，括号内的数字为$t$统计量。

# 4.5　本 章 小 结

本章以并购和创新活动的动态过程为切入点，选取 2010—2018 年重污染上市公司并购事项为研究对象，基于学习方式和资本获取的双重渠道，通过构建三步回归模型检验了二元学习和绿色金融的中介效应，进而揭示了绿色并购影响重污染企业技术创新的作用路径，两条渠道发挥了不容忽视的传导作用。主要得到了两方面的结论：第一，绿色并购能够推动二元学习中探索式方式的选择，从而促进重污染企业技术创新。第二，绿色并购可以通过绿色金融资本支持作用来激励重污染企业的技术创新。研究结论在考虑更换变量衡量方式、剔除特殊样本及增加控制变量之后结果仍然成立。

# 第5章 绿色并购与重污染企业技术创新：
## 基于主体特征的异质性分析

绿色并购作为重污染企业一种新兴并购方式，对技术创新产生影响并非一个简单的作用过程，不同情境下的激励效果将存在差异。King 等（2004）在元分析中发现，并购绩效受到一组变量的调节，而这组变量在相关文献中并未说明。他们认为，缺少调节变量可能是先前并购绩效研究得到混合结果的原因，并呼吁更完整的理论和模型。基于此，为了更好地发挥绿色并购的技术创新效应，本章节将进一步探索两者间关系的强化或制约因素。根据以往并购文献的研究结果，影响后续创新的主要因素包括是否进行并购、并购企业的特征以及被并购企业的特点（Valentini，2012；Desyllas and Hughes，2010；Datta and Roumani，2015）。通常认识和理解组织行为的基础是企业异质性，而一般情况下只考察某一维度特征将会限制理解，进而本研究认为绿色并购对重污染企业技术创新的作用会受到并购交易所涉及主体及其关联性特征的影响，从而将从包含主并方、标的方和并购双方三个维度的特征进行更为全面的异质性分析，有助于检验单主体特征以及主体间关联特征所发挥的调节作用。接下来将主要基于内在机理所提出的三要素耦合下绿色并购对重污染企业技术创新的促进作用，依据从相对微观层面到宏观层面进行每个维度典型特征选取的原则，详细分析不同主体特征对机遇、动力或能力的强化或制约性影响，进而判别调节方向。具体逻辑架构见图 5-1。

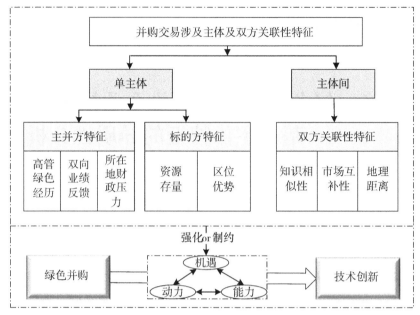

图 5-1　异质性分析架构图

# 5.1　单一并购主体特征的影响分析

## 5.1.1　主并方特征异质性的调节作用

**1. 主并方高管绿色经历**

高管是组织战略选择和绩效水平的重要预测变量（Bertrand and Schoar，2003），是企业创新决策和执行的重要主体，是决定创新活动成功与否的关键性因素，包含个人经历在内的高管特征会对企业技术创新产生显著影响。经历作为高管特征之一引起学术界关注，许多学者开始对其与创新之间的关系进行研究（Malmendier et al.，2011；Yuan and Wen，2018）。技术创新过程的复杂性考验了高管信息处理能力，他们倾向于依靠过去经验中形成的思维模式来减少认知负荷，将环境等目标转化为企业创新行动。绿色经历作为一种较为特殊的高管特征缺少相关性研究，这种在环保部门或环保协会任过职抑或具有环保方面的专业职称或专利技术等经历能否为重污染企业通过绿色并购实现技术创新提供支持引发了本次猜想。

主并方高管绿色经历可以在一定程度上影响绿色并购对技术创新的促进作用：一方面，高管绿色经历加强了重污染企业通过绿色并购捕获技术创新机遇以及进行技术创新的动力。有绿色经验的高管所具有的更为广泛和深刻的理解有助于他们从不同角度看待问题，提供多元化处理视角，拓宽企业信息来源渠道和增加组织转变方式；敏锐的洞察力能够使企业及时捕捉市场需求和研发机会，迅速把握行业发展和技术动向，选择合理地将组织现有资源与市场紧密结合的技术创新路径，帮助企业降低创新过程中的不确定性。与此同时，高管具备相对成熟的绿色管理经验，可以更好地规划企业绿色发展方向，充分发挥其专业性，提高企业承担技术创新失败风险的意愿（Hutton et al.，2009），从而企业将有强烈的动机进行技术创新并提高创新成功的可能性。由此，重污染企业更愿意通过绿色并购进入清洁生产领域，极大地捕获技术创新机遇并强化创新动力，加大创新投入以生产更符合消费者要求的绿色产品等来满足市场需求。

另一方面，高管绿色经历提升了重污染企业借助绿色并购来激励技术创新的能力。高管特殊的个人经历为企业带来相对充分的绿色知识，增强了企业的创新储备，同时高管掌握关键前沿技术，知悉企业现状与未来发展目标间的差距，并将相关技术以及理念带入企业（Kapur and McHale，2005），帮助重污染企业绿色并购后打破常规思维，更有效地提升技术创新的实力。从事过环保工作或是具有环保专业职称等的高管也更加关注保护环境对于企业发展的重要性，如树立良好的正面形象和较高的声誉等，从而能够吸引更多投资者的目光，赢得他们的信赖，获得更多外部资金等，形成有效创新力，促进绿色并购下技术创新的顺利完成。这些独特的知识和管理技能等优势带来趋利避害的能力，帮助重污染企业缩短技术创新周期，增大绿色并购的创新效应。

综上，高管绿色经历对重污染企业技术创新机遇、动力与能力的全面强化对于绿色并购的技术创新效应产生极大推动作用。基于此，提出以下假设：

**假设4：绿色并购对重污染企业技术创新的促进作用在主并方高管具有绿色经历时更强。**

**2. 主并方双向业绩反馈**

重污染行业面临环境恶化下绿色发展的要求，外部政策及媒体等所施加的压力不仅需要企业加以考虑，同时内部短期经营及长期发展问题也需予以解决和保障，由此业绩将对组织活动产生驱动作用。企业行为理论下对组织业绩反馈的界定是积极或消极偏离期望的水平，而包含创新等在内的决策行为将受到这种偏离的影响（Greve，2003）。企业对于业绩成功与失败判定的重要边界是期望水平（Schneider，1992），它决定了组织业绩反馈的方向，一般会划分成两种类型：第一种是组织实际绩效高于期望水平的正向业绩反馈；二是实际绩效低于期望水平的负向业绩反馈。通常情况下，重污染企业对当前绩效做出的反馈会影响绿色并购与技术创新之间的关系，形成的战略调整具有自发需求特点。

　　业绩反馈方面较为充足的经验证据主要来自组织战略及风险领域，学者们发现企业战略变革的可能性在绩效低于和高于期望水平情形下存在明显差异。Audia 等（2000）和 Greve（1998）等研究表明当企业绩效高于期望时，组织变革可能性降低，而当绩效低于期望时，组织变革可能性增加。另外，Baum 等（2005）以及 Nickel 和 Rodriguez（2002）等大量文献认为负向业绩反馈会促使组织搜索以寻找解决方案，接受高风险行为。但是 Miller 和 Chen（2004）指出正向业绩反馈时对应关系不明确，也有学者指出当绩效在高于而临近期望水平的区间向远离期望水平区间变化时，组织风险偏好可能发生逆转（Ref and Shapira，2017）。

　　当重污染企业处于正向业绩反馈情形时，意味着组织在配置资源、生产产品以及管理内部等方面的完成度与预期经营活动目标较为一致，例如市场中产品占有率达到预设水平（连燕玲等，2014）。在绩优重污染企业面临收益相对确定而有利的情境时，通过寻找和选择简单且风险小的局部搜索方案，如在相对熟悉的领域内巩固与开展已有业务及活动，以防绩效在未来的减少甚至导致在市场中行业竞争地位的下降，从而不愿承担远程的不熟悉领域的搜索风险和抓住相应的技术创新机遇，倾向于做出较为保守的决策来保证稳妥的收益，降低了绿色并购后的技术创新动力。相反地，若重污染企业此时增大绿色并购下的技术创新，面临着将资源重新配置到全新清洁生产市场及学习和整合新知识等需求，构成限制重污染企业通过绿色并购进入其他市场的"瓶颈"，这些挑战对其形成影响绩效的巨大风险，最终不利于绿色并购后的技术创新。

　　当重污染企业处于负向业绩反馈情形时，随着期望逆差的不断增大，企业意识到当前战略并非有效，组织问题搜索的迫切性加强（Desai，2016），更倾向于进行远程搜索，将积极把握促使绩效扭转的技术创新机遇。此时处于较差绩效情境的重污染企业将会诉诸绿色并购下的技术创新来加速增长，借助标的方迈进清洁市场来寻找绿色资源，即清洁技术、全新市场细分及消费者群体被运用、开发和瞄准，利润增长点得以探索与形成，赢得实质性回报。从而帮助重污染企业通过技术创新重新定义竞争领域来使其地位得到改善，更充分应对来自市场的挑战，绩效达成更高程度的改变，业绩实现扭转。此外，企业原有落后的生产方式难以获得外部追求生态文明等愿景的利益相关方的认可，将不断接收到其需要改变的诉求。基于这样的情形，重污染企业倾向于加大绿色并购后进行技术创新向市场发送积极信号的动力，及时对生产经营方向加以修正，以免损害组织声誉及组织重新获取合法性，市场上利益相关者要求被满足，有利于争取到全方位支持来保障自身发展，组织的生存能力得以增强。即负向业绩反馈下的企业更可能在绿色并购后及时地抓住创新机遇，大幅增强创新动力和提高创新能力，从而强化了绿色并购的技术创新效应。

综上，相比于正向业绩反馈，负向业绩反馈下重污染企业的技术创新机遇、动力与能力得到加强，从而绿色并购与技术创新之间的正相关关系被强化。因此，提出假设：

**假设 5：绿色并购对重污染企业技术创新的促进作用在主并方负向业绩反馈时更强。**

### 3. 主并方所在地财政压力

重污染企业普遍存在着环境保护压力，但中国各省市的地方政府面临的财政压力各不相同，由此不同地方下的企业也将承受不同的政府压力。现有文献阐述和检验了地方政府收支压力对企业行为的影响（卢洪友和谭维佳，2015；韩雪，2016），论证了其与环境质量间的相互关系（朱平芳等，2011；卢洪友等，2019）。鉴于此，本章节猜想处于各个地区而面临不同财政压力的主并方重污染企业在绿色并购后所进行的技术创新行为也会存在差异。

基于过去处于高度重视经济增长的大背景，重污染企业在拉动地方经济发展中具有举足轻重的作用。当地方政府面临较大财政压力时，普遍存在"政企合谋"现象（袁凯华和李后建，2015）。主要体现在为防止陷入财政困境，实现增加财政收入或寻租收益以及得到政治升迁，地方政府会充分发挥自主性，极度重视相应地区内重污染类在内的企业的经营状况。然而对于企业在促进本地区经济增长过程中所采取的生产经营技术持放任态度，导致多数组织通过破坏环境的技术获得高额收益，其中重污染企业常开展忽视或牺牲环境质量的组织活动。尤其在分税制改革后，地方政府呈现"重生产、轻民生"的扭曲现象，引致污染程度加重。随着中国经济步入转轨期，中央政府改变对于经济运行过程中地方经济的简单审核方式，而是关注和考核经济发展效果，策略性权衡经济与环境之间的关系。由此，地方政府开始双向重视经济与环境发展，逐渐丢弃过去以环境质量换取经济增长的错误观念，"政企合谋"现象大幅减少，主动推进企业绿色投资行为。

基于该背景，当主并方重污染企业所在地财政压力大时，其一是地方政府将深度介入企业生产经营过程，赋予其政绩展示功能，而受到冲击的重污染企业则亟须积极进行绿色并购抓住技术创新机遇来迎合政策要求。尤其从党的十八大后开始，生态文明建设的战略重要性上升至与政治建设等同的地位，政府将更注重收入来源的稳定性，更偏好于企业绿色及可持续性行为，并将这种压力转嫁予企业，促使重污染企业借助绿色并购展开技术创新来充分拉高地区财政收入，再生产道路予以不断拓宽，即通过可持续增长方式使财政压力得以缓解。

其二是地方政府的补助发放将更为谨慎，财政压力下愈发理性的补助决策能够更好地加强重污染企业绿色并购后技术创新的动力与能力。政府不再仅仅立足于经营业绩，而是采用财政补贴等引导或扶持行业的经济发展，直接支持规模大和环境绩效好的企业。其中，一方面补贴企业不断升级设备以及奖励企业主动减排的行为，提升其技术创新能力，另一方面惩罚企业违反排污规定的行为或是征收高额税费，提高其技术创新动力。自上而下的变化也促使地方政府制定相应的监管政策，这种政策导向性将直接对进行绿色并购的重污染企业的技术创新产生激励作用。

综上，主并方所在地财政压力下的地方政府为了实现收入增长目标，更加看重重污染企业是否通过绿色并购实现技术创新来表现出更好的环境绩效，引致企业更为积极地抓住创新机遇以及提高动力和能力，为满足政府预期进行绿色生产，从而强化了绿色并购与技术创新间的关系。因此，提出假设：

**假设 6：绿色并购对重污染企业技术创新的促进作用在主并方所在地财政压力大时更强。**

## 5.1.2　标的方特征异质性的调节作用

### 1. 标的方资源存量

资源是技术创新的重要支撑，正如 Empson（2001）所言，通过内部研发在新领域进行知识创造需要大量的资源和能力。并购是更新和强化企业现有资源库，避免重复利用资源的一种手段，而技术创新的有效性将在很大程度上取决于合作伙伴的资源禀赋。Carrillo 和 Anumba（2002）认为主并方和标的方的资源基础是影响并购成功与否的关键因素。Jasimuddin（2012）也指出并购失败的原因是忽视了资源在主并企业和标的企业中的重要性。另外，有关技术并购的文献调查了目标方资源数量的作用，研究分析了标的方资源特征对后续创新的影响（Cloodt et al.，2006）。Ahuja 和 Katila（2001）发现标的方资源数量的多少对并购后创新有积极作用，扩大了创新的规模经济和范围。Desyllas 和 Hughes（2010）研究了资源规模对创新绩效的作用。Datta 和 Roumani（2015）认为标的企业资源规模和激进性等均会影响创新。本章节猜想资源存量不同的标的方驱动重污染企业进行技术创新存在差别，将导致不同的绿色并购后创新效应。

标的方资源存量会对绿色并购与技术创新间的关系产生影响，具体来看：其一，标的方拥有较大资源存量时，将为重污染企业创造更多技术创新机会。随着绿色并购所获得的资源基础的绝对规模增加，主并方捕获、部署、改造和开发所获得资源，加大了资源的多样性，促成双方资源基础相互交织的频繁发生，企业将创造更多新颖的想法和资源新组合，不断扩展创新的边界和增加知识溢出的可能性，从而产生新的技术机会。即重污染企业能够在不同的资源领域进行创新，增加了创新的多样性（Taylor and Greve，2006），带来相应的创新机遇，最终技术创新活动变得更加便利。

其二，标的方拥有较大资源存量时，将强化重污染企业技术创新动力。在追求创新战略上面临更高资源和能力约束的重污染企业，往往是快速而激进的创新者，有更强动力获取标的方更为丰富的资源基础。借助大量资源的介入，企业可以改变产品线的成熟且固定模式，产生出一种通过绿色并购打破技术创新动力不足的组织惯性。即随着资源存量的增加，独特的新变化可以为主并企业提供更多路径的选择，增大通过不同方案的更新来解决问题，以及创造具有独特利益的技术创新价值的动力。

其三，标的方拥有较大资源存量时，将大幅提升重污染企业技术创新能力。首先，主并方借助绿色并购，可以引入和共享标的方丰富的资源库，从而有利于内部资源的积累和提升，迅速地熟悉和掌握更多先进的机器设备和科技知识等，使其拥有更大、更稳定的内部资源流来支撑创新。重污染企业通过充分发挥所获得资源库的创新潜力，使其有能力组织和创造仅靠少量资源无法完成的技术创新活动（Reus，2012）。其次，创新速度的提高是大型资源库的结果，从标的方能够获得更好的技术，以及较大的技术员工基础（Ensign et al.，2014），进而可以促使重污染企业有能力提高绿色并购后技术创新的速度。最后，大量资源降低了绿色并购后的重污染企业在技术创新过程中的失败风险，即允许其多次试错从而增强其风险承担能力，企业技术创新得到高度强化。

综上，标的方资源存量大时，帮助重污染企业获取各种资源、技能等来提高新产品研究和开发的机会、动力和能力，又能降低新产品生产和制造的风险，进而绿色并购对重污染企业技术创新的促进作用更明显。基于此，提出如下假设：

**假设 7：绿色并购对重污染企业技术创新的促进作用在标的方资源存量大时更强。**

### 2. 标的方区位优势

在过去 20 年里，经济地理学的主要议程围绕着重新发现"区域"作为一个重要的竞争优势来源，带来潜在的知识创造、学习和适应时代发展来研究（Gertler，2003）。基于地理政治经济学，区位优势是考虑制度差异和时空背景，以及与区域不均衡发展相关的结构性制约因素的更强认知（Hu and Lin，2011），通过认识到空间特定元素和过程重要性来解释更广泛的经济演化空间模式。孟庆红（2003）指出区位优势揭示了特定产业相对经济效率是以一个区域的条件优势为基础。一般而言，区位优势是一个综合概念，是多种有利条件的集合，即一个地域客观存在的较为有利的自然、技术、经济和社会等多方面条件。如果标的方所在地区在地理位置上有利、区位因子和条件上优点突出、资源配置上能力强，及所构建的经济系统状态上完全开放，那么该地区所拥有的区位优势有助于推动现代市场经济进步，是处于当中的企业发展所需的重要条件，将会对绿色并购与技术创新间的关系产生何种影响值得探究。

区域间相对差别主要来源于各区域发展所依赖资源、技术以及劳动力方面的不同幅度差异。由此当标的方具有区位优势时，其一是标的方所在区域的资源丰裕程度较高，即主并方重污染企业拥有更多的机遇接触到各种资源，技术创新条件更完备。区位具有优势时，各种软件与硬件条件更丰富。例如，区域内发达的技术和信息等快速促进创新信息和知识的生产、传播及交流反馈，区域内所聚集大量创新活动直接实施者的高素质人才，均为重污染企业进行技术创新提供了力量和源泉。

其二是标的方所在区域拥有制度环境优势，即主并方重污染企业将享受良好的制度环境，技术创新更便利。在较完备的激励机制、风险机制和约束机制下，良好的融资环境受到投资者青睐，带来资本获取便利，企业可以充分和有效地利用区域内经济资源，被引导和激励积极开展技术创新活动。这也将进一步增强区域吸引人力资源、资金、技术、物质和信息的能力，形成良性循环。通常区位优势的关键决定因素是与消费者和供应商等其他经济主体互动的容易程度，这些内生的优势可以很好地提高企业转化为系统内部的技术创新。

其三是标的方所在区域的经济发展水平更发达，即主并方重污染企业获得成本优势以及开放性观念，技术创新更积极。在多数为强大和多样化经济的地方内，重污染企业可以借助标的方具有相对成本优势，节省企业之间识别、获取或交换知识、产品或服务的社会交易成本，促进区域间大量创新活动。另外市场化水平更高的区域内思想观念更为自由和开放，创新意识更为前卫，强化了重污染企业技术创新动力，进而推动与支持该创新行为。同时，随着经济高速向高质量发展阶段的迈进，企业受经济与环境双效统一的重视理念影响较大，而区位优势下的市场内信息透明度更高，企业行为将大幅度向绿色发展倾斜，主动承担更多社会责任来满足相应市场的消费需求和促进企业经济稳步增长及进一步优势建立，从而有利于重污染企业绿色并购后技术创新的参与程度。

综上，当标的方具有区位优势时，所在区域拥有更大的资源丰裕度、良好的制度环境优势以及更发达的经济发展水平，强化了主并方重污染企业的技术创新机遇、动力和能力，从而绿色并购对技术创新的促进作用更明显。基于上述分析，提出假设：

**假设8**：绿色并购对重污染企业技术创新的促进作用在标的方具有区位优势时更强。

## 5.2 并购双方关联性特征的影响分析

仅关注一个企业的特征或并购交易本身，无法考察到并购方和被并购方之间相对特征的影响。Bauer 和 Matzler(2014)以及 Sears 和 Hoetker(2014)的研究开始考察并购双方间相对特征因素。本研究遵循这一方法，在并购双方关联性层面上继续推进假设。

**1. 双方知识相似性**

工业组织文献中的理论研究阐明了并购企业之间关联性的作用（Roller and Waverman，2001），暗示了企业之间知识的相似性和联合活动的创新成果之间存在线性关系。知识的相似性对主并方吸收知识并将其用于创新至关重要（Mowery et al.，1996）。本章节猜测双方知识相似性会显著影响绿色并购与技术创新间的关系。Prabhu 等（2005）以 1988—1997 年的 149 家制药企业并购为样本，发现主并方临床试验中的新药类创新产出与其知识深度正相关。当绿色并购中主并双方在基础知识上有显著相似性时，意味着在相关领域专业知识的深度方面存在差异。因此，知识相似性更多是涉及知识资源的深度。

主并重污染企业与标的方在知识方面的相似性将能够影响绿色并购对技术创新所发挥的促进作用，主要体现在：第一，并购双方知识相似性越强，越有利于重污染企业更好地实现技术跨越，增强机遇捕获成功率。由于知识具有专用性和一定适用范围，交易双方知识相似则意味着它们的语言和识别结构相关，从而有助于默会知识的转移（Lane and Lubatkin，1998）。在一定管理水平和技术能力以及充足管理人员和科研人员条件下，绿色并购双方企业的知识相似度较高，可以快速实现并购后的技术跨越，在面对技术创新机遇时成功捕获。相反，如果主并双方拥有不同的知识基础，两家企业之间的研发方法或创新常规就会出现差距（Kogut and Zander，1992）。即使被并购企业拥有具有价值的技术知识，这种差异也会扰乱知识的转移，对技术跨越产生负面影响，不利于后续技术创新。

第二，并购双方知识相似性强时，将有利于重污染企业完成技术吸收和整合，进一步提升创新能力。通常吸收能力是整合知识所必需的（Cohen and Levinthal，1990）。在交流知识过程中，共同的基本科学技术原则是极为重要的，即交流和吸收知识需要最低程度的共同知识，否则知识和能力的利用将存在困难。基础知识的相似性有助于交易双方在技术方面的沟通与学习，尤其是双方的员工可以自由地交流技术问题，从而可以让主并方更好地利用其相对吸收能力促使技术和知识整合过程变得更加顺畅，增大经营协同效应的潜力，创造后续创新。而若并购双方知识相似性弱，即技术领域相差较大，那么技术创新过程和规则差异性过大，并购后双方将耗费大量成本于知识资源整合过程，甚至出现相互抵触和矛盾的状况，从而不利于并购后的技术创新协作能力。

综上，知识相似性下重污染企业通过交易转移类似的资源和能力，促进技术跨越以及能力提升，继而提高创新协同效应，从而作用于绿色并购与技术创新的关系。因此，提出下面的假设：

**假设 9：绿色并购对重污染企业技术创新的促进作用在主并双方知识相似时更强。**

### 2. 双方市场互补性

传统的并购研究往往侧重于解释相似性在并购绩效中的作用，虽然近年来学者们开始对并购互补性进行研究，但关于互补性作用的证据还很少。相似性并不是评估并购创造价值潜力的唯一方法，互补的差异也可以提供机会，以提高价值创造。Cassiman 等（2005）基于对企业经理人所深入调查的 31 起合并交易个案，研究发现市场关联度方面存在互补性的并购双方会导致更多的研发活动。因此，本章节预测市场互补性对绿色并购与技术创新之间的关系具有一定调节作用。

基于相同市场内的组织运行常采用相似的综合管理和技术主导的逻辑（Prahalad and Bettis，1986），通常在同一产出市场竞争的企业之间的并购具有协同增效的优势，可以利用市场力量的增长，这意味着市场互补性主要涉及知识资源的广度。一般活跃在相同市场的企业在并购后将导致研发过程的合理化，而互补论者的基本逻辑源于相互支持的差异（Bauer and Matzler，2014），即活跃在互补市场的企业更有可能通过并购实现研发过程中的技术和范围经济。

主并双方之间的市场互补性对绿色并购与重污染企业技术创新间关系所产生的作用可以来自三种机制：第一，有效的资源配置。两个拥有不同市场领域运作的企业将开发出不同的资源和能力，提供更多互补市场之间转移资源的机遇。基于可用的互补知识和能力，将有更大的挖掘技术创新的动力。当重污染企业进行绿色并购后，重新配置资源允许每个主体扩大其创新能力，开发在其互补市场竞争的新方法，并提高其对新市场环境的适应能力。企业则能够通过将资金投入可获得更高回报的创新投资来提高盈利能力和增长，尤其当绿色并购将主并方重污染企业引入具有互补属性的清洁生产市场时，这个可能性尤为突出。

　　第二，增强学习机会来创造更多创新价值。互补性涉及差异，而差异可以被利用来实现互利，即重污染企业可以通过积极应对，探索差异所呈现出的机遇，实现互补性的协同效应。从概念上讲，差异本身对主并方没有明显的价值，因为与标的方不同并不保证重污染企业能够成功地利用标的方的资源以实现互补利益。市场互补性可以通过允许主并方利用其相对市场的差异来提供价值创造的机会，并且可以提供超越不重叠的地理足迹或分销网络的简单聚合的好处（Zollo and Singh，2004）。当有机会利用这些差异时，主并双方之间的差异将有可能创造价值（Kim and Finkelstein，2009）。在绿色并购提供了这样创造价值的机会情况下，技术创新将被强化。

　　第三，抵消商业周期。市场互补性的好处之一来自于减少特定地点的商业风险，降低重污染企业对于任何一个市场的依赖。研究显示在其他市场进行并购可以帮助平衡产生收入的机会和来自商业周期的威胁，特别是当其他市场的条件不同但又适合组织生产活动时，潜在的市场互补性不再是简单的降低风险（Li and Greenwood，2004）。由此，当主并方和标的方拥有互补的市场特征，企业将抵消其所在市场的低迷，地域扩张的价值也会被放大。对于重污染企业而言，借助绿色并购可以迅速吸收目标方市场内的现有消费者，建立新的消费群体基础，并在新的市场中创建可行的商业网络，以获得新市场呈现的互补利益，增强技术创新能力。

　　综上，重污染企业将不重叠市场的知识与现有市场的知识进行组合，可以创造更多有价值的技术创新，使企业能够进入多样化的新型市场领域。即标的方互补市场中不重叠的部分为重污染企业开发新领域提供了一个工具箱，重组的潜力和进入新市场的可能性增加并促进了企业技术创新。在上述分析基础上提出假设：

**假设 10：绿色并购对重污染企业技术创新的促进作用在主并双方市场互补时更强。**

### 3. 双方地理距离

　　地理距离等物理特征受到了前人研究的关注。地理越近表示地理邻近性越强，地理意义上的邻近性是行动者之间的空间距离，通常情况下空间邻近被视为一种竞争优势（Gust-Bardon，2012）。尽管沟通工具已经发展得先进且便捷，但它们并不能取代实际会议的功能和影响（Rallet and Torre，1999），物理上的亲密使得主并方和标的方之间的互动更容易。鉴于这个原因，Ensign

等(2014)发现目标企业物理位置接近会提高并购后的创新。本章节则推测主并双方之间的地理距离会影响绿色并购与技术创新间的正向关系。

　　并购交易主并双方之间的地理距离近可以发挥积极作用,具体表现在:其一是利于互动强度的增强。虽然先进的沟通工具和高效的交通设施的可用性减少一些沟通障碍,但参与者的社会存在并不能被替代。这意味着更远的地理距离,在某种程度上是阻碍互动。另外生产设施的转移涉及实物,它很大程度上需要技术人员来实践,但远距离不利于参与技术创新过程的双方对于设施的亲自操作与解释。而主并双方之间的地理距离越近,将产生较低的通信和运输成本,还可以通过频繁的会议来降低交换知识和信息的成本,提高交流的速度以及生产制造过程的迅速设计与执行效率。进而在这种经验和结构上,重污染企业与标的方之间可以高效地共享能力和相互协作来增强创新动力。

　　其二是利于默会知识的传递。不同于一般编纂知识能够进行正式的表达,且通过书籍、文件、程序等直接的社会互动就可以容易地传递给他人的特点,默会知识则难以表达并倾向于通过面对面互动关系实现共享(Gust-Bardon,2012)。由于重污染企业进行技术改进等方面的创新需要高度复杂的默会知识,物理亲密性则为双方提供了更多交流的可能性,促进绿色并购后主并双方更容易面对面地交换信息,默会知识被进行传递,从而密切与近距离的标的方产生更多创新机会。

　　其三是拥有相同或相近文化利于信任的建立。地方化的互动可以通过根植于地理区域的社会文化价值,如惯例和规范来加强。Simmie(2003)认为近距离可以加强创新参与者之间的信任,即远距离则阻碍了组织内员工发展工作关系和建立信任,也需要员工花费时间和精力来适应新的组织环境和调整差异。一般知识整合需要共同的社会和文化理解,而并购各主体内员工都深植于各自地区的文化之中,相隔远致使其在绿色并购后的技术创新过程中产生隔阂,且随着涉及文化差异的不断扩大会造成双方关系受阻(Doloreux,2002)。进而造成主并方重污染企业在活动开展过程中遇到多重困难,使得并购双方之间的融合变得有问题,产生整合难度增加的消极影响,大幅降低技术创新的能力,导致协同效应较难实现。

　　综上,地理距离越近,重污染企业不仅能够进行高效互动,而且越能加快企业间默会知识的转移,以及通过认同文化和制度方面实现信任关系建立来降低整合难度,从而促使绿色并购产生正向的外部创新效应。由此提出如下假设：

**假设 11：绿色并购对重污染企业技术创新的促进作用在主并双方地理距离近时更强。**

## 5.3　研究设计

### 5.3.1　样本和数据

根据国家环境保护总局与证监会相关规定，重污染行业包括：火电、钢铁、水泥、电解铝、煤炭、冶金、建材、采矿、化工、石化、制药、造纸、发酵、制糖、植物油加工、酿造、纺织、制革，其代码含有：B06、B07、B08、B09、C17、C19、C22、C25、C26、C28、C29、C30、C31、C32、D44。本书主要是利用 2010—2018 年度的沪深 A 股重污染上市企业并购交易数据进行实证分析。具体是从国泰安数据库中依据重污染行业代码搜寻并整理 2010—2018 年企业并购样本，数据处理方式如下：买方为上市公司；重组类型选择资产收购，剔除资产剥离、资产置换、吸收合并、债务重组、股份回购、要约收购和股权转让；标的类型为股权或者资产；收购金额不小于 100 万元人民币；不包括已持有标的企业股权比例高于 30% 以及并购未完成或失败的样本。其中，同一家企业在相同或不同年份的多次并购被视为多个样本事项。在原始样本基础上删除数据无法获取的条目，经过筛选后共获得 851 个并购交易样本。为排除极端值影响，本书对主要连续变量进行了 1% 和 99% 水平上的 Winsorize 缩尾处理。

### 5.3.2　变量定义

#### 1. 被解释变量

技术创新(TI)——当前研究中多数以研发支出或专利数量作为技术创新的衡量指标，但冯根福和温军（2008）指明受外生影响因素较大的专利数量，存在可比较性差的弊端，不适合作为被解释变量。据此，本书主要采用研发支出占营业收入的比重来对技术创新进行衡量。

**2. 解释变量**

绿色并购(GMA)——借鉴潘爱玲等(2019)的研究,对重污染企业绿色并购界定是为提高环保水平以及向低污染和低能耗行业转型而获取节能减排等绿色技术、绿色设备、绿色人才及绿色管理经验等的并购。通过分析并购公告判别并购交易是否符合绿色并购的特点,若是,绿色并购赋值为1,否则是非绿色并购,赋值为0。

**3. 调节变量**

主并方特征——高管绿色经历(AEGE):虚拟变量,如果重污染企业高管先前所从事过的工作中存在与环境保护相关时取值为1,具体包括但不限定任职于环保部门、拥有环保类方面的专利技术以及与环保相关的专业职称等,否则取0。

主并方特征——双向业绩反馈(APF):由企业实际绩效与期望水平之间的差值来衡量,若差值大于零为正向业绩反馈,反之若差值小于零则为负向业绩反馈。借鉴先前文献,实际绩效常用股本回报率(ROE)和资产回报率(ROA)等财务指标进行衡量,但企业股权和债务相对组合会影响 ROE 指标,因此本章节选择 ROA 作为实际绩效指标(连燕玲等,2014)。

企业历史期望水平和企业所在行业期望水平均属于期望水平。在 Bromiley 和 Harris(2014)和 Xie 等(2016)研究基础之上,本章节构建出的综合期望水平(CA)由历史期望水平(HA)与行业期望水平(IA)所组成,公式如下:

$$CA_{i,t} = \theta_1 HA_{i,t} + (1 - \theta_1) IA_{i,t} \tag{5.1}$$

$$HA_{i,t} = \theta_2 HA_{i,t-1} + (1 - \theta_2) AP_{i,t-1} \tag{5.2}$$

公式(5.1)中行业期望水平(IA)是企业 $i$ 所在行业去除自身外其他企业的绩效均值;公式(5.2)中历史期望水平(HA)等于企业 $i$ 在 $t-1$ 期的实际绩效(AP)与历史期望水平加权数值。关于权重的选取规则,本章节主要参考宋铁波等(2017),将 $\theta_1$ 和 $\theta_2$ 设定为 0.25、0.5 与 0.75,结果显示模型具有最佳拟合值时参数取值均为 0.5,由此后文回归检验所使用的期望水平由 0.5 计算而得。

主并方特征——所在地财政压力(ALFP):由地方财政支出与财政收入之比进行衡量(宋艳伟,2011),并在此基础上构建虚拟变量。若比值高于均值,则记为1,代表财政压力大,否则记为0。

标的方特征——资源存量（TRS）：鉴于标的方绝大多数是未上市企业，缺少获取相关组织信息和财务信息的直接数据库，指标衡量存在难度。而一般企业成立时间越长，所积累的资源量越大。基于此，本章节选取标的方的企业成立年度到被并购年度的时间长短作为资源存量的代理变量。具体是通过并购公告，手工收集标的方企业成立年份的详细信息，之后数值等于（被并购年份–成立年份+1）的自然对数。并在上述基础上构建虚拟变量，若数值位于均值之上，赋值为1，意味着资源存量大，反之则为0。

标的方特征——区位优势（TDA）：根据国家统计局的划分标准，将全国省份共分成东中西部三个区域。其中，东部地区包括北京、上海、广东、天津、江苏、浙江、福建、山东、海南、河北、辽宁11个省、直辖市；中部地区包括河南、湖北、湖南、山西、安徽、江西、吉林、黑龙江8个省份；西部地区包括重庆、四川、贵州、云南、陕西、内蒙古、广西、甘肃、青海、宁夏、西藏、新疆12个省、自治区及直辖市。一般东部地区的经济发达程度、市场开放度、制度环境完善度等整体较高，相比之下，西部地区各方面处于低水平，而中部地区则处于中间位置。由此，将东部省份编码为1，中部省份编码为2，西部省份则编码为3，形成反向指标，即值越小表明区位优势越明显。

并购双方关联性特征——知识相似性（CKS）：囿于标的方企业专利数据获取难度，利用传统的相似性计算方法将缺乏可操作性。本章节将主要从主并双方之间的知识关联角度出发构建代理变量，即基于并购公告分别对两个企业的经营范围进行分析，若存在相同或相似的业务，则意味着两者间的知识关联度较高，赋值为1，若不存在重叠业务，则赋值为0。

并购双方关联性特征——市场互补性（CMC）：若主并方所在城市与标的方所在城市不同，则意味着两个企业主要是在不同的市场内生产经营，此时两者间市场存在互补性，赋值为1，相反地，若这两者所在城市相同，则赋值为0。

并购双方关联性特征——地理距离（CGD）：界定为主并双方之间的空间距离。借鉴 Cumming 和 Dai（2010）的做法，计算地理距离的具体步骤是：首先确定主并方和标的方的办公地址并精确到地级市单位，接着分别找到所对应的经纬度，然后根据两地的经纬度来计算球面距离，所利用的公式如下：

$$C = \text{SIN}(LatA) \times \text{SIN}(LatT) \times \text{COS}(LonA - LonT) + \text{COS}(LatA) \times \cos(LatT) \quad (5.3)$$

$$DISTANCE = R \times \text{ARCCOS}(C) \times Pi/180 \quad (5.4)$$

其中主并企业所属地经纬度为（LatA，LonA），标的企业所在地经纬度为（LatT，LonT），R 为地球平均半径。最后对距离的单位由米换算为千米，然后加 1 后取自然对数。

**4. 控制变量**

本章节还考虑了一些对被解释变量可能存在的额外影响因素，主要控制了管理层、主并企业和并购交易三个层面特征。首先是对高管年龄、高管学历和两职合一情况的控制；其次控制了企业的产权性质、规模、杠杆、上市年限和成长性等；最后，控制了并购交易对价、并购比例和支付方式等。另外，还对年度和行业效应进行了控制。具体变量定义如表 5-1 所示。

表 5-1 变量定义表

| 变量类别 | 变量名称 | | 符号 | 测　度 |
|---|---|---|---|---|
| 被解释变量 | 技术创新 | | TI | 并购后一年研发支出占营业收入百分比 |
| 解释变量 | 绿色并购 | | GMA | 虚拟变量，绿色并购取 1，否则取 0 |
| 调节变量 | 主并方特征 | 高管绿色经历 | AEGE | 虚拟变量，若高管先前所从事过的工作中存在与环境保护相关时取值为 1，具体有任职于环保部门、拥有环保类方面专利技术以及与环保相关专业职称等，否则取 0 |
| | | 双向业绩反馈 | APF | 实际绩效与期望水平之差（大于 0 为正向业绩反馈，小于 0 为负向业绩反馈） |
| | | 所在地财政压力 | ALFP | 地方财政支出与财政收入之比，若占比位于均值之上，赋值为 1，否则为 0 |
| | 标的方特征 | 资源存量 | TRS | （被并购年份−成立年份+1）的自然对数；数值位于均值之上，值为 1，反之为 0 |
| | | 区位优势 | TDA | 东部省份记为 1，中部省份记为 2，西部省份则记为 3 |
| | 双方关联性特征 | 知识相似性 | CKS | 若双方存在相同或相似业务，则两者间的知识关联度较高，赋值为 1，否则为 0 |
| | | 市场互补性 | CMC | 主并方与标的方所在城市不同，则赋值为 1，所在城市相同，则赋值为 0 |
| | | 地理距离 | CGD | 主并双方之间的空间距离 |

续表

| 变量类别 | 变量名称 | | 符号 | 测　度 |
|---|---|---|---|---|
| 控制变量 | 高管层面 | 性别 | EGEN | 虚拟变量，主并方高管性别为男性时取 1，否则取 0 |
| | | 学历 | EEDU | 主并方高管学历是中专及中专以下时值为 1，大专时值为 2，本科时为 3，硕士时为 4，博士时为 5 |
| | | 两职合一 | DUAL | 虚拟变量，主并方董事长和总经理兼任时取 1，否则取 0 |
| | 企业层面 | 产权性质 | ASTATE | 虚拟变量，主并方民营企业取值为 1，否则为 0 |
| | | 独立董事占比 | AINDEP | 主并方并购前一年独立董事与董事会人数之比 |
| | | 企业规模 | ASIZE | 主并方并购前一年资产的自然对数 |
| | | 企业杠杆 | ALEV | 主并方并购前一年资产负债率 |
| | | 盈利状况 | AROE | 主并方并购前一年净资产收益率 |
| | | 上市年限 | AAGE | 主并方上市年限+1 的自然对数 |
| | | 企业成长性 | AGROW | 主并方并购前一年销售收入增长率 |
| | 交易层面 | 并购对价 | PRICE | 并购交易对价的自然对数 |
| | | 并购比例 | RATIO | 并购交易股权收购比例 |
| | | 支付方式 | CASH | 虚拟变量，并购现金支付方式取值为 1，否则为 0 |
| | | 资产评估机构 | AEO | 虚拟变量，聘用资产评估机构取值为 1，否则为 0 |
| | | 会计师事务所 | AF | 虚拟变量，聘用会计师事务所取值为 1，否则为 0 |
| | | 年度 | YEAR | 控制年度固定效应 |
| | | 行业 | IND | 控制行业固定效应 |

### 5.3.3 模型构建

本章节旨在研究不同维度主体特征对绿色并购与重污染企业技术创新间关系的异质性影响,在模型(3.1)基础上,加入调节变量以及交互项以分析相应的调节效应。为检验假设 4 到假设 11,构建并运行以下研究模型:

为验证主并方特征的调节作用,分别设定以下研究模型:

$$
\begin{aligned}
\text{TI}_{i,t} = \alpha_0 &+ \alpha_1 \text{GMA}_{i,t-1} + \alpha_2 \text{AEGE}_{i,t-1} + \alpha_3 \text{GMA}_{i,t-1} \times \text{AEGE}_{i,t-1} \\
&+ \sum \text{CONTROLS} + \varepsilon_{i,t}
\end{aligned}
\tag{5.5}
$$

$$
\begin{aligned}
\text{TI}_{i,t} = \alpha_0 &+ \alpha_1 \text{GMA}_{i,t-1} + \alpha_2 \text{APF}_{i,t-1} + \alpha_3 \text{GMA}_{i,t-1} \times \text{APF}_{i,t-1} \\
&+ \sum \text{CONTROLS} + \varepsilon_{i,t}
\end{aligned}
\tag{5.6}
$$

$$
\begin{aligned}
\text{TI}_{i,t} = \alpha_0 &+ \alpha_1 \text{GMA}_{i,t-1} + \alpha_2 \text{ALFP}_{i,t-1} + \alpha_3 \text{GMA}_{i,t-1} \times \text{ALFP}_{i,t-1} \\
&+ \sum \text{CONTROLS} + \varepsilon_{i,t}
\end{aligned}
\tag{5.7}
$$

为验证标的方特征的调节作用,分别设定以下研究模型:

$$
\begin{aligned}
\text{TI}_{i,t} = \alpha_0 &+ \alpha_1 \text{GMA}_{i,t-1} + \alpha_2 \text{TRS}_{i,t-1} + \alpha_3 \text{GMA}_{i,t-1} \times \text{TRS}_{i,t-1} \\
&+ \sum \text{CONTROLS} + \varepsilon_{i,t}
\end{aligned}
\tag{5.8}
$$

$$
\begin{aligned}
\text{TI}_{i,t} = \alpha_0 &+ \alpha_1 \text{GMA}_{i,t-1} + \alpha_2 \text{TDA}_{i,t-1} + \alpha_3 \text{GMA}_{i,t-1} \times \text{TDA}_{i,t-1} \\
&+ \sum \text{CONTROLS} + \varepsilon_{i,t}
\end{aligned}
\tag{5.9}
$$

为验证并购双方关联性特征的调节作用,分别设定以下研究模型:

$$
\begin{aligned}
\text{TI}_{i,t} = \alpha_0 &+ \alpha_1 \text{GMA}_{i,t-1} + \alpha_2 \text{CKS}_{i,t-1} + \alpha_3 \text{GMA}_{i,t-1} \times \text{CKS}_{i,t-1} \\
&+ \sum \text{CONTROLS} + \varepsilon_{i,t}
\end{aligned}
\tag{5.10}
$$

$$
\begin{aligned}
\text{TI}_{i,t} = \alpha_0 &+ \alpha_1 \text{GMA}_{i,t-1} + \alpha_2 \text{CMC}_{i,t-1} + \alpha_3 \text{GMA}_{i,t-1} \times \text{CMC}_{i,t-1} \\
&+ \sum \text{CONTROLS} + \varepsilon_{i,t}
\end{aligned}
\tag{5.11}
$$

$$
\begin{aligned}
\text{TI}_{i,t} = \alpha_0 &+ \alpha_1 \text{GMA}_{i,t-1} + \alpha_2 \text{CGD}_{i,t-1} + \alpha_3 \text{GMA}_{i,t-1} \times \text{CGD}_{i,t-1} \\
&+ \sum \text{CONTROLS} + \varepsilon_{i,t}
\end{aligned}
\tag{5.12}
$$

其中,$i$ 表示重污染上市企业,$t$ 表示年度,被解释变量(TI)代表技术创新,解释变量(GMA)代表绿色并购,调节变量与解释变量交互项的回归系数 $\alpha_3$ 体现了不同维度特征对主效应的影响。在回归过程中还进一步控制了年度

（YEAR）和行业（IND）的固定效应。为了降低可能存在的内生性问题对回归结果的影响，除并购交易层面的控制变量之外，其他控制变量均取滞后一期数值。

## 5.4　实证结果分析

### 5.4.1　描述性统计

表 5-2 是调节效应部分主要研究变量的描述性统计结果。其中主并方特征方面，高管绿色经历（AEGE）均值等于 0.367，表明 36.7% 的高管在并购之前从事过与环境保护相关的工作；双向业绩反馈（APF）均值为 0.009，最大值是 0.272，最小值是 −0.254，标准差为 0.075，即实际绩效高于期望水平的最大值为 0.272，低于期望的最小值是 0.254；所在地政府财政压力（ALFP）均值为 0.327。标的方特征方面，资源存量（TRS）均值为 0.518；区位优势（TDA）平均值是 2.307，中位数和最大值均为 3，说明标的方较多是处于不具有优势的地区。交易双方关联性特征方面，知识相似性（CKS）均值是 0.420，即 42% 的并购交易双方存在知识相似性；市场互补性（CMC）均值为 0.435，标准差为 0.496，显示近一半的并购交易发生于具有互补性的市场之间；地理距离（CGD）最小值和最大值分别为 0 和 8.136，均值为 4.880，标准差为 2.772，则表明并购双方之间的地理距离具有明显差异。

表 5-2　　　　　　　　　　　　描述性统计表

| VARIABLES | $N$ | MEAN | MIN | MEDIAN | MAX | SD |
|---|---|---|---|---|---|---|
| TI | 851 | 2.264 | 0.010 | 1.960 | 8.630 | 1.998 |
| GMA | 851 | 0.280 | 0.000 | 0.000 | 1.000 | 0.449 |
| AEGE | 851 | 0.367 | 0.000 | 0.000 | 1.000 | 0.482 |
| APF | 851 | 0.009 | −0.254 | 0.004 | 0.272 | 0.075 |
| ALFP | 851 | 0.327 | 0.000 | 0.000 | 1.000 | 0.469 |

| VARIABLES | $N$ | MEAN | MIN | MEDIAN | MAX | SD |
|-----------|-----|------|-----|--------|-----|-----|
| TRS | 851 | 0.518 | 0.000 | 1.000 | 1.000 | 0.500 |
| TDA | 851 | 2.307 | 1.000 | 3.000 | 3.000 | 0.835 |
| CKS | 851 | 0.420 | 0.000 | 0.000 | 1.000 | 0.494 |
| CMC | 851 | 0.435 | 0.000 | 0.000 | 1.000 | 0.496 |
| CGD | 851 | 4.880 | 0.000 | 5.967 | 8.136 | 2.772 |

## 5.4.2 相关性检验

调节效应涉及的主要研究变量 Pearson 相关系数矩阵如表 5-3 所示，与主效应研究一致，解释变量和被解释变量之间存在较好的相关性，同时 APF、TDA、CKS、CMC 与 TI 均具有显著相关性，相关系数分别为 $-0.067$、0.107、$-0.079$ 和 0.067。同一模型之中变量间的相关系数均较低，不存在严重的共线性问题。至于高管绿色经历、所在地财政压力、资源存量和地理距离等与绿色并购交互项与重污染企业技术创新之间是否存在严格的因果关系，还需要在引入其他影响因素与控制年度或行业固定效应的基础上做进一步多元回归分析。

表 5-3            **相关性系数表**

| VARIABLES | TI | GMA | AEGE | APF | ALFP | TRS | TDA | CKS | CMC | CGD |
|-----------|-----|-----|------|-----|------|-----|-----|-----|-----|-----|
| TI | 1 | | | | | | | | | |
| GMA | 0.174*** | 1 | | | | | | | | |
| AEGE | 0.036 | 0.004 | 1 | | | | | | | |
| APF | $-0.067$* | $-0.020$ | $-0.0540$ | 1 | | | | | | |
| ALFP | 0.007 | $-0.007$ | 0.090*** | $-0.007$ | 1 | | | | | |
| TRS | 0.034 | 0.072** | 0.041 | 0.009 | $-0.011$ | 1 | | | | |
| TDA | 0.107*** | 0.085** | $-0.028$ | $-0.032$ | $-0.183$*** | $-0.004$ | 1 | | | |

续表

| VARIABLES | TI | GMA | AEGE | APF | ALFP | TRS | TDA | CKS | CMC | CGD |
|---|---|---|---|---|---|---|---|---|---|---|
| CKS | −0.079 ** | −0.291 *** | −0.647 *** | −0.198 *** | −0.058 * | −0.071 ** | 0.013 | 1 | | |
| CMC | 0.067 * | 0.203 *** | 0.690 *** | −0.017 | 0.049 | 0.329 *** | −0.018 | −0.611 *** | 1 | |
| CGD | 0.025 | 0.05 | −0.039 | 0.024 | 0.027 | 0.013 | −0.093 *** | 0.026 | −0.008 | 1 |

注：表格中 *** 代表 $p<0.01$，** 代表 $p<0.05$，* 代表 $p<0.1$。

### 5.4.3　多元回归结果

**1. 主并方特征调节效应**

(1)高管绿色经历结果分析。

表5-4 所报告的主并方高管绿色经历调节作用的实证结果显示，第(1)列的检验结果是 GMA×AEGE 的回归系数在 5% 的统计水平上显著为正，系数为 0.691，具有较强的经济显著性。另外，在控制相关变量后，第(5)列显示交互项的回归系数是 0.545，在 10% 水平上显著，同样说明高管绿色经历对绿色并购与技术创新间关系具有显著正向调节作用，即高管具有绿色经历的重污染企业，绿色并购对技术创新的促进效果增强。该检验结果符合前文的理论分析，即验证了假设 4。

从控制变量结果来看，在控制年度及行业固定效应下，第(5)列显示高管性别(EGEN)的估计系数为 0.353(通过了 5% 水平的显著性检验)，两职合一(DUAL)的回归系数为−0.447(在 1% 水平上显著)，独立董事占比(AINDEP)的系数是在 5% 水平上显著为正的 2.449。另外，企业规模(ASIZE)、企业杠杆(ALEV)、上市年限(AAGE)、并购比例(RATIO)、资产评估机构(AEO)和会计师事务所(AF)的系数均通过了统计上显著性水平检验。这些结果表明，规模小、杠杆低、上市年限短、交易比例高及聘用资产评估机构和会计师事务所均可以推动技术创新。而企业产权性质(ASTATE)、成长性(AGROW)、并购对价(PRICE)以及支付方式(CASH)等控制变量的估计结果则在统计上不显著，意味着重污染企业的技术创新未明显受到这些因素的影响。

表 5-4　　　　　　　　　主并方高管绿色经历调节作用回归结果

| VARIABLES | （1）<br>TI | （2）<br>TI | （3）<br>TI | （4）<br>TI | （5）<br>TI |
|---|---|---|---|---|---|
| GMA | 0.518*** | 0.422** | 0.439** | 0.291* | 0.316* |
| | （3.127） | （2.478） | （2.551） | （1.669） | （1.805） |
| AEGE | −0.046 | 0.001 | 0.010 | 0.156 | 0.159 |
| | （−0.285） | （0.005） | （0.062） | （0.925） | （0.938） |
| GMA×AEGE | 0.691** | 0.572* | 0.623* | 0.486 | 0.545* |
| | （2.045） | （1.772） | （1.890） | （1.527） | （1.682） |
| EGEN | | 0.299* | 0.312* | 0.347** | 0.353** |
| | | （1.750） | （1.815） | （2.056） | （2.077） |
| EEDU | | 0.095** | 0.078** | 0.075* | 0.060 |
| | | （2.441） | （2.059） | （1.946） | （1.570） |
| DUAL | | −0.432*** | −0.453*** | −0.420*** | −0.447*** |
| | | （−2.738） | （−2.862） | （−2.675） | （−2.841） |
| ASTATE | | −0.151 | −0.141 | −0.084 | −0.099 |
| | | （−0.867） | （−0.753） | （−0.483） | （−0.542） |
| AINDEP | | 3.015** | 2.841** | 2.692** | 2.449** |
| | | （2.382） | （2.278） | （2.197） | （2.030） |
| ASIZE | | −0.112** | −0.106* | −0.150*** | −0.158*** |
| | | （−1.999） | （−1.788） | （−2.677） | （−2.614） |
| ALEV | | −1.396*** | −1.282*** | −1.006*** | −0.859** |
| | | （−3.701） | （−3.200） | （−2.659） | （−2.155） |
| AROE | | −0.234 | −0.158 | 0.095 | 0.143 |
| | | （−0.454） | （−0.285） | （0.184） | （0.259） |
| AAGE | | −0.215** | −0.200* | −0.262** | −0.237** |
| | | （−2.096） | （−1.895） | （−2.575） | （−2.279） |
| AGROW | | −0.119 | −0.101 | −0.058 | −0.029 |
| | | （−1.345） | （−1.090） | （−0.689） | （−0.335） |

续表

| VARIABLES | （1） | （2） | （3） | （4） | （5） |
|---|---|---|---|---|---|
| | TI | TI | TI | TI | TI |
| PRICE | | −0.072 | −0.054 | −0.063 | −0.043 |
| | | （−1.623） | （−1.210） | （−1.426） | （−0.975） |
| RATIO | | 1.024*** | 0.977*** | 0.917*** | 0.871*** |
| | | （3.858） | （3.644） | （3.547） | （3.330） |
| CASH | | −0.020 | −0.013 | 0.010 | 0.024 |
| | | （−0.106） | （−0.070） | （0.056） | （0.133） |
| AEO | | 0.434* | 0.377 | 0.488** | 0.430* |
| | | （1.720） | （1.482） | （2.000） | （1.742） |
| AF | | 0.373 | 0.339 | 0.622** | 0.578** |
| | | （1.420） | （1.271） | （2.372） | （2.171） |
| YEAR | NO | NO | NO | YES | YES |
| IND | NO | NO | YES | NO | YES |
| _CONS | 2.065*** | 4.411*** | 3.623** | 4.101*** | 3.169** |
| | （20.516） | （3.347） | （2.479） | （3.056） | （2.198） |
| $N$ | 851 | 851 | 851 | 851 | 851 |
| ADJ_$R^2$ | 0.034 | 0.138 | 0.143 | 0.164 | 0.168 |

注：表格中***代表 $p<0.01$，**代表 $p<0.05$，*代表 $p<0.1$，括号内的数字为 $t$ 统计量。

基于表5-4中第（3）列的详细回归结果，绘制图5-2来反映高管绿色经历的调节作用。从图中重污染企业高管拥有绿色经历和不拥有绿色经历所对应的绿色并购对技术创新的影响趋势可以发现，主并方高管具有绿色经历时所对应的绿色并购与技术创新之间关系的斜率更大，即绿色并购与技术创新之间的正向作用在高管绿色经历下得到强化，充分验证了假设4。

（2）双向业绩反馈结果分析。

表5-5展示了主并方双向业绩反馈的调节作用实证结果。从第（5）列引入其他变量下的回归系数可以看到，GMA×APF 的系数为 −6.653，$t$ 值为

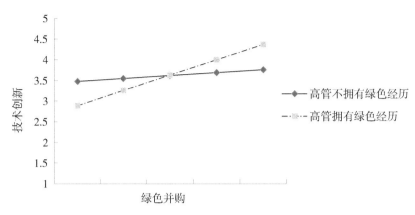

图 5-2 主并方高管绿色经历调节效应图

−2.569，并且第（1）～（4）列也显示在所有回归模型中交互项的估计系数均显著为负，通过了统计学上 5% 水平显著性检验，表明主并方重污染企业负向业绩反馈强化了绿色并购对其技术创新的激励作用，证实了假设 5。

表 5-5　　　　　主并方双向业绩反馈调节作用回归结果

| VARIABLES | （1） | （2） | （3） | （4） | （5） |
|---|---|---|---|---|---|
|  | TI | TI | TI | TI | TI |
| GMA | 0.818 *** | 0.679 *** | 0.706 *** | 0.520 *** | 0.559 *** |
|  | （5.330） | （4.364） | （4.387） | （3.249） | （3.403） |
| APF | −0.091 | −0.036 | −0.063 | −0.307 | −0.312 |
|  | （−0.089） | （−0.038） | （−0.066） | （−0.331） | （−0.335） |
| GMA×APF | −6.430 ** | −6.436 ** | −6.792 ** | −6.367 ** | −6.653 ** |
|  | （−2.431） | （−2.486） | （−2.579） | （−2.489） | （−2.569） |
| EGEN |  | 0.312 * | 0.328 * | 0.358 ** | 0.367 ** |
|  |  | （1.842） | （1.916） | （2.137） | （2.163） |
| EEDU |  | 0.102 *** | 0.088 ** | 0.089 ** | 0.076 ** |
|  |  | （2.683） | （2.352） | （2.357） | （2.027） |

续表

| VARIABLES | （1） | （2） | （3） | （4） | （5） |
|---|---|---|---|---|---|
| | TI | TI | TI | TI | TI |
| DUAL | | −0.443 *** | −0.463 *** | −0.419 *** | −0.445 *** |
| | | （−2.844） | （−2.960） | （−2.704） | （−2.859） |
| ASTATE | | −0.186 | −0.183 | −0.127 | −0.152 |
| | | （−1.063） | （−0.972） | （−0.732） | （−0.822） |
| AINDEP | | 3.108 ** | 2.977 ** | 2.742 ** | 2.547 ** |
| | | （2.490） | （2.418） | （2.257） | （2.127） |
| ASIZE | | −0.103 * | −0.101 * | −0.140 ** | −0.151 ** |
| | | （−1.884） | （−1.740） | （−2.539） | （−2.550） |
| ALEV | | −1.386 *** | −1.286 *** | −1.028 *** | −0.892 ** |
| | | （−3.719） | （−3.226） | （−2.765） | （−2.254） |
| AROE | | −0.206 | −0.180 | 0.056 | 0.048 |
| | | （−0.392） | （−0.320） | （0.106） | （0.084） |
| AAGE | | −0.223 ** | −0.208 ** | −0.259 ** | −0.231 ** |
| | | （−2.182） | （−1.977） | （−2.539） | （−2.227） |
| AGROW | | −0.079 | −0.049 | −0.011 | 0.027 |
| | | （−0.888） | （−0.525） | （−0.125） | （0.297） |
| PRICE | | −0.070 | −0.052 | −0.058 | −0.040 |
| | | （−1.604） | （−1.183） | （−1.347） | （−0.911） |
| RATIO | | 0.974 *** | 0.921 *** | 0.871 *** | 0.823 *** |
| | | （3.712） | （3.475） | （3.414） | （3.186） |
| CASH | | −0.028 | −0.030 | −0.011 | −0.005 |
| | | （−0.155） | （−0.162） | （−0.060） | （−0.025） |
| AEO | | 0.457 * | 0.406 | 0.520 ** | 0.470 * |
| | | （1.831） | （1.619） | （2.143） | （1.917） |
| AF | | 0.413 | 0.393 | 0.683 *** | 0.653 ** |
| | | （1.589） | （1.492） | （2.618） | （2.461） |
| YEAR | NO | NO | NO | YES | YES |

续表

| VARIABLES | (1) | (2) | (3) | (4) | (5) |
|---|---|---|---|---|---|
| | TI | TI | TI | TI | TI |
| IND | NO | NO | YES | NO | YES |
| _CONS | 2.049*** | 4.142*** | 3.452*** | 3.781*** | 2.983** |
| | (25.982) | (3.176) | (2.629) | (2.850) | (2.256) |
| N | 851 | 851 | 851 | 851 | 851 |
| ADJ_ $R^2$ | 0.042 | 0.147 | 0.153 | 0.172 | 0.176 |

注：表格中 *** 代表 $p<0.01$，** 代表 $p<0.05$，* 代表 $p<0.1$，括号内的数字为 $t$ 统计量。

根据表 5-5 中第 (3) 列实证回归结果，将主并方双向业绩反馈对绿色并购与技术创新关系所发挥的调节效应进行绘制，得到图 5-3。从图中可以清晰地看出相比于正向业绩反馈，负向业绩反馈明显增大了绿色并购对重污染企业技术创新的影响斜率，证明其积极的调节作用，支持了假设 5。

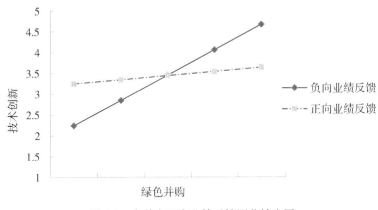

图 5-3　主并方双向业绩反馈调节效应图

(3)所在地财政压力结果分析。

表 5-6 显示了主并方所在地政府财政压力对绿色并购和重污染企业技术创新关系的影响结果。第 (1) 列说明在未引入其他变量情况下，地方财政压力与绿色并购交互项 (GMA×ALFP) 与技术创新的回归系数为在 1% 水平上正向显著的 0.850，而在其他列的回归结果也均得到显著为正的实证检验结果，即表明

财政压力能够正向调节绿色并购与技术创新之间的关系，反映出压力背景下重污染企业积极借助绿色并购进行技术创新的行为。假设 6 得到验证。

表 5-6 主并方所在地财政压力调节作用回归结果

| VARIABLES | （1） | （2） | （3） | （4） | （5） |
|---|---|---|---|---|---|
| | TI | TI | TI | TI | TI |
| GMA | 0. 350* | 0. 259 | 0. 320* | 0. 194 | 0. 261 |
| | （1. 872） | （1. 408） | （1. 702） | （1. 035） | （1. 371） |
| ALFP | −0. 205 | −0. 035 | −0. 028 | 0. 023 | 0. 016 |
| | （−1. 295） | （−0. 236） | （−0. 185） | （0. 154） | （0. 107） |
| GMA×ALFP | 0. 850*** | 0. 740** | 0. 672** | 0. 578* | 0. 519* |
| | （2. 816） | （2. 502） | （2. 245） | （1. 951） | （1. 736） |
| EGEN | | 0. 340** | 0. 350** | 0. 384** | 0. 387** |
| | | （1. 997） | （2. 028） | （2. 267） | （2. 256） |
| EEDU | | 0. 093** | 0. 079** | 0. 080** | 0. 066* |
| | | （2. 446） | （2. 099） | （2. 127） | （1. 775） |
| DUAL | | −0. 401** | −0. 416*** | −0. 378** | −0. 398** |
| | | （−2. 563） | （−2. 651） | （−2. 421） | （−2. 549） |
| ASTATE | | −0. 221 | −0. 207 | −0. 152 | −0. 163 |
| | | （−1. 255） | （−1. 095） | （−0. 867） | （−0. 879） |
| AINDEP | | 3. 004** | 2. 863** | 2. 666** | 2. 460** |
| | | （2. 363） | （2. 277） | （2. 154） | （2. 015） |
| ASIZE | | −0. 095* | −0. 091 | −0. 130** | −0. 140** |
| | | （−1. 678） | （−1. 524） | （−2. 278） | （−2. 270） |
| ALEV | | −1. 456*** | −1. 354*** | −1. 119*** | −0. 978** |
| | | （−3. 890） | （−3. 395） | （−2. 991） | （−2. 461） |
| AROE | | −0. 403 | −0. 335 | −0. 111 | −0. 077 |
| | | （−0. 772） | （−0. 597） | （−0. 210） | （−0. 136） |
| AAGE | | −0. 200* | −0. 187* | −0. 242** | −0. 217** |
| | | （−1. 940） | （−1. 763） | （−2. 368） | （−2. 084） |

续表

| VARIABLES | （1） | （2） | （3） | （4） | （5） |
|---|---|---|---|---|---|
| | TI | TI | TI | TI | TI |
| AGROW | | −0.092 | −0.072 | −0.032 | −0.004 |
| | | （−1.060） | （−0.791） | （−0.382） | （−0.048） |
| PRICE | | −0.080* | −0.062 | −0.068 | −0.049 |
| | | （−1.806） | （−1.386） | （−1.537） | （−1.093） |
| RATIO | | 1.054*** | 0.995*** | 0.947*** | 0.889*** |
| | | （3.954） | （3.689） | （3.623） | （3.365） |
| CASH | | −0.053 | −0.039 | −0.032 | −0.009 |
| | | （−0.288） | （−0.208） | （−0.176） | （−0.050） |
| AEO | | 0.438* | 0.390 | 0.500** | 0.450* |
| | | （1.769） | （1.566） | （2.062） | （1.841） |
| AF | | 0.411 | 0.378 | 0.671** | 0.628** |
| | | （1.587） | （1.439） | （2.566） | （2.364） |
| YEAR | NO | NO | NO | YES | YES |
| IND | NO | NO | YES | NO | YES |
| _CONS | 2.151*** | 4.175*** | 3.334** | 3.783*** | 2.870** |
| | （18.275） | （3.136） | （2.329） | （2.783） | （2.015） |
| N | 851 | 851 | 851 | 851 | 851 |
| ADJ_ $R^2$ | 0.036 | 0.141 | 0.143 | 0.163 | 0.164 |

注：表格中***代表 $p<0.01$，**代表 $p<0.05$，*代表 $p<0.1$，括号内的数字为 $t$ 统计量。

图 5-4(依据表 5-6 第(1)列所绘)揭示了主并方重污染企业所在地高财政压力明显加强了绿色并购对技术创新的正向影响，即与低财政压力相比，财政压力高时绿色并购与技术创新作用线的斜率变陡，从而证实其正向调节作用。

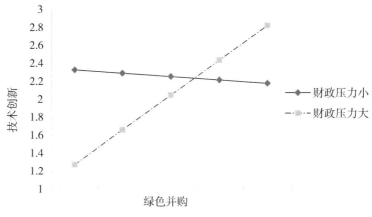

图 5-4　主并方所在地财政压力调节效应图

## 2. 标的方特征调节效应

（1）资源存量结果分析。

表 5-7 内列示了标的方资源存量的调节模型回归结果，在未进行任何控制的第（1）列检验结果中，绿色并购与资源存量的交互项（GMA×TRS）的估计系数是 0.642，在统计上 5% 水平显著，即标的方资源存量越大，绿色并购与重污染企业技术创新之间的正向关系越明显，支持了假设 7。在引入控制变量，及进一步考虑行业固定效应之后，即第（3）列显示资源存量正向调节作用依然显著。

表 5-7　　　　　　　　　　标的方资源存量调节作用回归结果

| VARIABLES | （1） | （2） | （3） | （4） | （5） |
|---|---|---|---|---|---|
| | TI | TI | TI | TI | TI |
| GMA | 0.411** | 0.383** | 0.383** | 0.268 | 0.277 |
| | （2.205） | （2.107） | （2.081） | （1.442） | （1.471） |
| TRS | −0.090 | −0.009 | −0.010 | 0.053 | 0.051 |
| | （−0.567） | （−0.063） | （−0.067） | （0.356） | （0.340） |
| GMA×TRS | 0.642** | 0.443 | 0.503* | 0.365 | 0.430 |
| | （2.196） | （1.569） | （1.753） | （1.285） | （1.498） |

续表

| VARIABLES | （1） | （2） | （3） | （4） | （5） |
|---|---|---|---|---|---|
| | TI | TI | TI | TI | TI |
| EGEN | | 0. 302 * | 0. 317 * | 0. 352 ** | 0. 359 ** |
| | | （1. 761） | （1. 829） | （2. 069） | （2. 087） |
| EEDU | | 0. 093 ** | 0. 077 ** | 0. 079 ** | 0. 064 * |
| | | （2. 440） | （2. 073） | （2. 076） | （1. 711） |
| DUAL | | −0. 398 ** | −0. 415 *** | −0. 375 ** | −0. 397 ** |
| | | （−2. 534） | （−2. 632） | （−2. 402） | （−2. 539） |
| ASTATE | | −0. 144 | −0. 138 | −0. 071 | −0. 095 |
| | | （−0. 819） | （−0. 732） | （−0. 408） | （−0. 513） |
| AINDEP | | 2. 909 ** | 2. 736 ** | 2. 561 ** | 2. 323 * |
| | | （2. 302） | （2. 194） | （2. 079） | （1. 915） |
| ASIZE | | −0. 111 ** | −0. 108 * | −0. 150 *** | −0. 160 *** |
| | | （−1. 968） | （−1. 810） | （−2. 627） | （−2. 606） |
| ALEV | | −1. 396 *** | −1. 258 *** | −1. 036 *** | −0. 857 ** |
| | | （−3. 746） | （−3. 161） | （−2. 771） | （−2. 155） |
| AROE | | −0. 313 | −0. 306 | −0. 034 | −0. 056 |
| | | （−0. 607） | （−0. 555） | （−0. 065） | （−0. 102） |
| AAGE | | −0. 230 ** | −0. 216 ** | −0. 272 *** | −0. 246 ** |
| | | （−2. 239） | （−2. 048） | （−2. 657） | （−2. 362） |
| AGROW | | −0. 122 | −0. 104 | −0. 053 | −0. 027 |
| | | （−1. 464） | （−1. 192） | （−0. 660） | （−0. 326） |
| PRICE | | −0. 069 | −0. 050 | −0. 056 | −0. 037 |
| | | （−1. 553） | （−1. 129） | （−1. 274） | （−0. 831） |
| RATIO | | 0. 979 *** | 0. 921 *** | 0. 875 *** | 0. 819 *** |
| | | （3. 658） | （3. 401） | （3. 360） | （3. 105） |
| CASH | | −0. 032 | −0. 022 | −0. 009 | 0. 011 |
| | | （−0. 175） | （−0. 116） | （−0. 048） | （0. 057） |

续表

| VARIABLES | （1） | （2） | （3） | （4） | （5） |
|---|---|---|---|---|---|
| | TI | TI | TI | TI | TI |
| AEO | | 0.438 * | 0.387 | 0.497 ** | 0.445 * |
| | | （1.751） | （1.537） | （2.042） | （1.812） |
| AF | | 0.404 | 0.374 | 0.666 ** | 0.624 ** |
| | | （1.558） | （1.424） | （2.552） | （2.355） |
| YEAR | NO | NO | NO | YES | YES |
| IND | NO | NO | YES | NO | YES |
| _CONS | 2.092 *** | 4.425 *** | 3.648 *** | 4.038 *** | 3.112 ** |
| | （19.118） | （3.363） | （2.611） | （3.012） | （2.239） |
| N | 851 | 851 | 851 | 851 | 851 |
| ADJ_ $R^2$ | 0.032 | 0.136 | 0.141 | 0.160 | 0.163 |

注：表格中 ***代表 $p<0.01$，**代表 $p<0.05$，*代表 $p<0.1$，括号内的数字为 $t$ 统计量。

为了直观展现标的方资源存量所发挥的调节效应，基于表 5-7 第（1）列回归系数做出图 5-5。其中，大资源存量下绿色并购对重污染企业技术创新的激励效应明显强于小资源存量下的作用效果，进一步佐证了假设 7。

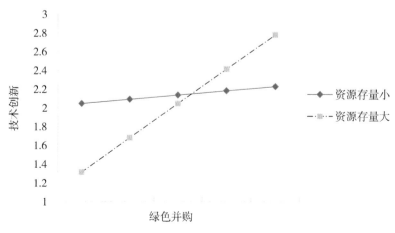

图 5-5　标的方资源存量调节效应图

（2）区位优势结果分析。

从表 5-8 所报告的标的方区位优势调节作用的回归结果来看，第（1）~
（5）列均显示 GMA×TDA 的估计系数在 5% 或 10% 统计水平上显著为负（反向
指标），故说明了标的方区位优势的确正向影响了绿色并购对技术创新的作
用，即具有区位优势的标的方可以对重污染企业绿色并购与技术创新间的正
向影响产生积极效应，由此假设 8 得到了验证。

表 5-8　　　　　　　　标的方区位优势调节作用回归结果

| VARIABLES | （1） | （2） | （3） | （4） | （5） |
|---|---|---|---|---|---|
| | TI | TI | TI | TI | TI |
| GMA | 1. 532*** | 1. 474*** | 1. 551*** | 1. 364*** | 1. 437*** |
| | (3. 334) | (3. 243) | (3. 368) | (2. 988) | (3. 091) |
| TDA | 0. 169* | 0. 164* | 0. 174* | 0. 174* | 0. 177* |
| | (1. 769) | (1. 777) | (1. 888) | (1. 877) | (1. 909) |
| GMA×TDA | −0. 326* | −0. 358* | −0. 379** | −0. 376** | −0. 390** |
| | (−1. 762) | (−1. 959) | (−2. 035) | (−2. 059) | (−2. 086) |
| EGEN | | 0. 310* | 0. 325* | 0. 362** | 0. 369** |
| | | (1. 804) | (1. 872) | (2. 118) | (2. 137) |
| EEDU | | 0. 097** | 0. 082** | 0. 083** | 0. 068* |
| | | (2. 566) | (2. 190) | (2. 210) | (1. 836) |
| DUAL | | −0. 403** | −0. 421*** | −0. 380** | −0. 403** |
| | | (−2. 552) | (−2. 657) | (−2. 419) | (−2. 566) |
| ASTATE | | −0. 120 | −0. 107 | −0. 056 | −0. 073 |
| | | (−0. 690) | (−0. 577) | (−0. 325) | (−0. 404) |
| AINDEP | | 3. 125** | 3. 000** | 2. 810** | 2. 615** |
| | | (2. 458) | (2. 385) | (2. 268) | (2. 140) |
| ASIZE | | −0. 117** | −0. 107* | −0. 154*** | −0. 157*** |
| | | (−2. 091) | (−1. 819) | (−2. 745) | (−2. 609) |
| ALEV | | −1. 416*** | −1. 317*** | −1. 066*** | −0. 931** |
| | | (−3. 786) | (−3. 310) | (−2. 858) | (−2. 351) |

续表

| VARIABLES | （1） | （2） | （3） | （4） | （5） |
|---|---|---|---|---|---|
| | TI | TI | TI | TI | TI |
| AROE | | −0.263 | −0.224 | 0.018 | 0.026 |
| | | （−0.505） | （−0.402） | （0.034） | （0.047） |
| AAGE | | −0.202** | −0.187* | −0.235** | −0.208** |
| | | （−1.970） | （−1.776） | （−2.318） | （−2.007） |
| AGROW | | −0.129 | −0.109 | −0.060 | −0.032 |
| | | （−1.507） | （−1.221） | （−0.735） | （−0.384） |
| PRICE | | −0.082* | −0.065 | −0.069 | −0.051 |
| | | （−1.843） | （−1.448） | （−1.575） | （−1.149） |
| RATIO | | 1.034*** | 0.990*** | 0.924*** | 0.883*** |
| | | （3.905） | （3.695） | （3.590） | （3.385） |
| CASH | | −0.032 | −0.028 | −0.007 | 0.005 |
| | | （−0.174） | （−0.149） | （−0.039） | （0.027） |
| AEO | | 0.462* | 0.408 | 0.523** | 0.468* |
| | | （1.847） | （1.621） | （2.150） | （1.904） |
| AF | | 0.427* | 0.398 | 0.701*** | 0.660** |
| | | （1.647） | （1.519） | （2.694） | （2.497） |
| YEAR | NO | NO | NO | YES | YES |
| IND | NO | NO | YES | NO | YES |
| _CONS | 1.663*** | 4.195*** | 3.572** | 3.738*** | 2.988** |
| | （7.096） | （3.176） | （2.579） | （2.778） | （2.179） |
| $N$ | 851 | 851 | 851 | 851 | 851 |
| ADJ_ $R^2$ | 0.032 | 0.138 | 0.142 | 0.163 | 0.165 |

注：表格中***代表 $p<0.01$，**代表 $p<0.05$，*代表 $p<0.1$，括号内的数字为 $t$ 统计量。

除实证回归结果外，本章节同样依据表 5-8 第（5）列的数值描绘了图 5-6 的区位优势调节效应图，从绿色并购对技术创新的影响走向上可以明晰得到，当标的方具有区位优势时，绿色并购与重污染企业技术创新的正相关关系得到加强。

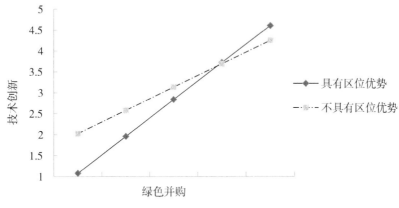

图 5-6　标的方区位优势调节效应图

### 3. 并购双方关联性特征调节效应

（1）知识相似性结果分析。

表 5-9 展示出并购交易双方关联性特征中知识相似性所发挥调节作用的实证结果。关注交互项（GMA×CKS）的方向和显著性可以发现，知识相似性与绿色并购的交互项与技术创新主要是在 5% 水平上显著负相关，意味着相似性知识在一定程度上弱化了绿色并购对重污染企业技术创新的正向作用，不利于绿色并购激励效应的发挥。该实证结果与前文假设 9 不一致，即知识相似性的增大对实际中绿色并购与技术创新的关系产生不利影响。这可能是由于双方存在大量相关的重叠性知识并未能够为重污染企业提供足够的新知识，从而限制其从外部环境吸收额外技术和信息，技术协同作用将大幅降低，因此以创造性的方式结合不同类型知识的机会随之减少，进而产生负面影响。另外，知识越相似易固化重污染企业原有的生产经营理念和方式，一定程度上不利于技术创新机会、动力与能力。尽管对于不相关知识的整合成本高，但成功转移的不相似技术领域的知识具有较大的组合潜力，将对知识创造产生积极影响。因此，标的方在主并方重污染企业未涉足的不相似知识范围的组合潜力和应用能力发挥明显作用。

表 5-9　　　　　　　　双方知识相似性调节作用回归结果

| VARIABLES | （1） | （2） | （3） | （4） | （5） |
|---|---|---|---|---|---|
| | TI | TI | TI | TI | TI |
| GMA | 0.964*** | 0.816*** | 0.841*** | 0.602*** | 0.642*** |
| | （5.365） | （4.571） | （4.524） | （3.205） | （3.321） |
| CKS | 0.052 | 0.069 | 0.074 | −0.024 | −0.010 |
| | （0.330） | （0.452） | （0.476） | （−0.149） | （−0.064） |
| GMA×CKS | −0.920** | −0.876** | −0.820** | −0.733** | −0.672* |
| | （−2.516） | （−2.516） | （−2.295） | （−2.070） | （−1.858） |
| EGEN | | 0.292* | 0.306* | 0.342** | 0.352** |
| | | （1.710） | （1.777） | （2.017） | （2.049） |
| EEDU | | 0.098** | 0.083** | 0.080** | 0.067* |
| | | （2.538） | （2.206） | （2.100） | （1.777） |
| DUAL | | −0.420*** | −0.432*** | −0.399** | −0.417*** |
| | | （−2.664） | （−2.739） | （−2.539） | （−2.649） |
| ASTATE | | −0.173 | −0.158 | −0.105 | −0.116 |
| | | （−0.991） | （−0.839） | （−0.604） | （−0.630） |
| AINDEP | | 2.995** | 2.814** | 2.709** | 2.468** |
| | | （2.367） | （2.255） | （2.195） | （2.031） |
| ASIZE | | −0.109* | −0.101* | −0.147*** | −0.153** |
| | | （−1.963） | （−1.716） | （−2.649） | （−2.543） |
| ALEV | | −1.426*** | −1.325*** | −1.054*** | −0.921** |
| | | （−3.799） | （−3.312） | （−2.798） | （−2.306） |
| AROE | | −0.316 | −0.221 | −0.007 | 0.048 |
| | | （−0.627） | （−0.403） | （−0.013） | （0.087） |
| AAGE | | −0.202** | −0.191* | −0.242** | −0.219** |
| | | （−1.979） | （−1.806） | （−2.377） | （−2.103） |
| AGROW | | −0.122 | −0.105 | −0.062 | −0.037 |
| | | （−1.435） | （−1.190） | （−0.758） | （−0.438） |

续表

| VARIABLES | (1) | (2) | (3) | (4) | (5) |
|---|---|---|---|---|---|
| | TI | TI | TI | TI | TI |
| PRICE | | −0.075* | −0.058 | −0.064 | −0.047 |
| | | (−1.689) | (−1.295) | (−1.476) | (−1.046) |
| RATIO | | 1.033*** | 0.982*** | 0.928*** | 0.878*** |
| | | (3.872) | (3.636) | (3.551) | (3.316) |
| CASH | | −0.014 | −0.010 | 0.014 | 0.025 |
| | | (−0.074) | (−0.052) | (0.076) | (0.135) |
| AEO | | 0.425* | 0.373 | 0.479** | 0.428* |
| | | (1.695) | (1.474) | (1.964) | (1.735) |
| AF | | 0.373 | 0.347 | 0.619** | 0.587** |
| | | (1.434) | (1.314) | (2.361) | (2.203) |
| YEAR | NO | NO | NO | YES | YES |
| IND | NO | NO | YES | NO | YES |
| _CONS | 2.021*** | 4.351*** | 3.539** | 4.113*** | 3.173** |
| | (18.339) | (3.313) | (2.530) | (3.071) | (2.282) |
| $N$ | 851 | 851 | 851 | 851 | 851 |
| ADJ_$R^2$ | 0.035 | 0.140 | 0.143 | 0.163 | 0.164 |

注：表格中 ***代表 $p<0.01$，**代表 $p<0.05$，*代表 $p<0.1$，括号内的数字为 $t$ 统计量。

从图 5-7 中知识相似与知识不相似的异质性情境出发(依据表 5-9 第(5)列绘制)，分析绿色并购对重污染企业技术创新的激励作用程度，可以发现两者间的关系在并购交易双方知识不相似时更为明显，即知识相似性主要是发挥了负向调节作用。这一现象也揭示了当前重污染企业自身技术知识总体上的落后性，与标的方知识相似性高时，极其不利于借助绿色并购促进技术创新的实现。

(2)市场互补性结果分析。

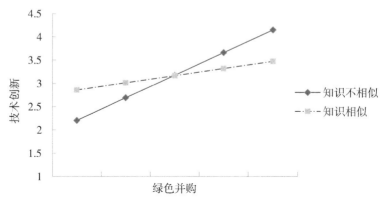

图 5-7　双方知识相似性调节效应图

观察表 5-10 中绿色并购与市场互补性的交互项回归系数可知，符号均为正，除第（4）列外，均至少在 10% 统计水平上显著。该结果表明并购双方市场互补时绿色并购更能够激励重污染企业技术创新，发挥了正向调节作用，假设 10 得到验证。这一结论反映了长期在本地市场内生产经营对企业易产生负面影响，积极开拓市场能够为绿色并购与技术创新间的关系带来正向促进效果，意味着多样化的和异质的经验比狭窄的和同质的经验更有效。

表 5-10　　　　　　　　　双方市场互补性调节作用回归结果

| VARIABLES | （1） | （2） | （3） | （4） | （5） |
| --- | --- | --- | --- | --- | --- |
| | TI | TI | TI | TI | TI |
| GMA | 0.334* | 0.287* | 0.288* | 0.201 | 0.209 |
| | （1.960） | （1.709） | （1.689） | （1.196） | （1.223） |
| CMC | −0.088 | −0.035 | −0.027 | 0.116 | 0.116 |
| | （−0.541） | （−0.221） | （−0.175） | （0.691） | （0.695） |
| GMA×CMC | 0.769*** | 0.600** | 0.653** | 0.423 | 0.486* |
| | （2.676） | （2.185） | （2.340） | （1.524） | （1.732） |
| EGEN | | 0.299* | 0.314* | 0.348** | 0.355** |
| | | （1.743） | （1.807） | （2.052） | （2.068） |

续表

| VARIABLES | (1) | (2) | (3) | (4) | (5) |
|---|---|---|---|---|---|
| | TI | TI | TI | TI | TI |
| EEDU | | 0.093** | 0.077** | 0.075* | 0.060 |
| | | (2.422) | (2.068) | (1.949) | (1.600) |
| DUAL | | −0.398** | −0.415*** | −0.382** | −0.405*** |
| | | (−2.533) | (−2.637) | (−2.445) | (−2.585) |
| ASTATE | | −0.149 | −0.145 | −0.081 | −0.104 |
| | | (−0.852) | (−0.777) | (−0.469) | (−0.570) |
| AINDEP | | 2.900** | 2.730** | 2.591** | 2.357* |
| | | (2.290) | (2.182) | (2.110) | (1.945) |
| ASIZE | | −0.110* | −0.108* | −0.148*** | −0.159*** |
| | | (−1.953) | (−1.817) | (−2.616) | (−2.621) |
| ALEV | | −1.388*** | −1.240*** | −1.010*** | −0.833** |
| | | (−3.697) | (−3.103) | (−2.666) | (−2.082) |
| AROE | | −0.331 | −0.327 | −0.020 | −0.051 |
| | | (−0.637) | (−0.592) | (−0.038) | (−0.093) |
| AAGE | | −0.232** | −0.218** | −0.278*** | −0.253** |
| | | (−2.258) | (−2.059) | (−2.701) | (−2.414) |
| AGROW | | −0.121 | −0.103 | −0.062 | −0.034 |
| | | (−1.434) | (−1.176) | (−0.766) | (−0.410) |
| PRICE | | −0.066 | −0.048 | −0.057 | −0.038 |
| | | (−1.489) | (−1.072) | (−1.296) | (−0.853) |
| RATIO | | 0.965*** | 0.905*** | 0.861*** | 0.803*** |
| | | (3.640) | (3.376) | (3.323) | (3.063) |
| CASH | | −0.037 | −0.027 | −0.011 | 0.007 |
| | | (−0.201) | (−0.144) | (−0.060) | (0.038) |
| AEO | | 0.444* | 0.393 | 0.495** | 0.445* |
| | | (1.780) | (1.566) | (2.048) | (1.820) |

续表

| VARIABLES | （1） | （2） | （3） | （4） | （5） |
|---|---|---|---|---|---|
| | TI | TI | TI | TI | TI |
| AF | | 0. 408 | 0. 377 | 0. 656** | 0. 616** |
| | | （1. 577） | （1. 440） | （2. 533） | （2. 340） |
| YEAR | NO | NO | NO | YES | YES |
| IND | NO | NO | YES | NO | YES |
| _CONS | 2. 080*** | 4. 382*** | 3. 581** | 4. 057*** | 3. 140** |
| | （20. 548） | （3. 326） | （2. 569） | （3. 021） | （2. 267） |
| N | 851 | 851 | 851 | 851 | 851 |
| ADJ_ $R^2$ | 0. 035 | 0. 138 | 0. 143 | 0. 162 | 0. 166 |

注：表格中 ***代表 $p<0.01$，**代表 $p<0.05$，* 代表 $p<0.1$，括号内的数字为 $t$ 统计量。

图 5-8 描绘了在表 5-10 第（3）列回归结果的基础上，主并双方市场是否存在互补的情况下，绿色并购对重污染企业技术创新的影响大小。从图所展示的调节效应强弱来看，在双方市场互补时，两者间的斜率变陡，充分说明其积极的调节作用。与假设 10 是一致的。

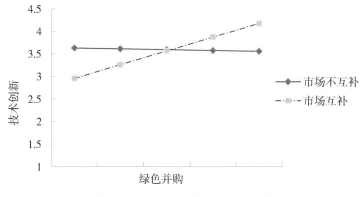

图 5-8　双方市场互补性调节效应图

（3）地理距离结果分析。

从表 5-11 地理距离调节作用的回归结果来看，以第（5）列为例，GMA×CGD 的估计系数值为-0.126，通过 5%水平上的显著性检验，意味着较远的地理距离明显削弱了绿色并购对重污染企业技术创新的影响，验证了假设 11。从第（1）~（4）列的回归结果来看，绿色并购与地理距离的交互项均显著为负，都一致反映出远地理距离在绿色并购与技术创新之间的关系中所具有的负向调节作用。这一结论说明在当今的全球经济中，地理邻近对企业间合作仍然具有重要性。

表 5-11 　　　　　　　　　　　双方地理距离调节作用回归结果

| VARIABLES | （1） | （2） | （3） | （4） | （5） |
|---|---|---|---|---|---|
| | TI | TI | TI | TI | TI |
| GMA | 1.298*** | 1.224*** | 1.280*** | 1.098*** | 1.155*** |
| | (4.119) | (3.913) | (4.042) | (3.476) | (3.594) |
| CGD | 0.040 | 0.042 | 0.044 | 0.046* | 0.045 |
| | (1.393) | (1.548) | (1.591) | (1.664) | (1.634) |
| GMA×CGD | −0.105* | −0.118** | −0.123** | −0.123** | −0.126** |
| | (−1.913) | (−2.175) | (−2.229) | (−2.269) | (−2.269) |
| EGEN | | 0.305* | 0.320* | 0.357** | 0.364** |
| | | (1.775) | (1.842) | (2.088) | (2.110) |
| EEDU | | 0.098** | 0.082** | 0.083** | 0.069* |
| | | (2.569) | (2.203) | (2.211) | (1.844) |
| DUAL | | −0.403** | −0.421*** | −0.380** | −0.403** |
| | | (−2.559) | (−2.663) | (−2.426) | (−2.572) |
| ASTATE | | −0.132 | −0.123 | −0.067 | −0.088 |
| | | (−0.766) | (−0.669) | (−0.392) | (−0.484) |
| AINDEP | | 3.022** | 2.879** | 2.699** | 2.487** |
| | | (2.386) | (2.300) | (2.189) | (2.047) |
| ASIZE | | −0.113** | −0.104* | −0.150*** | −0.155** |
| | | (−2.028) | (−1.772) | (−2.679) | (−2.562) |

续表

| VARIABLES | （1） | （2） | （3） | （4） | （5） |
|---|---|---|---|---|---|
| | TI | TI | TI | TI | TI |
| ALEV | | −1.451*** | −1.359*** | −1.103*** | −0.972** |
| | | （−3.870） | （−3.401） | （−2.952） | （−2.447） |
| AROE | | −0.256 | −0.221 | 0.027 | 0.032 |
| | | （−0.496） | （−0.399） | （0.052） | （0.058） |
| AAGE | | −0.200* | −0.186* | −0.235** | −0.208** |
| | | （−1.952） | （−1.759） | （−2.314） | （−2.006） |
| AGROW | | −0.131 | −0.111 | −0.062 | −0.034 |
| | | （−1.539） | （−1.251） | （−0.762） | （−0.405） |
| PRICE | | −0.080* | −0.064 | −0.068 | −0.051 |
| | | （−1.820） | （−1.432） | （−1.553） | （−1.136） |
| RATIO | | 1.040*** | 0.999*** | 0.930*** | 0.891*** |
| | | （3.930） | （3.729） | （3.615） | （3.419） |
| CASH | | −0.027 | −0.025 | −0.001 | 0.008 |
| | | （−0.145） | （−0.134） | （−0.007） | （0.044） |
| AEO | | 0.469* | 0.418* | 0.530** | 0.477* |
| | | （1.881） | （1.662） | （2.181） | （1.940） |
| AF | | 0.431* | 0.405 | 0.705*** | 0.667** |
| | | （1.667） | （1.550） | （2.710） | （2.528） |
| YEAR | NO | NO | NO | YES | YES |
| IND | NO | NO | YES | NO | YES |
| _CONS | 1.854*** | 4.302*** | 3.778*** | 3.857*** | 3.202** |
| | （11.414） | （3.261） | （2.712） | （2.866） | （2.319） |
| N | 851 | 851 | 851 | 851 | 851 |
| ADJ_$R^2$ | 0.031 | 0.138 | 0.142 | 0.163 | 0.165 |

注：表格中***代表 $p<0.01$，**代表 $p<0.05$，*代表 $p<0.1$，括号内的数字为 $t$ 统计量。

针对并购双方之间的地理距离远近所发挥的不同调节作用,与前文处理方式一致,以表5-11第(5)列数值为依据,做出图5-9的调节效应图,清晰显示出双方近地理距离情形下,绿色并购对重污染企业技术创新的影响斜率更陡,从而支持假设11。

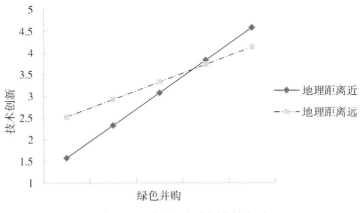

图5-9 双方地理距离调节效应图

## 5.5 稳健性检验

### 1. 更换被解释变量

本部分选取研究热点之一的开放式创新来对技术创新进行指标替换,以探究多维主体特征异质性调节作用是否依然存在。不同于绝大多数通过调查问卷对开放式创新进行测度,本章节是在学者 Lichtenthaler(2011)和 Chesbrough(2003)等对于开放式创新的描述基础之上,利用文本分析来对样本企业的年报做出总结与赋值。具体是判断财报中语句是否提到、涉及或描述了关于开放式创新在"寻找和获取外部技术""购买专利""招聘技能型人才""与外部企业合资""出售或授权专利""免费公开新技术""转让闲置研发项目""有专门部门来将知识资产商业化"等维度的行为,若具有一项赋值为1分,两项则赋值为2分,三项则赋值为3分,以此类推,最后得到样本期内重污染企业的开放式创新(TIR5)总得分。在重新对模型(5.5)~模型(5.12)进行回归之后，实证结果见表 5-12。绝大多数调节作用仍然显著存在，说明本章节研究结论相对稳健。

表 5-12　　　　　　　　　　更换被解释变量后调节效应检验结果

| VARIABLES | （1） | （2） | （3） | （4） | （5） | （6） | （7） | （8） |
|---|---|---|---|---|---|---|---|---|
| | TIR5 | TIR5 | TIR5 | TIR5 | TIR5 | TIR5 | TIR5 | TIR5 |
| GMA | 0.576*** | 0.316*** | 0.184 | 0.111 | 0.939*** | 0.426*** | 0.525*** | 0.691*** |
| | (4.892) | (3.279) | (1.487) | (0.983) | (3.583) | (3.803) | (3.395) | (3.859) |
| AEGE | 0.383*** | | | | | | | |
| | (4.544) | | | | | | | |
| GMA×AEGE | 0.472*** | | | | | | | |
| | (2.618) | | | | | | | |
| APF | | −0.565 | | | | | | |
| | | (−1.025) | | | | | | |
| GMA×APF | | −4.225*** | | | | | | |
| | | (−2.915) | | | | | | |
| ALFP | | | 0.029 | | | | | |
| | | | (0.313) | | | | | |
| GMA×ALFP | | | 0.226 | | | | | |
| | | | (1.240) | | | | | |
| TRS | | | | −0.041 | | | | |
| | | | | (−0.432) | | | | |
| GMA×TRS | | | | 0.330* | | | | |
| | | | | (1.905) | | | | |
| TDA | | | | | 0.130** | | | |
| | | | | | (2.307) | | | |
| GMA×TDA | | | | | −0.274*** | | | |
| | | | | | (−2.539) | | | |
| CKS | | | | | | −0.022 | | |
| | | | | | | (−0.221) | | |

156

| VARIABLES | （1） | （2） | （3） | （4） | （5） | （6） | （7） | （8） |
|---|---|---|---|---|---|---|---|---|
| | TIR5 | TIR5 | TIR5 | TIR5 | TIR5 | TIR5 | TIR5 | TIR5 |
| GMA×CKS | | | | | | −0. 759 *** | | |
| | | | | | | （−3. 323） | | |
| CMC | | | | | | | −0. 281 *** | |
| | | | | | | | （−2. 797） | |
| GMA×CMC | | | | | | | 0. 343 * | |
| | | | | | | | （1. 926） | |
| CGD | | | | | | | | 0. 029 *** |
| | | | | | | | | （1. 724） |
| GMA×CGD | | | | | | | | −0. 079 *** |
| | | | | | | | | （−2. 467） |
| CONTROLS | YES | YES | YES | YES | YES | YES | YES | YES |
| YEAR/IND | YES | YES | YES | YES | YES | YES | YES | YES |
| _CONS | 4. 257 *** | 4. 688 *** | 4. 658 *** | 4. 773 *** | 4. 664 *** | 4. 793 *** | 4. 980 *** | 4. 824 *** |
| | （3. 482） | （4. 384） | （3. 844） | （3. 968） | （3. 920） | （4. 015） | （4. 235） | （4. 059） |
| $N$ | 851 | 851 | 851 | 851 | 851 | 851 | 851 | 851 |
| ADJ_ $R^2$ | 0. 290 | 0. 193 | 0. 175 | 0. 175 | 0. 179 | 0. 188 | 0. 179 | 0. 178 |

注：表格中 *** 代表 $p<0.01$，** 代表 $p<0.05$，* 代表 $p<0.1$，括号内的数字为 $t$ 统计量。

**2. 调整样本**

为进一步增加研究结论的稳健性，本章节考虑了脱离重污染行业的企业可能产生的影响，由此将这部分企业样本进行剔除与重新检验。估计结果见表5-13，不难发现在引入控制变量及年度和行业固定效应之后，主并方、标的方以及并购双方关联性三个维度的特征与绿色并购交互项估计系数的符号及其显著性未发生实质性改变。

表 5-13　　　　　剔除脱离重污染行业样本后调节效应检验结果

| VARIABLES | （1） | （2） | （3） | （4） | （5） | （6） | （7） | （8） |
|---|---|---|---|---|---|---|---|---|
| | TI | TI | TI | TI | TI | TI | TI | TI |
| GMA | 0.576*** | 0.837*** | 0.178 | 0.149 | 0.028 | 1.039*** | 0.525*** | 1.288*** |
| | （4.892） | （8.912） | （0.844） | （0.600） | （0.110） | （8.561） | （3.395） | （7.809） |
| AEGE | 0.383*** | | | | | | | |
| | （4.544） | | | | | | | |
| GMA×AEGE | 0.472*** | | | | | | | |
| | （2.618） | | | | | | | |
| APF | | 1.896*** | | | | | | |
| | | （3.816） | | | | | | |
| GMA×APF | | −4.228*** | | | | | | |
| | | （−2.911） | | | | | | |
| ALFP | | | −0.184*** | | | | | |
| | | | （−4.341） | | | | | |
| GMA×ALFP | | | 0.372*** | | | | | |
| | | | （3.363） | | | | | |
| TRS | | | | 0.091* | | | | |
| | | | | （1.868） | | | | |
| GMA×TRS | | | | 0.337*** | | | | |
| | | | | （2.859） | | | | |
| TDA | | | | | 0.108** | | | |
| | | | | | （2.387） | | | |
| GMA×TDA | | | | | −0.330*** | | | |
| | | | | | （−3.143） | | | |
| CKS | | | | | | −0.156** | | |
| | | | | | | （−2.015） | | |
| GMA×CKS | | | | | | −0.575*** | | |
| | | | | | | （−3.190） | | |

续表

| VARIABLES | (1) | (2) | (3) | (4) | (5) | (6) | (7) | (8) |
|---|---|---|---|---|---|---|---|---|
| | TI | TI | TI | TI | TI | TI | TI | TI |
| CMC | | | | | | | −0.046 | |
| | | | | | | | (−0.612) | |
| GMA×CMC | | | | | | | 0.433** | |
| | | | | | | | (2.265) | |
| CGD | | | | | | | | 0.053*** |
| | | | | | | | | (3.968) |
| GMA×CGD | | | | | | | | −0.103*** |
| | | | | | | | | (−3.394) |
| CONTROLS | YES | YES | YES | YES | YES | YES | YES | YES |
| YEAR/IND | YES | YES | YES | YES | YES | YES | YES | YES |
| _CONS | 4.257*** | 4.293*** | 4.717*** | 4.283*** | 4.260*** | 4.480*** | 4.513*** | 4.093*** |
| | (3.482) | (3.448) | (3.802) | (3.410) | (3.415) | (3.611) | (3.599) | (3.279) |
| N | 729 | 729 | 729 | 729 | 729 | 729 | 729 | 729 |
| ADJ_$R^2$ | 0.290 | 0.264 | 0.268 | 0.266 | 0.273 | 0.270 | 0.252 | 0.266 |

注：表格中 ***代表 $p<0.01$，**代表 $p<0.05$，*代表 $p<0.1$，括号内的数字为 $t$ 统计量。

　　另外，为防止非面板数据产生的影响，本章节对一家重污染企业在同一年发生多起并购事件的数据进行处理，只留下并购交易对价最大的一条样本。基于此，使用面板数据重新进行回归后的结果见表 5-14。可以看出除第（1）列和（7）列的交互项不显著外，其他均显著，表明双向业绩反馈、所在地财政压力和资源存量等变量对绿色并购和重污染企业技术创新之间的关系发挥了明显的调节作用，且第（7）列中绿色并购与市场互补性的交互项系数对应的 $t$ 值也接近 10% 显著性水平。由此，总体上表明本章节结论的稳健性。

表 5-14　　　　　　　　　面板数据下调节效应检验结果

| VARIABLES | （1）TI | （2）TI | （3）TI | （4）TI | （5）TI | （6）TI | （7）TI | （8）TI |
|---|---|---|---|---|---|---|---|---|
| GMA | 0.302 (1.525) | 0.481*** (2.755) | 0.089 (0.413) | 0.129 (0.642) | 1.337*** (3.028) | 0.593*** (2.974) | 0.175 (0.912) | 1.049*** (3.591) |
| AEGE | 0.140 (0.791) | | | | | | | |
| GMA×AEGE | 0.347 (0.972) | | | | | | | |
| APF | | 0.932 (0.847) | | | | | | |
| GMA×APF | | −5.660* (−1.928) | | | | | | |
| ALFP | | | −0.152 (−0.881) | | | | | |
| GMA×ALFP | | | 0.652** (1.975) | | | | | |
| TRS | | | | −0.177 (−1.019) | | | | |
| GMA×TRS | | | | 0.554* (1.730) | | | | |
| TDA | | | | | 0.069 (0.655) | | | |
| GMA×TDA | | | | | −0.388** (−2.051) | | | |
| CKS | | | | | | 0.014 (0.076) | | |
| GMA×CKS | | | | | | −0.946** (−2.296) | | |

| VARIABLES | (1) | (2) | (3) | (4) | (5) | (6) | (7) | (8) |
|---|---|---|---|---|---|---|---|---|
| | TI | TI | TI | TI | TI | TI | TI | TI |
| CMC | | | | | | | 0.111 | |
| | | | | | | | (0.626) | |
| GMA×CMC | | | | | | | 0.400 | |
| | | | | | | | (1.261) | |
| CGD | | | | | | | | 0.019 |
| | | | | | | | | (0.601) |
| GMA×CGD | | | | | | | | −0.124*** |
| | | | | | | | | (−2.264) |
| CONTROLS | YES | YES | YES | YES | YES | YES | YES | YES |
| YEAR/IND | YES | YES | YES | YES | YES | YES | YES | YES |
| _CONS | 3.830** | 3.590** | 3.735** | 3.802** | 3.934** | 3.862** | 3.793** | 4.013*** |
| | (2.389) | (2.334) | (2.321) | (2.428) | (2.521) | (2.455) | (2.424) | (2.557) |
| N | 652 | 652 | 652 | 652 | 652 | 652 | 652 | 652 |
| ADJ_$R^2$ | 0.122 | 0.126 | 0.123 | 0.121 | 0.123 | 0.126 | 0.122 | 0.124 |

注：表格中***代表$p<0.01$，**代表$p<0.05$，*代表$p<0.1$，括号内的数字为$t$统计量。

### 3. 增加额外控制变量

尽管前文研究已经加入一系列多层面的控制变量，但不能排除其他因素对实证结果的影响，考虑到高管年龄（EAGE）、董事会规模（BOARD）、内部现金流（CF）、主并方所在省份是否被环保约谈（ECP）、标的方产权性质（TSTATE）以及是否聘用律师事务所（LF）均可能会影响企业的技术创新。由此，在回归模型（5.5）~模型（5.12）中额外加入上述六个新的控制变量。分别通过主并方高管的年龄来衡量EAGE；主并方董事会人数来测度BOARD；主并方经营活动净现金流与总资产之比为CF；主并方所在省份被约谈，则取值为1，否则为0是虚拟变量ECP；标的方产权性质为民营时是1，否则是0作为TSTATE的衡量方法；若聘用了律师事务所，则取值为1，否则为0是虚拟变量 LF。回归结果见表 5-15，可见在控制更多影响因素之后，并购交易涉及主体的典型特征的调节作用检验结果仍然具有一定的显著性，并未发生实质性改变。

表 5-15　　　　　　　　　　增加控制变量后调节效应检验结果

| VARIABLES | （1） | （2） | （3） | （4） | （5） | （6） | （7） | （8） |
|---|---|---|---|---|---|---|---|---|
| | TI | TI | TI | TI | TI | TI | TI | TI |
| GMA | 0.372** | 0.628*** | 0.240 | 0.298 | 1.420*** | 0.745*** | 0.223 | 1.180*** |
| | （2.152） | （3.898） | （1.269） | （1.602） | （3.024） | （4.007） | （1.278） | （3.664） |
| AEGE | 0.034 | | | | | | | |
| | （0.214） | | | | | | | |
| GMA×AEGE | 0.592* | | | | | | | |
| | （1.799） | | | | | | | |
| APF | | 0.012 | | | | | | |
| | | （0.013） | | | | | | |
| GMA×APF | | −6.996*** | | | | | | |
| | | （−2.658） | | | | | | |
| ALFP | | | −0.068 | | | | | |
| | | | （−0.441） | | | | | |
| GMA×ALFP | | | 0.679** | | | | | |
| | | | （2.240） | | | | | |
| TRS | | | | −0.016 | | | | |
| | | | | （−0.106） | | | | |
| GMA×TRS | | | | 0.516* | | | | |
| | | | | （1.801） | | | | |
| TDA | | | | | 0.129 | | | |
| | | | | | （1.379） | | | |
| GMA×TDA | | | | | −0.353* | | | |
| | | | | | （−1.881） | | | |

续表

| VARIABLES | (1) | (2) | (3) | (4) | (5) | (6) | (7) | (8) |
|---|---|---|---|---|---|---|---|---|
| | TI | TI | TI | TI | TI | TI | TI | TI |
| CKS | | | | | | 0.042 | | |
| | | | | | | (0.268) | | |
| GMA×CKS | | | | | | −0.779** | | |
| | | | | | | (−2.162) | | |
| CMC | | | | | | | −0.001 | |
| | | | | | | | (−0.008) | |
| GMA×CMC | | | | | | | 0.623** | |
| | | | | | | | (2.237) | |
| CGD | | | | | | | | 0.030 |
| | | | | | | | | (1.062) |
| GMA×CGD | | | | | | | | −0.118** |
| | | | | | | | | (−2.118) |
| EAGE | −0.002 | −0.002 | −0.001 | −0.003 | −0.003 | −0.002 | −0.003 | −0.002 |
| | (−0.201) | (−0.235) | (−0.078) | (−0.307) | (−0.323) | (−0.224) | (−0.338) | (−0.262) |
| BOARD | −0.045 | −0.044 | −0.037 | −0.039 | −0.037 | −0.043 | −0.037 | −0.040 |
| | (−1.054) | (−1.034) | (−0.848) | (−0.908) | (−0.871) | (−1.012) | (−0.857) | (−0.936) |
| CF | −0.928* | −1.128** | −0.965** | −0.934* | −0.921* | −0.981** | −0.906* | −0.977** |
| | (−1.906) | (−2.310) | (−1.989) | (−1.916) | (−1.891) | (−2.016) | (−1.850) | (−1.995) |
| ECP | 0.154 | 0.138 | 0.120 | 0.154 | 0.142 | 0.144 | 0.157 | −0.142 |
| | (1.006) | (0.925) | (0.793) | (1.015) | (0.936) | (0.939) | (1.026) | (0.937) |
| TSTATE | −0.365** | −0.326* | −0.372** | −0.371** | −0.351* | −0.352** | −0.371** | −0.356** |
| | (−2.035) | (−1.816) | (−2.060) | (−2.073) | (−1.950) | (−1.979) | (−2.075) | (−1.980) |
| LF | 0.097 | 0.061 | 0.126 | 0.117 | 0.076 | 0.076 | 0.116 | 0.074 |
| | (0.389) | (0.250) | (0.506) | (0.476) | (0.310) | (0.309) | (0.472) | (0.305) |
| CONTROLS | YES | YES | YES | YES | YES | YES | YES | YES |
| YEAR/IND | YES | YES | YES | YES | YES | YES | YES | YES |

| VARIABLES | （1） | （2） | （3） | （4） | （5） | （6） | （7） | （8） |
| --- | --- | --- | --- | --- | --- | --- | --- | --- |
| | TI | TI | TI | TI | TI | TI | TI | TI |
| _CONS | 3.213** | 3.004** | 2.840* | 3.177** | 3.261** | 3.158** | 3.126** | 3.420*** |
| | （2.137） | （2.195） | （1.917） | （2.192） | （2.272） | （2.172） | （2.163） | （2.372） |
| $N$ | 851 | 851 | 851 | 851 | 851 | 851 | 851 | 851 |
| ADJ_ $R^2$ | 0.150 | 0.160 | 0.150 | 0.148 | 0.148 | 0.149 | 0.150 | 0.149 |

注：表格中 *** 代表 $p<0.01$，** 代表 $p<0.05$，* 代表 $p<0.1$，括号内的数字为 $t$ 统计量。

## 5.6 本 章 小 结

在绿色并购对重污染企业技术创新的激励作用基础上，本章做了进一步异质性情境分析，分别考察了主并方、标的方以及并购双方关联性三个维度主体特征对于两者间关系的调节效应。通过实证检验发现：在主并方特征方面，绿色并购的开展在高管具有绿色经历的企业内对重污染企业技术创新发挥更加显著的作用，而负向业绩反馈强化了绿色并购与技术创新之间的正向关系，另外，所在地财政压力大的企业在绿色并购后的技术创新更加明显；在标的方特征方面，资源存量大以及具有区位优势能够显著促进绿色并购对技术创新的激励效应；在并购双方关联性特征方面，绿色并购在交易双方知识相似性弱、市场互补性强及地理距离近下可以大幅促进技术创新。为了保证实证结果的稳健性，通过指标替换、样本调整和增加控制变量后进行了重新验证，结论与前述基本保持一致。

# 第6章　重污染企业绿色并购后技术创新的转型效果评价

我国经济正值转型关键阶段，实现经济增长和环境保护共赢的驱动力离不开要素升级和结构优化等。在绿色发展理念指导下，作为一种新的经济发展模式的低碳经济，核心是节能减排，构筑低耗能、低排放、低污染以及高效能、高效率、高效益的增长模式。国家"十二五"规划纲要指出了产业结构快速调整，及节能降耗大力推进的目标。中央提出节能减排作为重要抓手，借此促进经济结构的调整、增长方式的转变、质量和效益的提高。在国家发改委所发布的新修订版《产业结构调整指导目录》中，明确强调了加快产业结构升级，实现可持续发展。"十三五"规划在"十二五"时期节能减排目标基础上，采取更有效的政策措施，切实将节能减排工作推向更深层次，提出能源结构调整，加快绿色、低碳发展，提高能源系统效率。重污染企业在节能减排强压下，需要逐步淘汰高能耗、低效率的落后产能，加速绿色转型，而通过并购和创新促进传统产业经济附加值的提升，将是快速切入与实现经济结构调整和经济效益提高的现实有效的突破途径。基于这种背景，重污染企业运用绿色并购后技术创新的转型手段，尽可能降低石油和煤炭等高碳能源的消耗，从而温室气体排放量得以减少，经济社会发展与生态环境保护形成"双轮驱动"的发展模式。前文已经证实绿色并购能够促进重污染企业的技术创新，于组织个体而言，技术创新的最终目标是帮助企业获取长期竞争优势（Chemmanur and Tian，2018）。面对绿色转型的时代契机，探究重污染企业能否利用绿色并购后的技术创新来抓住转型机会，充分为组织奠定先发优势，对于推动经济高质量发展具有重要意义。基于此，本章不再笼统看待企业转型，而是在绿色发展要求节能减排的背景下，聚焦于重污染企业，来进一步检验绿色并购促进技术创新的行为是否有利于提升企业转型效果，从而将研究结论延伸至绿色并购后技术创新的经济后果评价上。

# 6.1  理论分析与假设提出

企业通过并购重组使各类资源在并购双方之间进行转移，通常目的在于促进自身发展，最终实现价值创造。因此，如果忽视并购中各种成本与最终收益的博弈，脱离并购实际效果，那么则无法从结果层面给予并购事件价值判断，更无法从事后角度对并购过程提出优化思路。

回顾关于工业化的发展历程，转型升级的基石和关键条件是技术创新，技术变革诱发转型升级并指明方向，进一步构成产业层级裂变的原点和基础，且该过程展现出更为开放的趋势。企业与国家愈发重视技术创新在改善产品或流程以及增加效益层面的重要性，然而对于技术创新能否驱动转型升级方面的研究并未得到一致性结论。主要存在以下三种观点：（1）技术创新有利于企业转型，即由于技术不确定性和市场动荡性的降低以及知识转化率的提升等推动组织转型升级，从而企业技术创新是"发动机"（彭薇等，2020）；（2）技术创新不利于企业转型，即由于技术创新所存在的外生性关键创新要素、高昂技术交易成本和创新主体在合作中低配合度等障碍，从而阻碍了企业转型（Cozzarin，2016）；（3）技术创新对企业转型的作用呈非线性关系，即由于组织有限的吸收能力，促使外部渠道的知识与技术资源获取与转型升级呈倒U 形关系（黄海霞等，2015）。

本章节认为开展绿色并购的重污染企业能够及时有效通过技术创新向清洁产品及工艺高效转化，最大限度满足市场内消费者的绿色产品以及经济的绿色发展需求，实现企业转型进而建立长期可持续竞争优势。鉴于此，创造性地以先发优势理论为视角，解析绿色并购后的技术创新对于绿色转型形成先发优势的内生过程，拓展了该理论在并购领域的适用边界。

## 6.1.1  组织整体层面解析

从组织整体层面来看，绿色并购后技术创新能够从以下三个方面推动重污染企业转型，即先发优势来源于以下三点：

第一，绿色并购后的技术创新作为重污染企业进行转型的组织印象管理行为，成为企业奠定先发优势的手段。印象管理在组织层面普遍存在（Bigelow，2000），是为了影响受众对组织的看法而有意识设计和实施的行动（Elsbach and Principe，1998），包括企业财务报告和社会责任披露等一系列组织行为，是向利益相关者展示良好形象一个极好的工具，成为组织成功重要途径之一。依据 Mohamed 等（1999）对组织印象管理的分类，主要包含直接获得性策略和防御性策略。其中，直接获得性策略分为五类，分别是迎合、威慑、组织推销、作秀和示弱，每一种策略的目标都是让组织更接近所期望达到的结果。迎合是提高企业吸引力的一种战略尝试；组织推销行为试图表现出企业的能力和有效性。重污染企业尝试通过绿色并购后技术创新战略将企业社会责任履行展现出来从而证明企业合法性，因此该种行为兼具迎合和组织推销特征。防御性策略分为找借口、事先声明、组织设障、道歉、赔偿以及亲社会行为六类，是企业避免自身不足或不当而遭受他方的负面评价或对待。重污染企业的生产特点决定了其商业模式等已呈固化态势，进行帕累托改进的可能性极低，这种情况下的重污染企业面临无法改变的生存压力，为了弱化企业发展劣势，绿色并购后的技术创新是试图在潜在的不利事件（如未按规制进行转型等）发生之前进行反击的事先声明，同时成为一种亲社会行为。因此，重污染企业借助绿色并购进行技术创新来对现阶段战略响应和期望效果进行正面组织印象树立，从而先发地将绿色转型印象深入利益相关者。

第二，绿色并购后的技术创新作为重污染企业进行转型的负责任行为，可以为组织赢得声誉资本，成为企业奠定先发优势的保障。声誉资本是企业重要的战略资本，是通过适当的行为方式获取利益相关者以及媒体等多方的高度认同，从而在社会网络中处于较高地位，推动企业发展。从绿色并购后技术创新的特点来看，过程复杂性在一定程度上加剧了重污染企业与外部利益相关者的信息不对称程度，信息获取主要来自于并购后创新行为的披露。企业行为带来溢出效应或光环效应，即重污染企业有意识地通过这种方式影响他人对企业的看法，成功地传播绿色并购后创新战略进行转型的可信度，向市场传递企业具有良好环境管理的信号，进而发挥积极作用。高声誉，可以提高重污染企业竞争力，有效吸引更多消费者，提升忠诚度和满意度（李海芹和张子刚，2010）。高声誉，可以培养与投资者良好关系，减低融资成本，扩大市场势力。另外，高声誉是企业在被曝光负面信息时的弱化剂，即当重污染企业出现不当行为而又具有高声誉时，比低声誉的企业更容易获得社会大众的原谅，进而阻止企业价值的大幅下降。因此，选择实施绿色并购后技术创新的重污染企业能够先发地赢得绿色转型的负责任声誉资本。

第三，绿色并购后的技术创新作为重污染企业进行转型的替政府分忧解难举措，能够降低环境问题政治成本，成为企业奠定先发优势的利器。重污染企业的生产经营加重了环境污染问题，严重约束了经济高质量发展。针对环境资源的特殊性，政府需要责无旁贷开展环境治理工作。针对环境问题造成的不利政治后果，离不开国家和政府耗用包含制度性政治成本、组织性政治成本和群众基础性政治成本在内的大量政治资源来降低或消除负面影响（Morgan，2011）。若环保问题得不到缓解，将引发社会大众对政府环保工作的不满，质疑其工作绩效和政策工具的有效性。在新兴加转型的资本市场上，重污染企业为响应宏观政策要求，实施绿色并购后技术创新来进行转型，是获得发展便利的"自利行为"，向外界证明其经营能力，又是提升政府治理能力、维护良好政府形象、加强政治稳定的"利他行为"，向公众展示政府在环境治理过程中的环境治理制度体系的有效落实，证实环境领域完善的法律制度和良性的法治运行体系规范和约束了组织环境污染行为，降低了制度性成本；对外提升了政府公信力，说明地方政府和环境监察执法部门和人员对环境监管治理制度和落实环境保护督查任务的有效执行，降低了组织性成本；协助政府获取社会公众的支持和拥戴，提高其政治信任和政治认同等政治心理基础以及政治参与和政治行为基础，从而降低了群众基础性成本。因此，政府依据企业并购下创新来对其是否按照规定进行并实现绿色转型来发挥监督作用，其中重污染企业绿色并购后技术创新则极为符合政府期望。

### 6.1.2　微观要素层面解析

基于 Lieberman 和 Montgomery（1988）对于先发优势来源的研究，从企业微观要素层面来看，绿色并购后技术创新能够从以下三个方面推动重污染企业转型，较早完成清洁生产领域的布局，即先发优势来源于三个维度：

第一，清洁技术领先。技术是转型的最大推动力，技术领先则是先行转型者获得先发优势关键来源之一。技术的飞速发展对企业的创意设计、成果转化、产品展示等价值链环节和基本的供需关系都有显著影响，成为重污染企业绿色转型的重要驱动力量。当前符合市场全新需求的清洁技术成为引领企业可持续发展的成功要素，而自身落后的技术水平是重污染企业绿色转型及谋求长远发展的制约因素。囿于自身技术积累和复杂性及路径依赖，企业难以在生产过程中产生及引入清洁技术来进行模式优化。绿色并购后技术创新帮助主并方获取及共享标的方绿色技术，改造传统技术方式，更新及提升技术质量。同时，清洁技术催生出重污染企业技术创新下的新业态、新模式，颠覆原有发展方式，重构高污染行业，对企业绿色转型起到巨大推动作用。技术的变化通常是企业成为先行者的机会（Lieberman and Montgomery，1990）。当重污染企业在清洁类等关键技术上处于领先地位时，更有可能获得先发机会并率先进入所瞄准的转型市场，在效率、规模以及生产边界方面奠定优势。

第二，绿色资源抢占。虽然技术为企业提供了先行者的机会，但企业从先行者中获益的可能性离不开必要的资源（Kerin et al.，1992）。资源是转型的基本保障，资源抢占是先行转型者限制后进入者获取先发优势的主要来源。生产设备、专业人才、社会资本等是企业进入新市场的重要力量，是转型的关键性支撑。重污染企业落后的生产设备及污染防治设施等大量硬件与软件面临被淘汰的困境，从而缺乏绿色转型的资源储备。重污染企业借助标的方资源开展绿色并购后的技术创新。一方面，共享被并购企业工艺装备，形成优质生产线，提升生产条件，提高资源利用率，大幅降低对生态环境的破坏，克服了清洁生产缺乏设备支持的限制，加快了绿色转变；另一方面，利用被并方所能够提供的正规环境友好型设计及操作的具有相关教育背景和工作经验的专业人才及团队，通过人力支持加快绿色改造步伐，提升工作的针对性和有效性，弥补了自身管理层及员工在绿色发展认知上的欠缺。另外，标的方绿色特征为其积累良好社会资本，这种信任资源和社会联系增强了重污染企业绿色并购后技术创新过程中的资源获取能力，为绿色转型提供便利。

第三，消费者忠诚度建立。消费者是转型的受益者，其忠诚度建立是先行转型者巩固先发优势的重要维度。随着人民日益增长的美好生活需要，包括在生态建设方面的绿色发展需求，成为影响组织尤其是重污染企业生产活动的新方向。为降低消费者流失及满足不同市场需求，重污染企业开展绿色并购后的技术创新是向社会传递保护环境、承担社会责任的积极信号，及早使大众意识到组织进入清洁领域进行经营的绿色理念，促使消费者对其形象和声誉的改观。由于绿色并购后的技术创新涉及具有一定消费者基础的主并双方，加之消费者搜集产品信息的时间和金钱成本较高，为避免承担额外搜索成本,消费者群体通常会理性选择忠于之前品牌。另外,品牌态度具有迁移性,即"爱屋及乌"可以促使双方消费者在产品属性、用户形象基础上产生及加速迁移。从而当重污染企业借助绿色并购的技术创新效应较早推出清洁类产品,将吸引原有大量消费者及具有相应需求的全新消费者关注,并通过条件反应机制对新产品快速形成判断及接受度,培养起早期消费习惯,减少风险程度,加深消费者对于绿色发展途径的认可度,利于绿色转型的成功。

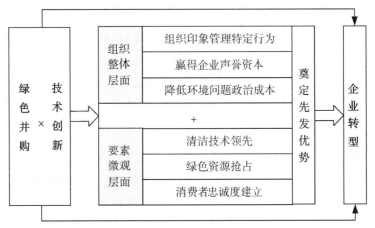

图 6-1　绿色并购后技术创新影响企业转型的机制图

因此,基于上述多层次分析(见图 6-1),提出如下假设:

**假设 12:绿色并购后的技术创新能够显著提升重污染企业转型效果。**

## 6.2　实　证　设　计

### 6.2.1　数据来源和样本筛选

数据源自 CSMAR 中 2010—2018 年包括 B06、B07、B08、B09、C17、C19、C22、C25、C26、C28、C29、C30、C31、C32、D44 行业代码所代表的重污染上市企业所发生的并购交易事项,并依据以下标准进行样本筛选:(1)买方为上市公司;(2)剔除行业代码非重污染行业的样本企业;(3)交易项目进度明确为"成功"字样;(4)剔除资产剥离、资产置换、吸收合并、债务重组、股份回购、要约收购和股权转让的样本；(5)剔除标的类型非股权或者资产的样本；(6)剔除交易金额未披露和小于100万的样本；(7)剔除已持有标的企业股权比例高于30%的样本；(8)将同一家企业在相同或不同年份的多次并购视为多个样本条目。最后剔除了所研究变量缺失的观测值，经过此轮处理共得到851个样本。为排除极端值影响，本书对主要连续变量进行了1%和99%水平上的Winsorize处理，利用经过处理后的数据进行回归。

## 6.2.2 变量定义和说明

### 1. 转型效果(TD)

对于企业转型效果的衡量指标，主要是融合杨威等(2019)、王维和李宏扬(2021)的计算方法。具体操作过程是：基于企业在并购前一年和并购后一年的原有业务利润率维持不变的假设，并购前一年企业的利润率则代表并购后一年原有业务的利润率，而并购后一年的利润率是由原有业务和新增业务利润率的加权所得。依据新增营业收入与利润率占比数据，先计算出新增业务利润率相对于原有业务利润率的倍数，然后计算出每一个重污染企业新增业务利润率与原有业务利润率的差值，以此来衡量企业的转型力度。

### 2. 技术创新(TI)

目前对于技术创新的衡量指标以研发支出和专利数量为主，尚未形成统一指标。专利数所代表的创新产出被广泛应用，但在中国情境下存在一定缺陷。一般专利申请要求高且通常涉及商业机密原因等，而技术创新涵盖新技术、新工艺和新产品等，该指标易低估重污染企业技术创新。因此，本书借鉴Hagedoom和Cloodt(2003)做法，采用研发支出占营业收入百分比的形式进行衡量。

### 3. 绿色并购(GMA)

依托于潘爱玲等(2019)以及邱金龙等(2017)关于绿色并购的研究，将该解释变量定义为提高环保水平以及向低污染和低能耗行业转型而获取节能减排等绿色技术、设备及人才等的并购类型。通过解读重污染企业的并购公告，以及了解标的企业经营范围和相应并购事项的背景和目的，若符合绿色并购特点，则该变量取值为1，否则非绿色并购取0。

### 4. 控制变量

依据现有文献，不同于研究产业层面因素对于转型的影响，本部分主要从相对微观的层面选取变量，如产权性质、企业规模、企业杠杆等因素(刘晴等，2017)。为了控制以上因素对检验结果的干扰，本章节在回归模型中加入这些控制变量。除此之外，为了排除随着时间和细分行业的变化所产生的影响，将控制相应的固定效应。详细定义参见表 6-1。

表 6-1　　**变量定义表**

| 变量 | | | 简称 | 定　　义 |
|---|---|---|---|---|
| 被解释变量：转型力度 | | | TD | 企业新增业务利润率与原有业务利润率之差 |
| 解释变量 | | 绿色并购 | GMA | 虚拟变量，绿色并购取 1，否则非绿色并购取 0 |
| | | 技术创新 | TI | 并购后一年研发支出占营业收入百分比 |
| 控制变量 | 高管层面 | 性别 | EGEN | 虚拟变量，主并方高管性别为男性时取 1，否则取 0 |
| | | 学历 | EEDU | 主并方高管学历是中专及中专以下时值为 1，大专时值为 2，本科时为 3，硕士时为 4，博士时为 5 |
| | | 两职合一 | DUAL | 虚拟变量，主并方董事长和总经理兼任时取 1，否则取 0 |
| | 企业层面 | 产权性质 | ASTATE | 虚拟变量，主并方民营企业取值为 1，否则为 0 |
| | | 独立董事占比 | AINDEP | 主并方并购前一年独立董事与董事会人数之比 |
| | | 企业规模 | ASIZE | 主并方并购前一年资产的自然对数 |
| | | 企业杠杆 | ALEV | 主并方并购前一年资产负债率 |
| | | 盈利状况 | AROE | 主并方并购前一年净资产收益率 |
| | | 上市年限 | AAGE | 主并方上市年限+1 的自然对数 |
| | | 企业成长性 | AGROW | 主并方并购前一年销售收入增长率 |
| | 交易层面 | 并购对价 | PRICE | 并购交易对价的自然对数 |
| | | 并购比例 | RATIO | 并购交易股权收购比例 |
| | | 支付方式 | CASH | 虚拟变量，并购现金支付方式取值为 1，否则为 0 |
| | | 资产评估机构 | AEO | 虚拟变量，聘用资产评估机构取值为 1，否则为 0 |
| | | 会计师事务所 | AF | 虚拟变量，聘用会计师事务所取值为 1，否则为 0 |
| | 年度 | | YEAR | 控制年度固定效应 |
| | 行业 | | IND | 控制行业固定效应 |

### 6.2.3 模型设定

为了验证重污染企业绿色并购后的技术创新行为的转型效果，本章节设置基本实证模型如下：

$$\mathrm{TD}_{i,t} = \alpha_0 + \alpha_1\,\mathrm{GMA}_{i,t-1} \times \mathrm{TI}_{i,t} + \alpha_2\,\mathrm{GMA}_{i,t-1} + \alpha_3\,\mathrm{TI}_{i,t} + \sum\mathrm{CONTROLS}$$

$$+ \sum\mathrm{YEAR} + \sum\mathrm{IND} + \varepsilon_{i,t} \tag{6.1}$$

其中，TD 表示被解释变量转型力度，GMA 和 TI 的交互项反映绿色并购后技术创新对重污染企业转型的影响，CONTROLS 代表一系列控制变量。此外，还会对控制年度和行业固定效应的模型进行回归。在进一步实证分析过程中，先用 DEAP2.1 软件计算得到重污染企业的转型效率，然后利用 Stata15.0 软件进行数据回归，进而对相关假设进行实证检验。

## 6.3 实证结果分析

### 6.3.1 描述性统计与相关性检验

主要变量描述性统计和相关性检验结果见表 6-2。计算所得出的重污染企业转型力度均值为 0.008，最大值和最小值分别为 0.757 和 −0.342，标准差为 0.122。TD 与 TI 及 GMA 的相关系数分别为 0.022（不显著）和 0.061（呈现显著正相关关系）。

表 6-2　　　　　　　　　　描述性统计与相关系数表

| VARIABLES | $N$ | MEAN | MIN | MEDIAN | MAX | SD | TI | GMA | TD |
|---|---|---|---|---|---|---|---|---|---|
| TI | 851 | 2.264 | 0.010 | 1.960 | 8.630 | 1.998 | 1 | | |
| GMA | 851 | 0.280 | 0.000 | 0.000 | 1.000 | 0.449 | 0.174*** | 1 | |
| TD | 851 | 0.008 | −0.342 | 0.001 | 0.757 | 0.122 | 0.022 | 0.061* | 1 |

注：表格中 ***代表 $p<0.01$，**代表 $p<0.05$，*代表 $p<0.1$。

## 6.3.2　多元回归结果

表6-3 给出了重污染企业绿色并购后技术创新影响转型效果的回归结果。第(1)列显示在未引入任何控制变量及年度和行业固定效应时，TI×GMA 的估计系数在5%水平上显著为正，具体数值是 0.013，表明绿色并购后的技术创新显著提升了企业的转型力度，支持了假设 12。从第(2)~(5)列的结果来看，绿色并购与技术创新的交互项均在1%统计水平上通过显著性检验，充分证实了绿色并购促进重污染企业技术创新的行为有利于产生积极的转型效果，结果再次达到了理论预期。此外，控制变量中EGEN、AAGE 和 PRICE 的系数在 1%水平上正向显著，CASH 的回归系数也显著为正，意味着男性高管、上市年限长、高并购对价和现金支付提升了企业的转型力度。而 ASIZE 和 AROE 的估计系数则在 1%水平上显著为负，即企业规模小和盈利状况不佳促使转型力度的提高。另外，AF 与 TD 的回归系数则存在一定程度的负相关，说明会计师事务所在企业转型方面并未发挥积极作用。

表 6-3　　　　　　　　　**绿色并购后技术创新的转型力度回归结果**

| VARIABLES | (1) | (2) | (3) | (4) | (5) |
|---|---|---|---|---|---|
| | TD | TD | TD | TD | TD |
| TI×GMA | 0.013 ** | 0.016 *** | 0.014 *** | 0.015 *** | 0.013 *** |
| | (2.304) | (3.064) | (2.758) | (3.025) | (2.750) |
| TI | −0.003 | −0.003 | −0.003 | −0.003 | −0.003 |
| | (−1.402) | (−1.611) | (−1.576) | (−1.243) | (−1.276) |
| GMA | −0.017 | −0.042 *** | −0.036 ** | −0.041 *** | −0.035 ** |
| | (−1.138) | (−2.667) | (−2.331) | (−2.619) | (−2.300) |
| EGEN | | 0.025 *** | 0.026 *** | 0.023 *** | 0.023 *** |
| | | (3.020) | (3.042) | (2.746) | (2.758) |
| EEDU | | −0.001 | −0.001 | −0.001 | −0.001 |
| | | (−0.393) | (−0.539) | (−0.382) | (−0.577) |

续表

| VARIABLES | (1) | (2) | (3) | (4) | (5) |
|---|---|---|---|---|---|
| | TD | TD | TD | TD | TD |
| DUAL | | 0.003 | 0.002 | 0.004 | 0.002 |
| | | (0.328) | (0.146) | (0.382) | (0.195) |
| ASTATE | | -0.011 | -0.015 | -0.011 | -0.015 |
| | | (-0.914) | (-1.106) | (-0.914) | (-1.091) |
| AINDEP | | -0.033 | -0.050 | -0.027 | -0.041 |
| | | (-0.518) | (-0.751) | (-0.427) | (-0.612) |
| ASIZE | | -0.019*** | -0.021*** | -0.018*** | -0.020*** |
| | | (-3.743) | (-3.851) | (-3.541) | (-3.649) |
| ALEV | | 0.036 | 0.049 | 0.033 | 0.046 |
| | | (0.944) | (1.211) | (0.847) | (1.125) |
| AROE | | -0.319*** | -0.340*** | -0.318*** | -0.338*** |
| | | (-5.218) | (-5.209) | (-5.121) | (-5.121) |
| AAGE | | 0.021*** | 0.023*** | 0.021*** | 0.022*** |
| | | (2.704) | (2.861) | (2.621) | (2.752) |
| AGROW | | 0.005 | 0.008 | 0.003 | 0.006 |
| | | (1.021) | (1.498) | (0.670) | (1.192) |
| PRICE | | 0.007*** | 0.008*** | 0.006*** | 0.007*** |
| | | (3.088) | (3.244) | (2.714) | (2.935) |
| RATIO | | 0.012 | 0.012 | 0.014 | 0.013 |
| | | (0.537) | (0.515) | (0.635) | (0.567) |
| CASH | | 0.027* | 0.028** | 0.027* | 0.029** |
| | | (1.923) | (2.006) | (1.896) | (2.044) |
| AEO | | -0.016 | -0.017 | -0.020 | -0.021 |
| | | (-0.977) | (-1.018) | (-1.295) | (-1.335) |
| AF | | -0.027 | -0.029 | -0.042** | -0.044** |
| | | (-1.561) | (-1.642) | (-2.394) | (-2.441) |
| YEAR | NO | NO | NO | YES | YES |

续表

| VARIABLES | （1） | （2） | （3） | （4） | （5） |
|---|---|---|---|---|---|
| | TD | TD | TD | TD | TD |
| IND | NO | NO | YES | NO | YES |
| _CONS | 0.009 | 0.254** | 0.257** | 0.283** | 0.273** |
| | （1.122） | （2.282） | （2.409） | （2.571） | （2.532） |
| $N$ | 851 | 851 | 851 | 851 | 851 |
| ADJ_$R^2$ | 0.009 | 0.172 | 0.175 | 0.183 | 0.187 |

注：表格中 *** 代表 $p<0.01$，** 代表 $p<0.05$，* 代表 $p<0.1$，括号内的数字为 $t$ 统计量。

## 6.4  稳健性检验

### 1. 回归样本的调整

一方面，为确保回归结果的稳定性，排除完全脱离重污染行业企业所带来的影响，将这部分样本予以剔除，之后对模型（6.1）做了重新回归。表 6-4 报告了调整样本后的实证结果，可以发现第（1）～（5）列交互项的回归系数符号和显著性与前文结果基本保持一致，即绿色并购后的技术创新行为显著提升重污染企业转型力度，表明本章节结果是可靠的。

表 6-4　　　　剔除脱离重污染行业样本后转型力度检验结果

| VARIABLES | （1） | （2） | （3） | （4） | （5） |
|---|---|---|---|---|---|
| | TD | TD | TD | TD | TD |
| TI×GMA | 0.015* | 0.015** | 0.015** | 0.014** | 0.014** |
| | （1.844） | （2.140） | （2.056） | （2.105） | （2.043） |
| TI | −0.003 | −0.003 | −0.003 | −0.002 | −0.002 |
| | （−1.436） | （−1.570） | （−1.528） | （−1.114） | （−1.115） |
| GMA | −0.024 | −0.036* | −0.034 | −0.034 | −0.033 |
| | （−1.017） | （−1.648） | （−1.561） | （−1.591） | （−1.521） |

续表

| VARIABLES | (1) | (2) | (3) | (4) | (5) |
|---|---|---|---|---|---|
| | TD | TD | TD | TD | TD |
| CONTROLS | NO | YES | YES | YES | YES |
| YEAR | NO | NO | NO | YES | YES |
| IND | NO | NO | YES | NO | YES |
| _CONS | 0.009 | 0.301** | 0.287** | 0.335*** | 0.319*** |
| | (1.157) | (2.472) | (2.442) | (2.807) | (2.769) |
| $N$ | 729 | 729 | 729 | 729 | 729 |
| ADJ_$R^2$ | 0.008 | 0.187 | 0.181 | 0.201 | 0.194 |

注：表格中 \*\*\* 代表 $p<0.01$，\*\* 代表 $p<0.05$，\* 代表 $p<0.1$，括号内的数字为 $t$ 统计量。

另一方面，将样本调整为面板数据，具体是一家重污染企业在同一年发生多项并购交易时，仅保留并购对价最大的一项交易样本，进而利用所得到的样本对原模型重新进行回归。实证结果见表 6-5，TI×GMA 的回归系数均在 5% 水平上显著为正，即主要结论未发生改变。

表 6-5　　　　　　　面板数据下转型力度检验结果

| VARIABLES | (1) | (2) | (3) | (4) | (5) |
|---|---|---|---|---|---|
| | TD | TD | TD | TD | TD |
| TI×GMA | 0.013** | 0.014** | 0.013** | 0.014** | 0.013** |
| | (2.082) | (2.473) | (2.317) | (2.513) | (2.374) |
| TI | −0.003 | −0.003 | −0.003 | −0.002 | −0.002 |
| | (−1.223) | (−1.213) | (−1.229) | (−0.912) | (−0.924) |
| GMA | −0.012 | −0.030* | −0.026 | −0.031* | −0.028* |
| | (−0.757) | (−1.781) | (−1.581) | (−1.849) | (−1.669) |
| CONTROLS | NO | YES | YES | YES | YES |
| YEAR | NO | NO | NO | YES | YES |
| IND | NO | NO | YES | NO | YES |

续表

| VARIABLES | （1） | （2） | （3） | （4） | （5） |
|---|---|---|---|---|---|
|  | TD | TD | TD | TD | TD |
| _CONS | 0.004 | 0.155 | 0.158 | 0.188* | 0.195* |
|  | （0.415） | （1.423） | （1.460） | （1.710） | （1.749） |
| N | 652 | 652 | 652 | 652 | 652 |
| ADJ_$R^2$ | 0.010 | 0.139 | 0.132 | 0.148 | 0.141 |

注：表格中***代表 $p<0.01$，**代表 $p<0.05$，*代表 $p<0.1$，括号内的数字为 $t$ 统计量。

最后，对样本进行倾向得分匹配后重新回归验证。鉴于绿色并购样本量有限，本部分利用倾向得分匹配法中的核匹配和一对二近邻匹配（详细匹配程度与第三章中表 3-10 一致），将获取的样本对模型（6.1）再次进行了验证，结果见表 6-6。结果表明无论何种匹配方法下，TI×GMA 的估计系数均至少在 5%统计水平上显著为正，与匹配前的结论保持一致，证明前述实证结果是可靠的。

表 6-6　　　　　　　　　　　　　**PSM 后转型力度检验结果**

| VARIABLES | 核匹配 | | （1∶2） | |
|---|---|---|---|---|
|  | （1）TD | （2）TD | （1）TD | （2）TD |
| TI×GMA | 0.014** | 0.013*** | 0.018*** | 0.015*** |
|  | （2.375） | （2.714） | （2.888） | （2.913） |
| TI | −0.004* | −0.003 | −0.008** | −0.004 |
|  | （−1.728） | （−1.220） | （−2.444） | （−1.361） |
| GMA | −0.025 | −0.037** | −0.049** | −0.045*** |
|  | （−1.587） | （−2.382） | （−2.475） | （−2.639） |
| CONTROLS | NO | YES | NO | YES |
| YEAR | NO | YES | NO | YES |
| IND | NO | YES | NO | YES |

续表

| VARIABLES | 核匹配 | | （1∶2） | |
|---|---|---|---|---|
| | （1）TD | （2）TD | （1）TD | （2）TD |
| _CONS | 0.015* | 0.259** | 0.038*** | 0.427** |
| | （1.757） | （2.270） | （2.625） | （2.570） |
| N | 784 | 784 | 500 | 500 |
| ADJ_$R^2$ | 0.008 | 0.190 | 0.013 | 0.208 |

注：表格中***代表$p<0.01$，**代表$p<0.05$，*代表$p<0.1$，括号内的数字为$t$统计量。

### 2. 控制变量的增加

考虑到重污染企业转型效果受到众多因素的影响，为更好地控制这些因素可能会产生的作用，本部分增加了高管年龄、董事会规模、内部现金流、主并方所在省份是否被环保约谈、标的方产权性质和是否聘用律师事务所六个控制变量，分别对应 EAGE（主并方高管年龄）、BOARD（主并方董事会人数）、CF（主并方经营活动净现金流量与总资产之比）、ECP（虚拟变量，主并方所在省份被约谈，则取值为1，否则为0）、TSTATE（虚拟变量，标的方为民营时取1，国有则取0）和 LF（虚拟变量，若聘用了律师事务所，取值为1，否则为0）。重新回归后结果见表6-7，交互项（TI×GMA）系数均显著为正，且主要是在1%水平上通过显著性检验，再次表明本章节结论的稳健性。

表 6-7　　　　　　　　增加控制变量后转型力度检验结果

| VARIABLES | （1） | （2） | （3） | （4） |
|---|---|---|---|---|
| | TD | TD | TD | TD |
| TI×GMA | 0.015*** | 0.013*** | 0.014*** | 0.012** |
| | （2.932） | （2.585） | （2.889） | （2.570） |
| TI | −0.002 | −0.002 | −0.002 | −0.002 |
| | （−1.189） | （−1.118） | （−0.796） | （−0.795） |
| GMA | −0.036** | −0.029** | −0.036** | −0.029** |
| | （−2.427） | （−1.995） | （−2.405） | （−1.992） |

续表

| VARIABLES | （1） | （2） | （3） | （4） |
|---|---|---|---|---|
| | TD | TD | TD | TD |
| EAGE | 0. 000 | 0. 000 | 0. 000 | 0. 000 |
| | （0. 777） | （0. 967） | （0. 616） | （0. 759） |
| BOARD | 0. 005 * | 0. 005 ** | 0. 004 * | 0. 005 * |
| | （1. 934） | （2. 054） | （1. 801） | （1. 951） |
| CF | 0. 047 * | 0. 052 * | 0. 050 * | 0. 055 ** |
| | （1. 839） | （1. 959） | （1. 888） | （2. 034） |
| ECP | 0. 001 | 0. 000 | −0. 009 | −0. 010 |
| | （0. 096） | （0. 052） | （−0. 923） | （−1. 091） |
| TSTATE | 0. 015 | 0. 015 | 0. 019 * | 0. 018 |
| | （1. 356） | （1. 274） | （1. 696） | （1. 598） |
| LF | 0. 018 | 0. 023 | 0. 014 | 0. 020 |
| | （0. 765） | （0. 964） | （0. 605） | （0. 861） |
| CONTROLS | YES | YES | YES | YES |
| YEAR | NO | NO | YES | YES |
| IND | NO | YES | NO | YES |
| _CONS | 0. 218 * | 0. 208 * | 0. 270 ** | 0. 249 ** |
| | （1. 863） | （1. 864） | （2. 304） | （2. 198） |
| $N$ | 851 | 851 | 851 | 851 |
| ADJ_ $R^2$ | 0. 175 | 0. 180 | 0. 189 | 0. 195 |

　　注：表格中 *** 代表 $p<0.01$，** 代表 $p<0.05$，* 代表 $p<0.1$，括号内的数字为 $t$ 统计量。

# 6.5　进一步检验

## 6.5.1　转型效率的后果检验

　　重污染企业高能耗、高排放、高污染的生产经营特点造就其转型升级的高成本及低效率。借鉴何爱平等(2018)学者的观点,提高转型效率是我国企业克服资源环境制约以及实现经济高质量发展的必经之路。转型效率评价是对转型效果的评估,是转型过程中的关键环节。重污染企业转型目标离不开改变自身投入与产出之间的不均衡现状,而绿色并购后技术创新能够有效优化企业转型的路径与方向,更有针对性地调整组织生产与改造,避免不必要和盲目的环保项目的成本投入等,理论上可以充分挖掘资源配置潜力,提高绿色资源的利用率,以技术变迁摆脱低效率的转型困境。那么,重污染企业利用绿色并购后的技术创新是否改善了投入要素的利用程度以及提升其产出效果?因此,有必要从投入产出角度来进一步检验企业转型效果。

被广泛用来评价事件效率的方法是数据包络分析,即 DEA,这是一种没有参数进行估计的形式。本节主要采用胡元木(2012)的做法,使用 DEA 模型从创新投入与产出视角得到的效率值来表征重污染企业转型程度。由于 DEA 模型能够对企业这一复杂系统的投入产出下的效率值进行计算,且该过程中对于严格的函数设定未做要求,由此可以较好地避免估计错误的发生。于企业而言,均期望在生产经营过程中投入一定的情况下产出尽可能多。因此,本部分主要是采用 DEA 多种形式中的 BBC 模型,即产出导向的规模报酬可变模型进行效率值计算。基于数据的可操作性和科学性原则,具体是使用研发人员数量作为投入变量,专利申请数作为产出变量,得到全新衡量方式所代理的转型效率指标(TE)来进行进一步检验。重新回归后的结果见表6-8,无论是否加入控制变量、控制年度或行业固定效应,TI×GMA 的回归系数均是在 1% 统计学水平上正向显著,表明绿色并购后技术创新显著优化提高重污染企业转型效率,佐证了激励效应的积极经济后果。

表 6-8           绿色并购后技术创新的转型效率检验结果

| VARIABLES | (1) | (2) | (3) | (4) | (5) |
|---|---|---|---|---|---|
| | TE | TE | TE | TE | TE |
| TI×GMA | 0.031*** | 0.033*** | 0.030*** | 0.031*** | 0.028*** |
| | (2.714) | (3.137) | (2.776) | (2.939) | (2.618) |
| TI | −0.007 | −0.004 | −0.004 | −0.004 | −0.005 |
| | (−1.029) | (−0.585) | (−0.609) | (−0.579) | (−0.714) |

| VARIABLES | （1） | （2） | （3） | （4） | （5） |
|---|---|---|---|---|---|
| | TE | TE | TE | TE | TE |
| GMA | −0.018 | −0.052 | −0.047 | −0.053* | −0.050 |
| | （−0.529） | （−1.634） | （−1.395） | （−1.651） | （−1.492） |
| CONTROLS | NO | YES | YES | YES | YES |
| YEAR | NO | NO | NO | YES | YES |
| IND | NO | NO | YES | NO | YES |
| _CONS | 0.233*** | 0.413** | 0.265 | 0.531*** | 0.401** |
| | （13.380） | （2.242） | （1.380） | （2.902） | （2.108） |
| N | 556 | 556 | 556 | 556 | 556 |
| ADJ_$R^2$ | 0.021 | 0.190 | 0.204 | 0.213 | 0.232 |

注：表格中 \*\*\*代表 $p<0.01$，\*\*代表 $p<0.05$，\*代表 $p<0.1$，括号内的数字为 $t$ 统计量。

## 6.5.2　商业模式改变的后果检验

越来越多的重污染企业希望借助并购获取绿色技术，使自身商业模式更满足可持续发展的战略要求，从而实现更广意义上的绿色转型和高质量发展。于重污染企业而言，在绿色并购后通过技术创新可以拓展环境污染小的清洁业务，改变原有价值环节，也可以调整业务模块，改变原先构成方式，还可以重选经营渠道，改善原本与利益相关方的关系，即实现内容、结构和治理方面的商业模式转变（Zott and Amit，2012）。具体而言，其一，绿色并购可以吸收外部技术资源、整合人力资源。将外部技术知识吸收内化，整合人员扩充技术团队，能直接改变可持续商业模式的核心资源要素。同时，通过技术应用将新技术落地为新产品或新服务，增加新的价值主张和关键业务，并且在组织学习机制影响下，促进老成员和新成员充分互动交流，在学习过程中激发灵感，实现二次创新，开发更多具有环境价值和社会价值的新技术、新产品或新服务。其二，绿色并购可以整合并购来的新业务，赋予关键业务新的特征和内容。企业学习被并购方利用清洁能源、清洁材料或者信息智控的生产方法或服务方式，使提供的产品或服务更环保、智能，帮助企业满足现有顾客对清洁环境和高品质产品的需求。其三，绿色并购可以整合标的方的先进管理理念。在并购中和并购后并购双方管理层的交流过程中，主并方会吸收被并购方可持续管理理念和经验，改变传统思维，更关注现有资源的利用方式与企业发展战略的适配性，使未来的管理决策主动寻求可持续的价值主张，从而促进可持续商业模式创新。

本部分将以商业模式改变作为转型效果的另一种表征，以此考察绿色并购后技术创新的后果。针对商业模式的衡量，当前文献中主要是利用调查法来对其细化后的题项进行评分，而本部分将根据重污染企业并购前后的年报以及并购当年的收购公告，通过文本分析对商业模式在内容、结构和治理维度的典型条目分别进行编码。具体过程是：在内容上，判断企业是否明确提出其产业链条的改变，若是，则编码为1，否则为0；在结构上（前文检验以收入变化为主，该部分以组织结构变化为主），判断企业在并购后一年的股东、高管或董事中是否出现了标的方的成员，若有，则编码为1，否则为0；在治理上，判断企业是否对消费者的目标群体定位进行明确调整，若是，则编码为1，否则为0；最后将加总后的分值作为被解释变量。新指标进行重新回归后的结果见表6-9，其中绿色并购与技术创新的交互项系数的符号与显著性与前文检验基本一致，从商业模式改变这一后果支持了重污染企业绿色并购后技术创新的积极影响。

表6-9　　　　　绿色并购后技术创新的商业模式改变检验结果

| VARIABLES | （1） | （2） | （3） | （4） | （5） |
|---|---|---|---|---|---|
| | BM | BM | BM | BM | BM |
| TI×GMA | 0.032 | 0.049* | 0.047* | 0.045* | 0.042 |
| | (1.113) | (1.840) | (1.690) | (1.711) | (1.552) |
| TI | −0.005 | −0.005 | −0.006 | −0.004 | −0.006 |
| | (−0.339) | (−0.296) | (−0.365) | (−0.263) | (−0.385) |
| GMA | 0.076 | −0.043 | −0.051 | −0.048 | −0.055 |
| | (0.827) | (−0.486) | (−0.542) | (−0.537) | (−0.578) |
| CONTROLS | NO | YES | YES | YES | YES |

续表

| VARIABLES | （1） | （2） | （3） | （4） | （5） |
|---|---|---|---|---|---|
| | BM | BM | BM | BM | BM |
| YEAR | NO | NO | NO | YES | YES |
| IND | NO | NO | YES | NO | YES |
| _CONS | 1.647*** | 1.826*** | 1.861*** | 2.020*** | 1.921*** |
| | （37.803） | （3.598） | （3.623） | （3.882） | （3.527） |
| $N$ | 851 | 851 | 851 | 851 | 851 |
| ADJ_$R^2$ | 0.008 | 0.135 | 0.141 | 0.150 | 0.159 |

注：表格中 \*\*\*代表 $p<0.01$，\*\*代表 $p<0.05$，\*代表 $p<0.1$，括号内的数字为 $t$ 统计量。

## 6.6　拓展性讨论

一个组织在进行某项活动时，不仅会产生活动预期的效果，而且会对其他组织、人或社会产生影响，从而体现出更加深远的行为影响力。然而当前研究与实践中普遍遵循的目标行为导向却忽视了溢出效应的存在，这显然不利于全面评估某种行为的实际效果。事实上，重污染企业实施的绿色并购后技术创新作为环境友好行为，很可能产生正溢出进而收获事半功倍的多重效果，由此本部分内容将从产业和区域两个维度，来充分辨识绿色并购后技术创新的正溢出效应。

**1. 基于产业维度的溢出效应**

我国现正处于产业升级与转型关键时期，多数行业必须优化资金、劳动力和技术的配置，淘汰落后产能，不断弥补在发展中所暴露出的短板。经济正在走进一个兼并收购和产业整合的新时代，并购与创新是实现行业整合的有效途径，发展中的重污染行业也不例外，应充分利用绿色并购后的创新实现产业极大的发展与进步。绿色并购下技术创新从制定到实施，再到发挥作用是一个动态过程，也是一种能够促进资源重新利用和配置效率，促进产业结构优化升级的有效机制。重污染企业通过绿色并购后技术创新，可以促进产业规模的扩大和资源配置效率的提高，从而实现规模经济，快速提高整个产业的竞争实力。同时绿色并购后创新会对目前产业结构的调整也带来了较大的影响，极大地促进了重污染行业结构的优化升级。基于此，绿色并购后技术创新将原有的投资能力转移以及新投资于具有市场发展前景的产业，由此考虑产业层面对促进重污染行业持续、健康、稳定的发展具有较强的指导意义。

作为资本市场中长久不衰的热门，并购是优化市场中存量资源配置的有效手段，它不仅是产业发展到一定阶段后受资源与能源的有限性约束而出现的必然产物，还是满足提高我国资本市场效率和竞争力的需求的重要工具（崔智生和李鑫，2011）。裴长洪（2006）指出通过并购，企业不仅能够有效降低资源消耗量，还能通过吸收外部优质资源从而提高自身的创新能力，从而能够推进整体产业结构的转型升级（卫婧婧，2017）。王广宇（2016）认为可以从三个角度来总结并购的价值：第一，基于商业模式转换角度，并购可以使得主并企业迅速切入一个新产业，实现商业模式上的快速转换；第二，基于资本市场投资者反馈角度，资本市场中的投资者通常更加偏爱于能够通过并购实现"外延式"增长的企业；第三，基于宏观角度，并购通常与各经济体的增长结构以及发展模式紧密联系，例如企业并购活动通常具有明显的周期性。国外文献中 Healv 等（1992）研究得到投资水平和管理水平的提升有利于产业利润率的提高。Weston 和 Weaver（2001）发现在第五次并购浪潮中，半数以上的并购集中于电信、媒体、汽车、医药和石油等产业。但是部分学者却持不一样的意见，如贾梦冉（2016）发现钢铁行业的并购活动尚未产生规模效应。齐媛（2017）发现有色金属行业的并购活动没有产生明显的产业结构调整作用，叶旭廷（2016）发现国内企业的并购重组活动加剧了行业垄断程度，反而阻碍了投资结构的优化。王筱涵（2019）发现资本市场上的并购事件导致产业结构在区域层面出现趋同现象，延缓了其他产业的发展进程。陈贤银（2010）发现农业产业的并购事件会加剧产业结构性偏差程度以及不协调程度。

绿色并购后技术创新是重污染企业环境保护意识的微观体现，而产业效应则表现为一定时期个体投资行为对宏观产业的影响，这样来看绿色并购后技术创新在产业层面的溢出效应实际上是重污染企业的微观行为作用在宏观产业经济上的体现。重污染企业是当前环境政策的践行主体之一，承担着相当大部分的实现环境发展目标的责任，重污染企业必须调整生产行为以满足环境需求。而产业结构的整体调整可以最终追溯到个体企业的生产行为，产业结构的优化升级更是直接受生产技术创新以及生产效率提高等方面的影响。

本部分主要从以下方面阐释绿色并购后技术创新所产生的产业效应。首先体现于资源优化配置效应，绿色并购目标越大，对资源在创新过程中的安排就越复杂。重污染企业绿色并购后进行创新不仅是需要对自身人力、物力、财力、技术和信息等资源进行安排，这种行为还辐射到整个产业，使得产业整体的资源流动达到最优化。绿色并购作为重污染企业行为，可以将绿色资源向重污染产业分配，避免资源使用的不合理倾斜，同时还可以加强资源的环境承载能力，实现最大程度的社会福利。另外，主并方通过绿色并购下技术创新不仅能够获得标的企业的生产能力和各种优质资产，还可以获得标的企业的绿色专业技术和生产经验。这些经验对于对劳动力素质日益增高的重污染企业的影响是多方面，是无法复制的，对于整个产业的发展起到了关键作用。综合以上分析来看，重污染企业绿色并购后技术创新能够使绿色资源向高效利用主体流动，实现绿色资源在产业结构内部的合理分配，使重污染企业实现绿色专业化生产，从而提高资源利用效率，加速行业绿色转型。

其次体现于市场竞争效应，绿色并购后技术创新的核心内容之一是增强企业竞争力、扩大市场份额。在生产效率上，当拥有更高绿色生产效率的标的企业被主并企业并购重组时，标的企业高效的绿色运营模式与机制就会被吸收进发起并购的重污染企业，从而使得重污染企业的绿色生产效率得以提升。在生产规模上，重污染企业发起绿色并购可以规避因为不满足环境标准而导致生产中断所带来的损失，优化生产结构，提升运营效率；进一步地，对于绿色生产技术落后、绿色创新能力不足、生产能力过剩的重污染产业而言，重污染企业绿色并购后创新能利用先进的生产理念和技术设备，提高产品绿色属性，最终提升行业的整体竞争力。在企业创新上，重污染企业绿色并购后所生产的产品具有高度的绿色属性，在充分利用新思维对市场进行开拓之后，能迅速带动新生产方式、竞争方式、销售方式的突破创新，加速产业内科学技术的发展，从而强化企业自主创新能力，为企业的可持续发展创造出新的动力源，进而推动重污染产业持续发展，实现产品集中生产来在市场中奠定竞争优势，产生技术创新溢出。

最后是产业关联效应，绿色并购后技术创新改变传统的重污染类产业现状，能够快速实现绿色资源的转移，促进产业运行机制的转变，减少产业结构优化升级的时间，提高经济增长效率。绿色并购后技术创新可以整合生产方式、运营之间具有联系的企业，例如，重污染企业在集合了被并购方企业的技术和理念后，产业的绿色生产集中度得以提高，进而提升了绿色劳动生产效率，具体体现为在使用更少劳动投入的情况下产出了更多高绿色属性的产品。同时绿色并购后技术创新还能保障生产要素市场的有序健康发展，即让重污染企业借助于外延式扩张，同相关企业不断加强在全产业链环节上的协作合作，不仅能够使得经济规模化，还有利于产业集中度的提高。综合以上分析，主并企业可以通过绿色并购后创新吸收标的企业先进的绿色技术和绿色理念，这些绿色要素的注入能够为重污染产业结构调整提供基础要素条件；能够促进主并企业绿色劳动生产效率的提高，有利于产业主导地位的形成；还能够使得主并企业联系产业链上下游企业，降低资源使用，提升产业集中度。

**2. 基于区域维度的溢出效应**

区域市场具有排外的经济层面限制和自身的利润指标要求，会形成区域壁垒，尽管为地方带来一定效益，但使资源整体上不能得到充分的利用，规模经济效应难以成为现实。国内现有的生产资源情况若要实现改善，则需一个渐进的过程。地区割裂和区域壁垒就是第一个需要克服的难题。若想资源集中于重污染类企业的配置上，需要加速资源在不同区域间的流动，在全国范围内实现多个具有辐射能力的市场。绿色并购后技术创新将推动我国产品市场等发展完善，进而实现地方资源的加速流动和充分利用，使区域内的企业获得更大的发展潜力。通过区域层面考量绿色并购后技术创新对从区域性竞争发展走向统一市场条件来促进区域协调发展具有重要实践意义。

通常情况下，企业并购能在区域经济、就业等多方面产生效应。并购会对不同区域的企业能力以及区域经济领导地位进行重构，优化相应区域对不同资源要素的配置能力，从而提升区域经济在整个大环境的优势地位（张鹏冲，2014）。首先，从主并企业所在区域来看，当主并企业通过并购在产业链中形成了控制地位时，那么资源要素就会向该区域集聚，从而提升区域整体竞争力（章卫东等，2012）。其次，从标的方企业所在区域来看，并购使得区域能够与拥有更高资金资源的主并企业所在区域建立联系。

关于并购对区域社会福利的影响，Deneckere 和 Davidson（1985）证明企业并购会导致产品价格的上升。Greenhut(1997)认为并购消除了多重环节的加价问题，降低了产品价格，最终使得社会福利水平上升；Salinge(1991)发现多产品企业发起并购对最终产品价格的影响并不确定，在某些情况下反而会导致产品价格上升，最终使得社会福利水平下降。Riordan(1998)发现主并企业的市场地位以及所在行业整合程度是影响社会福利水平的关键影响因素。

并购和就业水平和工资福利的变化往往联系在一起。降低成本是企业经营并购的目标之一，从而往往伴随着企业的减员和失业人数的增加。例如，Medoff 等(1987)发现并购尽管使得整体就业水平上升，但是个人的平均工资水平却下降了。但是 Beckman 和 Forbes(2004)却发现了相反的结果，并购之后主并企业与标的企业的总雇佣水平下降了，但是整体工资水平得以提升。Gugler 和 Yurtoglu(2004)研究了并购与就业水平在不同国家情境下的关系，发现在美国市场中并购并不会显著影响劳动力市场，在英国市场中并购会降低就业水平，当放大至整个欧洲时，这种影响有所减弱。Kristiina(2005)则进一步发现当并购中有外资参与时会显著提升雇员工资工资，但是主并企业中的高教育水平员工比例却下降了。Katsuyuki 和 Takuji(2012)发现在日本市场中并购会降低总体雇员数量，但是提高了平均工资。由此可见，并购对就业的影响并不确定，并且与母国特征相关。

经济发展是区域发展的工作重点，是并购社会效应的重要体现。Barron(1999)将 20 世纪 70 年代至 90 年代的日本和美国经济发展进行对比后发现，在日本企业高速发展的冲击下，许多美国公司遭到重创，在经营受阻的情况下，纷纷选择并购重组，且取得了十分明显的效果，为后来美国经济的进一步发展奠定了基础。同样的，Weston(1999)和 Weston(2000)进一步证明了企业并购浪潮明显加速了美国的经济发展。

重污染企业绿色并购后技术创新行为同样能够促进宏观上的区域经济增长，因为绿色并购后创新优化了区域内资源要素的合理配置和经济结构的效率性调整。具体而言，从环保理念传递效果看，绿色并购所传递的信号是关于主并企业在生态建设层面上拥有更加深刻的理解，有助于区域内企业获取看待和解决生态建设问题的不同角度，拓宽企业信息来源渠道和增加组织转变方式，从而及时捕捉市场需求和研发机会，迅速把握行业发展和技术动向，选择合理的方式将组织现有资源与市场紧密结合，走出特有的环境友好路线，帮助企业有效降低在经营发展过程中的不确定性。与此同时，标的方相对成熟的绿色管理经验,可以更好地规划区域内企业绿色发展方向,提高企业承担环保治理的意愿(Hutton et al.,2009),从而企业将有强烈的动机进行环保行为并提高地区生态环境。

从资源移动效果看,重污染企业落后的生产设备设施及污染防治设施等大量资源面临被淘汰的困境,从而缺乏绿色创新的资源储备。绿色并购引起绿色资源在企业间流动,重污染企业借助标的方资源开展绿色并购后的技术创新,并引起资源在区域内部或之间的流动。资源流动能够改变区域资源分布,改变经济增长方式,带动区域经济的发展(曹春方等,2015)。其中,重污染企业向技术、人力、设备配套等市场经济发育良好的区域转移,表现为企业利用目标企业的上述要素优势开展并购。标的方在管理方面具有绿色经验等,带来了先进的管理技术,可供区域内企业学习共享,不断深入环保理念,加强环境治理。

从技术转移与扩散效果来看,生产设备、专业人才、社会资本等是企业进入新区域市场的重要力量,是创新的保障与支撑。通过共享标的企业的绿色生产设备,形成更高质量的产品生产线,优化产品生产条件,大幅提高资源有效利用率,从而减少对生态环境的损害,在突破了缺乏清洁生产设备支持的掣肘之后,迅速向绿色产业转变。同时,身处绿色产业的标的企业还拥有相关教育背景和工作经验的绿色专业人才及管理团队,能够通过向主并企业所在区域提供人力支持以加快区域整体绿色水平建设,弥补了主并企业所在地区企业管理人员和操作人员在绿色发展认知上的欠缺。另外,标的方绿色特征为其积累良好社会资本,这种信任资源和社会联系增强了区域内企业绿色创新过程中的资源获取能力,为绿色转型提供便利。

# 6.7  本 章 小 结

基于经济进入转型关键时期的大背景,传统产业向清洁化和绿色化发展的转变将倒逼企业不断技术创新,为其注入强劲的动力和活力。在前文较严谨和详尽的关于绿色并购促进重污染企业技术创新的可行性论证基础之上,本章进一步研究发现绿色并购后的技术创新能够明显提高重污染企业转型力度,产生积极的经济结果,从而夯实了本书所提出的绿色并购对于技术创新的激励效应。并且在剔除特殊样本等多种稳健性检验之后，结论保持不变。
进一步检验发现绿色并购后技术创新促使重污染企业转型效率得到优化提升，
以及商业模式发生转变，即绿色并购后的技术创新可以改变企业的生产方式，
并对传统产业的技术进行改造，促进其转型升级，为社会提供环保型、低能
耗、高品位、高附加值产品。

# 第7章 研究结论与启示

## 7.1 研 究 结 论

近些年来资本市场完成的一些并购明显区别于过去传统类型。一般来说，并购被认为是一种增加市场份额、获取规模和范围经济、实现多样化业务发展的工具。与此不同，众多为了获得标的企业绿色技术、绿色设备及绿色管理经验等而进行的并购数量大幅增加，以应对市场的绿色产品偏好及国家的绿色发展要求。在学术上，这种区别于传统动机的并购类型被称为绿色并购。从绿色并购在创造技术创新优势的作用来看，它将受到更多关注。本书以经济、社会和环境追求和谐、持续和效率的绿色发展为背景，把我国沪深 A 股重污染上市公司 2010—2018 年的并购交易事项作为样本，主要研究了绿色并购对重污染企业技术创新的影响，并从学习方式和资本获取两条渠道探讨了绿色并购对技术创新的作用路径，而且根据主并方、标的方以及并购双方关联性的不同维度特征做出了进一步异质性分析，最后对绿色并购后技术创新的企业转型效果进行了检验。研究结论主要包括：

第一，基于持续创新实现机制理论，将技术创新机遇捕获、技术创新动力增强和技术创新能力提高纳入内在机理分析。研究得到与非绿色并购相比，绿色并购能够明显促进重污染企业技术创新，揭示了"机遇+动力+能力"三大要素在绿色并购影响技术创新微观层面的耦合作用。技术创新的关键在于获取超越企业组织边界的外部知识和资源，以期在绿色发展环境下获取竞争优势。而重污染企业在内部的资源和能力有限以及日趋减少的市场规模情境下，发展日益受阻。因此，区别于为了分散经营风险以及实现规模扩张等目的的非绿色并购，企业通过绿色并购获取标的方的绿色技术、绿色设备和人才以及绿色管理经验等，快速跨越创新门槛，进入清洁生产领域，以及大幅降低对组织内部资源的依赖，克服自身能力的不足，扩大其清洁业务，实现从原有污染行业向新领域的迈进，从而提高在市场的地位和运作效率。由此，利用技术发展中的机遇捕获、惯性突破后的动力增强和资源寻求下的能力提升，绿色并购成为一种基于技术创新的有效策略，具有激励技术创新的巨大潜力。

第二，鉴于并购和创新并非重污染企业静态意义上的行为状态，从绿色并购影响技术创新的动态过程解析作用路径的黑箱，构建起二元学习和绿色金融的中介机制，支持了机遇、动力和能力微观三要素耦合作用的存在性。实证得出绿色并购对重污染企业技术创新的促进作用部分是通过选择二元学习中的探索式方式来实现；另外，绿色并购可以积极获取绿色金融提供的资本支持，从而激励技术创新。基于学习方式选择的背后逻辑是绿色并购开展过程之中，发展重点是重污染企业在现有资源库之外寻找全新的绿色技术、理念及解决方案等，选择探索式学习能够更灵活地安排其活动和系统，从而有效地推动技术创新。基于资本获取的背后机理则是绿色并购事项向金融机构等释放了在抑制环境污染和生产清洁化方面的利好消息，有效降低信息不对称和减弱风险感知，为重污染企业投资活动赢得绿色金融的资金支持，不断改善其融资困境进而促进技术创新。

第三，结合绿色理论、资源基础理论和默会知识理论等，分析并购交易涉及单主体和主体间典型特征对技术创新机遇、动力及能力微观三要素的强化或抑制作用，借助调节效应的检验可以发现当重污染企业处于不同情境时，绿色并购的技术创新效应有所差异，有助于更好地理解主体特征异质性对绿色并购和重污染企业技术创新活动之间关系的影响。异质性主要表现在三个维度：从主并方特征来看，高管绿色经历能够显著强化绿色并购与技术创新之间的正向关系，表明了这种特殊经历所发挥的积极作用；相比于正向业绩反馈，负向业绩反馈可以增强绿色并购对技术创新的促进作用，反映了处于不利经营状况下企业更愿意进行改变；绿色并购对技术创新的激励效应则在主并方所在地财政压力大时更为明显，说明了当前政府将环保与经济双手抓的态度。从标的方特征来看，资源存量大在绿色并购对技术创新的积极影响中发挥显著调节效应，说明了资源库规模的重要作用，而绿色并购促进技术创新在标的方具有区位优势时大幅增加，显示了区位对于企业发展的重要性。从并购双方关联特征来看，知识相似性低时绿色并购对技术创新的激励作用被强化；两者间关系在市场互补性强时更为明显；相比于远地理距离，近地理距离显著正向调节绿色并购与技术创新间的正相关关系，均显示出主并双方之间所存在的关联性特征不容忽视。

第四，依托于先发优势理论，绿色并购作为重污染行业内所崛起的一种新兴绿色投资方式，先行进行绿色并购的企业，可以在明显促进其技术创新情况下，产生积极的转型效果，从而奠定先发优势。回归显示绿色并购后的技术创新显著提升重污染企业转型力度，进一步检验发现可以优化提高转型效率以及促使商业模式转变。结论充分揭示了技术的积累、创新和突破很难一蹴而就，而绿色并购拥有绿色发展所需技术、知识和资源等，能够从外部获取战略资源和核心能力进行技术创新，这成为传统企业快速转型升级的有效途径。最终实现突破原有发展模式和资源积累的局限，获得更为稳定持久的转型发展。该过程加深了对绿色并购与技术创新间联动效应的理解。

## 7.2　研究启示

### 7.2.1　企业层面

首先，企业应在重视技术创新下积极开展绿色并购。淘汰整合将是重污染企业未来的主旋律，要在该行业中立足与实现长远发展，重污染企业必须增强自身的技术创新。绿色并购是获取、补充与完善自身技术领域和产品线的重要途径之一，尚未进行并购活动的重污染企业应将技术因素有机整合入并购决策之中，从而将绿色并购置于战略高度。具体而言，以重污染企业为代表，从绿色并购到技术创新再到转型升级并非一个简单的变化过程，而是需要进行极为深刻的系统性变革，涉及思想观念、科学技术以及相关者利益等众多方面。该变化过程的基础是观念，企业应树立正确的动机，摒弃短视行为，基于可持续发展以及高质量发展理念，达到从根本上符合政策要求的目的。该过程的核心是技术，借助绿色并购类途径进行转型，关键点是要通过技术创新进入清洁生产领域，并且持续创新获取生产成本优势，寻求新源泉来树立与增强未来竞争力。

其次，企业在并购与创新的具体操作过程中，应强化二元学习与绿色金融的重要作用。组织为了将绿色并购真正融入实际经营和产品生产，要积极加大探索式学习，不断加强自身技术知识的深度与宽度，借助全新的绿色技术、知识与经验等，借由突破性、激进性的尝试，使企业大幅脱离现有的能力、技术和范例，创造出新产品或市场组合，实现技术创新的提升，达到组织与经济的高质量发展。另外，由于企业的创新活动具有更高风险性，且其成功与否具有高度不确定性。鉴于此，组织应意识到相较于其他活动，以技术创新为代表的企业行为受到融资约束的作用更加明显。因此要积极响应国家政策，投入符合绿色金融下可持续发展的绿色投资活动之中，有效降低自身融资成本，更好地实现技术创新。

最后，企业在并购与创新的实践细节过程内应重视或优化多维特征的作用发挥。第一点是应关注高管绿色经历，知悉高管个人认知、价值观和经验能够在一定程度上预测企业未来并购选择，以及在实际管理中把握企业未来的创新战略投资方向，对于激励技术创新具有重要作用。而未具有绿色经历的高管也应充分发挥主观能动性，应高度关注国内外政策，抢占稀缺的低碳商机，巧妙借势，向外整合资源，向内调整工艺、流程、产品、结构和管理等，先行达到低成本、低风险转型，塑造可持续领跑的竞争力，大力促进企业并购和创新的实施。第二点是应依据企业的实际经营需要，即维持和扩大业绩抑或扭转不利绩效状态，理性进行绿色并购后的技术创新，以防企业在正向业绩反馈下的盲目性绿色并购及技术创新实施以及负向业绩反馈下的一味性并购和创新规避行为而错失转变良机。第三点是转变对于上级政府等部门所传递出的压力因素，正如地方政府财政压力并非完全是阻碍企业积极投资的不利因素，反之，组织应将压力内化为绿色并购后技术创新的动力，把握机会实现经济与环境的绿色发展。第四点是应加深对于标的方资源及区位方面的认识，即在选择标的企业过程中，做好尽职调查，关注其资源存量大小及所在区位是否具有优势，不仅有利于绿色并购的顺利实施，也可以对并购后的技术创新产生积极影响；第五点是应以联动的视角看待主并双方间的关系，注重两者间在知识、市场以及地理方面的关联性，更深层次地来解构双方间优势的发挥，防止一味地割裂，从而降低激励效果。例如，市场互补的真正协同效应是关于灵活性和快速调整，为了充分利用市场互补性，主并方应知道如何实现协同效应，并有效地整合一个市场特征迥异的目标，从中学习应对市场差异带来的管理挑战。

### 7.2.2 政府层面

首先，政府应不断完善环境保护相关法律法规，督促以重污染行业为主的企业进行并购活动及创新发展和绿色转型。强烈外部性是环境污染的典型特征，解决该问题完全依靠市场来进行是不切实际的，需要政府监管的介入。虽然当前政府及相关部门出台众多法律法规以及核查规章制度，规范重污染类企业的行为，但是当翻阅上市公司年报获取其环保行为细节时，可以看出其所披露的相关信息十分有限且同质化严重，缺乏实质性与有效性，侧面反映了企业在很大程度上仅停留于满足政府监管的最低层次，而对于绿色并购及技术创新等活动重视不够、措施乏力。因此，政府要采取更为积极的态度，进一步完善与健全有关法规，提高重污染类为首的企业的环保信息披露水平和质量，也应在财政压力下积极推行激励政策以及扶持政策，为企业绿色并购和技术创新创造条件与提供支持，最终达到绿色转型。

其次，政府应强化与企业间的沟通交流，及时获取以重污染类为首的众多陷入发展困境的企业的利益诉求，从而聚焦于相应的扶持方向以及有针对性地增大力度，尽可能提升政府投入的有效性，增强扶持效果。政府可以积极干预企业并购类型以及创新积极性，促使重污染等企业在绿色并购后做好技术知识储备，将并购双方不同技术进行有效融合，使技术专利真正转化为企业自身的技术能力和竞争优势。在该过程中应该注意要因企而异、因地制宜以及因时制宜，比如对于迫切需要变革的重污染企业应获得政府重点关注、引导与扶持，对于位于不同区域的企业应得到政府在区位劣势上的弥补，对于转型关键期的企业应受到政府强制性要求。

最后，政府对于企业转型的效果需要建立一套科学的评价体系。于作为企业外部参与者的政府而言，并不熟悉组织生产经营过程，应极为注重信息反馈。尤其在当前大数据、区块链和云计算等技术水平颇为发达的时期，政府可以借助各种媒体以及网络渠道等全面搜集关于企业评价结果的反馈信息，营造社会公众了解和支持重污染类企业转型的氛围，之后及时将评价结果传达给各个组织，为企业绿色并购后技术创新的下一步转型纠正方向，与此同时也将评价结果反馈给各级政府部门，为企业转型的制度优化奠定基础。

### 7.2.3　社会层面

全社会需牢固树立绿色发展信念,强化绿色并购的社会推力。首先,成立行业自律组织,正确引导产业发展方向,助力重污染企业敢于实施绿色并购。行业自律组织是产业的重要组成要件,应大力推动重污染行业绿色发展协会、绿色社会责任联盟等行业自律组织的成立,引导产业发展方向。行业自律组织应切实发挥企业与政府部门沟通桥梁的作用,协助政府推进环保政策的落实,向政府部门反映重污染企业的发展诉求,推动重污染行业在政策引领下顺利转型升级;同时,行业自律组织应承担起牵头建立重污染企业服务标准、行为准则和行业自律规则的责任,推进重污染企业环境保护标准化体系建设,助力营造良好营商环境,鼓励企业加强环境管理和污染防治,促进行业绿色高效发展;此外,行业自律组织还可以为重污染企业提供经验交流、污染处理技术推广、环保产品展示的平台,形成企业之间的良性互动和互学互助,帮助重污染企业捕捉优良的绿色标的信息,更快更好地推进绿色并购战略,弥补自身的发展短板并实现技术改造升级。

其次,协同媒体监督力量,拓宽外部治理渠道,强化企业绿色并购的舆论压力机制。媒体是市场上的重要信息媒介,能够给重污染企业一定外部规制,增加其污染成本,其对重污染企业环境污染事件的报道能够形成公众舆论压力进而产生外部治理效应,促使重污染企业不得不做出改善环境行为的努力。媒体的监督功能在推动重污染企业绿色转型中发挥着重要作用,媒体应充分发挥其及时性、专业性和独立性,成为揭露、曝光企业污染行为的利器。同时也需要注意,由于媒体治理存在短期性、热点性、片面性和追求轰动效应等特点,必然会随着新事件的出现而转移焦点,缺乏对事件长期的跟踪报道和追踪溯源。因此,面对媒体压力,重污染企业会通过实施绿色并购转移媒体焦点,缓解舆论压力,存在“明里绿色并购,暗里降低会计信息质量”的策略性应对现象。据此,应充分发挥媒体的专业性、独立性以及议程设置功能,减少以炒作、曝光为目的短视行为,使之成为揭露、曝光企业污染行为的重要利器。为此,引导和鼓励媒体加强对重污染企业的长期监督和深入报道,还原和挖掘事件的本质,促使重污染企业加强环境治理以回应媒体质疑,真正发挥持续监督和社会守望的功能,形成重要的外部治理力量,进而提高绿色并购的转型效果。

最后，扩大环境保护公众参与，推动企业承担环保责任。现阶段我国生态文明建设正处于压力叠加、负重前行的关键期，重污染企业作为环境治理工作的重要主体，如何推进其真实绿色转型是亟待解决的现实难题。投资者需要牢固树立社会主义生态文明观，积极通过互动平台等社交媒体发声，充分表达环境诉求，有效发挥自身的监督治理作用，提高重污染企业绿色并购下创新的积极性。切实建立起党委领导、政府主导、企业主体、社会组织和公众共同参与的现代环境治理体系，发挥多方协同治理功能，积极回应公众所想、所盼、所急，实现环境治理的长效。其中，政府需要进一步推动地区市场化进程，保障投资者的话语权；通过新闻报道等形式为社会公众表达环保意愿提供平台，强化监管和施加压力来放大投资者环境关注的积极作用，促使企业长期秉持可持续发展理念，进而提高重污染企业绿色并购下的创新行为；同时，也鼓励非政府组织广泛地进行环保宣传，提高全民的社保意识，强化社会公众对企业，尤其是重污染企业的监督作用，推动重污染企业积极关注利益相关者的利益，承担节能降耗、可持续发展的责任，因而最大限度地采用积极的绿色并购创新战略来实现绿色转型。

## 7.3 研究不足

本书对绿色并购与重污染企业技术创新之间的关系进行了详细研究，不仅有关于两者间的直接激励效应，还对二者间的间接作用路径进行了探索。此外，则深入考虑了并购交易所涉及多个维度主体特征的异质性调节作用，最后评估了绿色并购后技术创新的企业转型效果来完善两者间关系的经济后果，通过上述全面研究来力求构建更为完善的理论框架，试图为相关领域做出有益的补充。但是鉴于类似研究数量有限，本书在研究过程中存在一些不足之处：

一方面，构建实证模型检验假设过程中无法将影响技术创新的一系列因素进行全面涵盖。本书侧重于以重污染企业并购事件为研究样本，虽然基于大量现有文献已经将不同层面的众多因素予以考虑并纳入实证模型之中，但仍存在一些遗漏变量，将可能导致研究结论存在一定程度的偏误。例如，本书是基于重污染行业处于相同外部环境前提下进行命题研究，但企业技术创新仍会受到包含管理特征、组织特征及环境特征在内三组因素的影响。在环境特征方面，本书涉及一些与并购主体相关的地区因素，以及在内生性处理中对于工具变量的选择考虑了经济与政策环境，而未包含于基本模型的控制变量之中，未来研究可综合纳入研究范畴。

　　另一方面，主要是关于标的企业相关指标的衡量存在一定局限性。由于大多数并购交易事项所涉及的目标方为非上市公司，其财务数据等信息并未进行相关公开披露，导致获取方面的高度困难性，使资源存量等相关指标的衡量受限，从而利用可得数据来进行代理变量的构建，这与指标内涵存在一定的偏差。未来研究可考虑采取调查问卷等方式进行标的方数据收集。

# 参 考 文 献

[1]Ahuja G, Katila R. Technological acquisitions and the innovation performance of acquiring firms: A longitudinal study[J]. Strategic Management Journal, 2001,22(3): 197-220.

[2]Ahuja G, Morris Lampert C. Entrepreneurship in the large corporation: A longitudinal study of how established firms create breakthrough inventions[J]. Strategic Management Journal,2001,22(6-7): 521-543.

[3]Alasoini T, Heikkila A, Ramstad E, et al. Enquiry as new way of gathering information in Tykes-Program: Preliminary results, finish Ministry of Labour, Helsinki[J]. Workpolitical Journal,2007,2: 55-71.

[4]Amabile T M. How to kill creativity[M]. Boston,MA: Harvard Business School Publishing,1998.

[5]Anand J, Delios A. Absolute and relative resources as determinants of international acquisitions[J]. Strategic Management Journal, 2002, 23(2): 119-134.

[6]Argote L,Ingram P. Knowledge transfer: A basis for competitive advantage in firms[J]. Organizational Behavior and Human Decision Processes, 2000, 82(1): 150-169.

[7]Argyris C,Schön D. Organizational learning[M]. Addison Wesley, Reading, MA,1978.

[8]Armour H O,Teece D J. Vertical integration and technological innovation[J]. The Review of Economics and Statistics,1980: 470-474.

[9]Arouri M, Gomes M, Pukthuanthong K. Corporate social responsibility and M&A uncertainty[J]. Journal of Corporate Finance,2019,56(C): 176-198.

[10]Atalay M, Anafarta N,Sarvan F. The relationship between innovation and firm

performance：An empirical evidence from Turkish automotive supplier industry [J]. Procedia-social and Behavioral Sciences,2013,75：226-235.

[11]Audia P G,Goncalo J A. Past success and creativity over time：A study of inventors in the hard disk drive industry[J]. Management Science,2007,53 (1)：1-15.

[12]Audia P G,Locke E A,Smith K G. The paradox of success：An archival and a laboratory study of strategic persistence following radical environmental change [J]. Academy of Management Journal,2000,43(5)：837-853.

[13]Banerjee R,Gupta K. The effect of environmentally sustainable practices on firm R&D：International evidence [ J ]. Economic Modelling, 2019, 78：262-274.

[14]Barker III V L,Mueller G C. CEO characteristics and firm R&D spending[J]. Management Science,2002,48(6)：782-801.

[15]Barney J B. Strategic factor markets：Expectations,luck,and business strategy [J]. Management Science,1986,32(10)：1231-1241.

[16]Barney J. Firm resources and sustained competitive advantage[J]. Journal of Management,1991,17(1)：99-120.

[17]Bauer F, Matzler K. Antecedents of M&A success：The role of strategic complementarity,cultural fit,and degree and speed of integration[J]. Strategic Management Journal,2014,35(2)：269-291.

[18]Baum J A C,Rowley T J,Shipilov A V,Chuang Y T. Dancing with strangers：Aspiration performance and the search for underwriting syndicate partners[J]. Administrative Science Quarterly,2005,50(4)：536-575.

[19]Benkard C L. Learning and forgetting：The dynamics of aircraft production[J]. American Economic Review,2000,90(4)：1034-1054.

[20]Benner M J,Tushman M. Process management and technological innovation：A longitudinal study of the photography and paint industries[J]. Administrative Science Quarterly,2002,47(4)：676-707.

[21]Bertrand M, Schoar A. Managing with style：The effect of managers on firm policies[J]. Quarterly Journal of Economics,2003,118(4)：1169-1208.

[22]Bettinazzi E L M,Zollo M. Stakeholder orientation and acquisition performance

［J］. Strategic Management Journal, 2017, 38( 12) : 2465-2485.

［23］Bigelow A B. Presenting structural innovation in an institutional environment: Hospitals use of impression management［J］. Administrative Science Quarterly, 2000, 45( 3) : 494-522.

［24］Bindal S, Bouwman C H S, Johnson S A. Bank regulatory size thresholds, merger and acquisition behavior, and small business lending［J］. Journal of Corporate Finance, 2020, 62: 101519.

［25］Bond R S, Lean D F. Sales, promotion, and product differentiation in two prescription drug markets ［M］. Federal Trade Commission, Bureau of Economics, 1977.

［26］Branzei O, Vertinsky I. Strategic pathways to product innovation capabilities in SMEs［J］. Journal of Business Venturing, 2006, 21( 1) : 75-105.

［27］Bresciani S, Ferraris A. Innovation-receiving subsidiaries and dual embeddedness: Impact on business performance ［J］. Baltic Journal of Management, 2016, 11( 1) : 108-130.

［28］Bresman H, Birkinshaw J, Nobel R. Knowledge transfer in international acquisitions［J］. Journal of International Business Studies, 1999, 30 ( 3) : 439-462.

［29］Bromiley P, Harris J D. A comparison of alternative measures of organizational aspirations［J］. Strategic Management Journal, 2014, 35( 3) : 338-357.

［30］Brunnermeier S B, Cohen M A. Determinants of environmental innovation in US manufacturing industries ［J］. Journal of Environmental Economics and Management, 2003, 45( 2) : 278-293.

［31］Buaron R. New-game strategies ［J］. The McKinsey Quarterly, 1981, 12 ( Spring) : 24-40.

［32］Bushee B J, Core J E, Guay W, et al. The role of the business press as an information intermediary［J］. Journal of Accounting Research, 2010, 48( 1) : 1-19.

［33］Camisón C, Villar-López A. Organizational innovation as an enabler of technological innovation capabilities and firm performance ［J］. Journal of Business Research, 2014, 67( 1) : 2891-2902.

［34］Cangelosi V E,Dill W R. Organizational learning：Observations toward a theory ［J］. Administrative Science Quarterly,1965,10：175-203.

［35］Carayannis E G, Grigoroudis E, Del Giudice M, et al. An exploration of contemporary organizational artifacts and routines in a sustainable excellence context［J］. Journal of Knowledge Management,2017,21（1）：35-56.

［36］Carlin W,Schaffer M E,Seabright P. A minimum of rivalry：Evidence from transition economies on the importance of competition for innovation and growth ［J］. Contributions to Economic Analysis & Policy,2004,3：1-43.

［37］Carpenter G S,Nakamoto K. Competitive strategies for late entry into a market with a dominant brand［J］. Management Science,1990,36（10）：1268-1278.

［38］Carrillo P, Anumba C. Knowledge management in the AEC sector：An exploration of the mergers and acquisitions context［J］. Knowledge and Process Management,2002,9（3）：149-161.

［39］Cassiman B,Colombo M G,Garrone P,et al. The impact of M&A on the R&D process：An empirical analysis of the role of technological-and market-relatedness ［J］. Research Policy,2005,34（2）：195-220.

［40］Cassiman B, Veugelers R. R&D cooperation and spillovers：Some empirical evidence from Belgium ［J］. American Economic Review, 2002, 92（4）：1169-1184.

［41］Castanias R P,Helfat C E. Managerial resources and rents［J］. Journal of Management,1991,17（1）：155-171.

［42］Cefis E, Marsili O. Survivor：The role of innovation in firms' survival［J］. Research Policy,2006,35（5）：626-641.

［43］Cefis E. Persistence in innovation and profitability［J］. Rivista Internazionale Di Scienze Sociali,2003,111（1）：19-37.

［44］Chan P T,Walter T. Investment performance of "environmentally-friendly" firms and their initial public offers and seasoned equity offers［J］. Journal of Banking & Finance,2014,44：177-188.

［45］Chemmanur T J, Tian X. Do Anti-takeover provisions spur corporate innovation? A regression discontinuity analysis［J］. Journal of Financial and Quantitative Analysis,2018,53（3）：1163-1194.

[46] Chen Y S. The drivers of green brand equity: Green brand image, green satisfaction, and green trust[J]. Journal of Business Ethics, 2010, 93(2): 307-319.

[47] Chesbrough H W, Teece D J. When is virtual virtuous? Organizing for innovation[J]. Harvard Business Review on Managing High-tech Industries, 1999: 31-53.

[48] Chesbrough H W. Open innovation: The new imperative for creating and profiting from technology[M]. Harvard Business Press, 2003.

[49] Christensen C M. The innovator's dilemma: When new technologies cause great firms to fail[M]. Harvard Business Review Press, 2013.

[50] Cloodt M, Hagedoorn J, Van Kranenburg H. Mergers and acquisitions: Their effect on the innovative performance of companies in high-tech industries[J]. Research Policy, 2006, 35(5): 642-654.

[51] Coad A, Rao R. Firm growth and R&D expenditure[J]. Economics of Innovation and New Technology, 2010, 19(2): 127-145.

[52] Cohen W M, Levinthal D A. Absorptive capacity: A new perspective on learning and innovation[J]. Administrative Science Quarterly, 1990, 35(1): 128-152.

[53] Conn R L, Cosh A, Guest P M, et al. The impact on UK acquirers of domestic, cross-border, public and private acquisitions[J]. Journal of Business Finance & Accounting, 2005, 32(5-6): 815-870.

[54] Conner K R. A historical comparison of resource-based theory and five schools of thought within industrial organization economics: Do we have a new theory of the firm[J]. Journal of Management, 1991, 17(1): 121-154.

[55] Cooper R G, Kleinschmidt E J. An investigation into the new product process: Steps, deficiencies, and impact[J]. Journal of Product Innovation Management, 1986, 3(2): 71-85.

[56] Cornaggia J, Li J Y. The value of access to finance: Evidence from M&As[J]. Journal of Financial Economics, 2019, 131(1): 232-250.

[57] Cozza C, Zanfei A. Firm heterogeneity, absorptive capacity and technical linkages with external parties in Italy[J]. The Journal of Technology Transfer,

2016,41(4): 872-890.

[58] Cozzarin B P. Advanced technology, innovation, wages and productivity in the Canadian manufacturing sector[J]. Applied Economics Letters, 2016, 23(4): 243-249.

[59] Cross R, Sproull L. More than an answer: Information relationships for actionable knowledge[J]. Organization Science, 2004, 15(4): 446-462.

[60] Cumming D, Dai N. Local bias in venture capital investments[J]. Journal of Empirical Finance, 2010, 17(3): 362-380.

[61] D'Orazio P, Valente M. The role of finance in environmental innovation diffusion: An evolutionary modeling approach [J]. Journal of Economic Behavior & Organization, 2019, 162: 417-439.

[62] Dallocchio M, Lucchini G, Scarpelli M. Mergers & Acquisitions[M]. EGEA, Milano, 2015.

[63] Damanpour F. Organizational innovation: A meta-analysis of effects of determinants and moderators[J]. Academy of Management Journal, 1991, 34(3): 555-590.

[64] Datta P, Roumani Y. Knowledge-acquisitions and post-acquisition innovation performance: A comparative hazards model [J]. European Journal of Information Systems, 2015, 24(2): 202-226.

[65] De Loecker J. Detecting learning by exporting [J]. American Economic Journal: Microeconomics, 2013, 5(3): 1-21.

[66] De Man A P, Duysters G. Collaboration and innovation: A review of the effects of mergers, acquisitions and alliances on innovation[J]. Technovation, 2005, 25(12): 1377-1387.

[67] De Miguel C, Pazó C. Environmental protection, innovation and price-setting behavior in Spanish manufacturing firms [J]. Energy Economics, 2017, 68(S1): 116-124.

[68] Deng X, Kang J, Low B S. Corporate social responsibility and stakeholder value maximization: Evidence from mergers [J]. Journal of financial Economics, 2013, 110(1): 87-109.

[69] Desai V M. The behavioral theory of the (Governed) firm: Corporate board

influences on organizations' responses to performance shortfalls [J]. Academy of Management Journal, 2016, 59(3): 860-879.

[70] Desyllas P, Hughes A. Do high technology acquirers become more innovative [J]. Research Policy, 2010, 39(8): 1105-1121.

[71] Desyllas P, Hughes A. Sourcing technological knowledge through corporate acquisition: Evidence from an international sample of high technology firms [J]. The Journal of High Technology Management Research, 2008, 18(2): 157-172.

[72] Diaconu M. Technological innovation: Concept, process, typology and implications in the economy [J]. Theoretical & Applied Economics, 2011, 18(10): 127-144.

[73] Dierickx I, Cool K. Asset stock accumulation and sustainability of competitive advantage [J]. Management Science, 1989, 35(12): 1504-1511.

[74] Dogru T, Ozdemir O, Kizildag M, et al. Who makes acquisitions? An empirical investigation of restaurant firms [J]. Tourism Economics, 2021, 27(1): 260-268.

[75] Doloreux D. What we should know about regional systems of innovation [J]. Technology in Society, 2002, 24(3): 243-263.

[76] Dosi G. Sources, procedures, and microeconomic effects of innovation [J]. Journal of Economic Literature, 1988, 26(3): 1120-1171.

[77] Dosi G. Technological paradigms and technological trajectories: A suggested interpretation of the determinants and directions of technical change [J]. Research Policy, 1982, 11(3): 147-162.

[78] Durand R, Bruyaka O, Mangematin V. Do science and money go together? The case of the French biotech industry [J]. Strategic Management Journal, 2008, 29(12): 1281-1299.

[79] Dyer HC. Green Theory. In: McGlinchey, S, Walters, R and Scheinpflug, C. (eds.) International Relations Theory [J]. E-International Relations, Bristol, England, 2017: 84-90.

[80] Dyer J H, Singh H. The relational view: Cooperative strategy and sources of interorganizational competitive advantage [J]. Academy of Management

Review,1998,23(4): 660-679.

[81] Easterby-Smith M, Crossan M, Nicolini D. Organizational learning: debates past, present and future [J]. Journal of Management Studies, 2000, 37(6): 783-796.

[82] Elsbach K D, Principe S K E. Averting expected challenges through anticipatory impression management: A study of Hospital billing [J]. Organization Science, 1998, 9(1): 68-86.

[83] Empson L. Introduction: Knowledge management in professional service firms [J]. Human Relations, 2001, 54(7): 811-817.

[84] Ensign P C, Lin C D, Chreim S, et al. Proximity, knowledge transfer, and innovation in technology-based mergers and acquisitions [J]. International Journal of Technology Management, 2014, 66(1): 1-31.

[85] Eyraud L, Clements B, Wane A. Green investment: Trends and determinants [J]. Energy Policy, 2013, 60: 852-865.

[86] Ferreira M P, Santos J C, de Almeida M I R, et al. Mergers & acquisitions research: A bibliometric study of top strategy and international business journals, 1980-2010 [J]. Journal of Business Research, 2014, 67(12): 2550-2558.

[87] Fiol C M, Lyles M A. Organizational learning [J]. Academy of Management Review, 1985, 10(4): 803-813.

[88] Foss L H, Meier T. The stock market reaction to Green M&As: An empirical analysis of companies listed in the US and UK [D]. 2019.

[89] Foster R N. A call for vision in managing technology [J]. Business Week, 1982, 24: 24-27.

[90] Franko L G. Global corporate competition: Who's winning, who's losing, and the R&D factor as one reason why [J]. Strategic Management Journal, 1989, 10 (5): 449-474.

[91] Frishammar J, Kurkkio M, Abrahamsson L, et al. Antecedents and consequences of firms' process innovation capability: A literature review and a conceptual framework [J]. IEEE Transactions on Engineering Management, 2012, 59(4): 519-529.

［92］Gaglio C M. The role of mental simulations and counterfactual thinking in the opportunity identification process［J］. Entrepreneurship Theory and Practice, 2004,28(6): 533-552.

［93］Gann D M, Salter A J. Innovation in project-based, service-enhanced firms: the construction of complex products and systems［J］. Research Policy, 2000, 29 (7-8): 955-972.

［94］Gascoigne N, Thornton T. Tacit knowledge［M］. Routledge, 2014.

［95］Geroski P A, Reenen J V, Walters C F. How persistently do firms innovate? ［J］. Research Policy, 1997, 26(1): 33-48.

［96］Geroski P, Machin S. Do innovating firms outperform non-innovators［J］. Business Strategy Review, 1992, 3(2): 79-90.

［97］Gertler M S. Tacit knowledge and the economic geography of context, or the undefinable tacitness of being (there)［J］. Journal of Economic Geography, 2003, 3(1): 75-99.

［98］Ghisetti C, Marzucchi A, Montresor S. The open eco-innovation mode. An empirical investigation of eleven European countries［J］. Research Policy, 2015, 44(5): 1080-1093.

［99］Gilbert R J, Newbery D M G. Preemptive patenting and the persistence of monopoly［J］. The American Economic Review, 1982, 72(3): 514-526.

［100］Gittelman M. Does geography matter for science-based firms? Epistemic communities and the geography of research and patenting in biotechnology［J］. Organization Science, 2007, 18(4): 724-741.

［101］Godfrey P C. Corporate social responsibility in sport: An overview and key issues［J］. Journal of sport management, 2009, 23(6): 698-716.

［102］Gomes M, Marsat S. Does CSR impact premiums in M&A transactions［J］. Finance Research Letters, 2018, 26: 71-80.

［103］Gomes M. Does CSR influence M&A target choices［J］. Finance Research Letters, 2019, 30: 153-159.

［104］Goodin R E. The high ground is green［J］. Environmental Politics, 1992, 1 (1): 1-8.

［105］Granstrand O. Innovation and intellectual property rights［M］. The Oxford

Handbook of Innovation, 2005.

[106] Greve H R, Taylor A. Innovations as catalysts for organizational change: Shifts in organizational cognition and search [J]. Administrative Science Quarterly, 2000, 45(1): 54-80.

[107] Greve H R. Organizational learning from performance feedback: A behavioral perspective on innovation and change [M]. Cambridge University Press, 2003.

[108] Greve H R. Performance, aspirations, and risky organizational change [J]. Administrative Science Quarterly, 1998, 43(1): 58-86.

[109] Griliches Z. Patent statistics as economic indicators: A survey [R]. National Bureau of Economic Research, 1990.

[110] Gubbi S R, Elango B. Resource deepening vs. resource extension: Impact on asset-seeking acquisition performance [J]. Management International Review, 2016, 56(3): 353-384.

[111] Gust-Bardon N I. The role of geographical proximity in innovation: Do regional and local levels really matter [R]. Arbeitspapiere Unternehmen und Region, 2012.

[112] Hadlock C J, Pierce J R. New evidence on measuring financial constraints: Moving beyond the KZ index [J]. The Review of Financial Studies, 2010, 23 (5): 1909-1940.

[113] Hagedoom J, Cloodt M. Measuring innovative performance: Is there an advantage in using multiple indicators [J]. Research Policy, 2003, 32(8): 1365-1379.

[114] Hauser J R, Shugan S M. Defensive marketing strategies [J]. Marketing Science, 1983, 2(4): 319-360.

[115] Hauser J R, Wernerfelt B. An evaluation cost model of consideration sets [J]. Journal of Consumer Research, 1990, 16(4): 393-408.

[116] Hayward M L A. When do firms learn from their acquisition experience? Evidence from 1990 to 1995 [J]. Strategic Management Journal, 2002, 23(1): 21-39.

[117] Heckman J. Comments on the Ashenfelter and Kydland papers [C]. Carnegie -Rochester Conference Series on Public Policy. North-Holland, 1984, 21:

209-224.

[118] Higgins M J, Rodriguez D. The outsourcing of R&D through acquisitions in the pharmaceutical industry[J]. Journal of Financial Economics, 2006, 80(2): 351-383.

[119] Hildreth P M, Kimble C. The duality of knowledge [J]. Information Research, 2002, 8(1): 1-18.

[120] Hitt M A, Ireland R D, Harrison J S. Mergers and acquisitions: A value creating or value destroying strategy[J]. The Blackwell Handbook of Strategic Management, 2001: 384-408.

[121] Hoch S J, Deighton J. Managing what consumers learn from experience[J]. Journal of Marketing, 1989, 53(2): 1-20.

[122] Houston D A, Sherman S J, Baker S M. The influence of unique features and direction of comparison of preferences [J]. Journal of Experimental Social Psychology, 1989, 25(2): 121-141.

[123] Howard J A. Consumer behavior in marketing strategy [M]. Prentice Hall, 1989.

[124] Hu F Z Y, Lin G C S. Situating regional advantage in geographical political economy: Transformation of the state-owned enterprises in Guangzhou, China [J]. Geoforum, 2011, 42(6): 696-707.

[125] Huber G P. Organizational learning: The contributing processes and the literatures[J]. Organization Science, 1991, 2(1): 88-115.

[126] Hughes M, Martin S L, Morgan R E, et al. Realizing product-market advantage in high-technology international new ventures: The mediating role of ambidextrous innovation[J]. Journal of International Marketing, 2010, 18(4): 1-21.

[127] Hult G T M, Hurley R F, Giunipero L C, et al. Organizational learning in global purchasing: a model and test of internal users and corporate buyers[J]. Decision Sciences, 2000, 31(2): 293-325.

[128] Hutton A P, Marcus A J, Tehranian H. Opaque financial reports, R2, and crash risk[J]. Journal of Financial Economics, 2009, 94(1): 67-86.

[129] Inkpen A C C, Crossan M. Believing is seeing: joint ventures and

organizational learning [ J ]. Journal of Management Studies, 1995, 32: 595-618.

[130] Inkpen A C, Dinur A. Knowledge management processes and international joint ventures[ J ]. Organization Science, 1998, 9(4): 454-468.

[131] Jansen J J P, Van Den Bosch F A J, Volberda H W. Managing potential and realized absorptive capacity: How do organizational antecedents matter[ J ]. Academy of Management Journal, 2005, 48(6): 999-1015.

[132] Jasimuddin S M. Knowledge management in mergers and acquisitions[ J ]. The Handbook of Mergers and Acquisitions, 2012: 454-473.

[133] Jindal V, Seth R. A new order of financing investments: Evidence from acquisitions by India's listed firms[ J ]. Journal of Corporate Finance, 2019, 58 ( C ): 307-328.

[134] Jo H, Na H. Does CSR reduce firm risk? Evidence from controversial industry sectors[ J ]. Journal of Business Ethics, 2012, 110(4): 441-456.

[135] Kahlenborn W. Transparency and the green investment market[ J ]. Greener Management International, 1999(27): 65-78.

[136] Kapur D, McHale J. The global migration of talent: what does it mean for developing countries [ J ]. Center for Global Development, Washington DC, 2005.

[137] Kaschny M, Nolden M. Innovation and transformation[ M ]. Management for Professionals, 2018.

[138] Kemp R, Smith K, Becher G. How should we study the relationship between environmental regulation and innovation [ M ]. Innovation-oriented Environmental Regulation. Physica, Heidelberg, 2000.

[139] Kerin R A, Varadarajan P R, Peterson R A. First-mover advantage: A synthesis, conceptual framework, and research propositions [ J ]. Journal of Marketing, 1992, 56(4): 33-52.

[140] Kesidou E, Romijn H. Do local knowledge spillovers matter for development? An empirical study of Uruguay's software cluster [ J ]. World Development, 2008, 36(10): 2004-2028.

[141] Kim J Y, Finkelstein S. The effects of strategic and market complementarity on

acquisition performance: Evidence from the US commercial banking industry, 1989-2001[J]. Strategic Management Journal,2009,30(6): 617-646.

[142] King D R,Dalton D R,Daily C M,et al. Meta-analyses of post-acquisition performance: Indications of unidentified moderators[J]. Strategic Management journal,2004,25(2): 187-200.

[143] Knudsen L G. Determinants of 'openness' in R&D collaboration: The roles of absorptive capacity and appropriability[C]. Druid-dime Academy Winter 2006 PHD Conference,Aalborg,2006.

[144] Kogut B,Zander U. Knowledge of the firm,combinative capabilities,and the replication of technology[J]. Organization Science,1992,3(3): 383-397.

[145] Lane P J,Lubatkin M. Relative absorptive capacity and interorganizational learning[J]. Strategic Management Journal,1998,19(5): 461-477.

[146] Lant T K. Aspiration level adaptation: An empirical exploration [J]. Management Science,1992,38(5): 623-644.

[147] Larsson R, Bengtsson L,Henriksson K,et al. The interorganizational learning dilemma: Collective knowledge development in strategic alliances [J]. Organization Science,1998,9(3): 285-305.

[148] Lawson B,Samson D. Developing innovation capability in organisations: A dynamic capabilities approach [J]. International Journal of Innovation Management,2001,5(3): 377-400.

[149] Lehto E L O,Lehtoranta M O. Becoming an acquirer and becoming acquired [J]. Technological Forecasting and Social Change,2004,71(6): 635-650.

[150] Li B, Liu X, Liu Y, et al. Green M&A, business model innovation and sustainability of heavy polluters: Evidence from the China's environmental protection storm[J]. Accounting & Finance,2020,60(1): 97-127.

[151] Li D. Financial constraints, R&D investment, and stock returns[J]. The Review of Financial Studies,2011,24(9): 2974-3007.

[152] Li S X,Greenwood R. The effect of within-industry diversification on firm performance: Synergy creation,multi-market contact and market structuration [J]. Strategic Management Journal,2004,25(12): 1131-1153.

[153] Lichtenthaler U. Open innovation: Past research,current debates,and future

directions[J]. Academy of Management Perspectives,2011,25(1): 75-93.

[154]Lieberman M B, Montgomery D B. First-mover advantages [J]. Strategic Management Journal,1988,9(S1): 41-58.

[155]Lieberman M B, Montgomery D B. To pioneer or follow?: Strategy of entry order[M]. Graduate School of Business,Stanford University,1990.

[156]Lilien G L,Yoon E. The timing of competitive market entry: An exploratory study of new industrial products [J]. Management Science, 1990, 36 (5): 568-585.

[157]Lin C Y Y,Wei Y C. The role of business ethics in merger and acquisition success: An empirical study[J]. Journal of Business Ethics, 2006, 69 (1): 95-109.

[158]Loorbach D,Rotmans J. The practice of transition management: Examples and lessons from four distinct cases[J]. Futures,2010,42(3): 237-246.

[159]Lu J. Can the green merger and acquisition strategy improve the environmental protection investment of listed company [J]. Environmental Impact Assessment Review,2021,86: 106470.

[160]Ma X,Xiao T. M&A and corporate innovation: A literature review[C]. 2017 International Conference on Service Systems and Service Management. IEEE, 2017: 1-5.

[161]Madhavan R,Grover R. From embedded knowledge to embodied knowledge: New product development as knowledge management [J]. Journal of Marketing,1998,62(4): 1-12.

[162]Majchrzak A,Cooper L P,Neece O E. Knowledge reuse for innovation[J]. Management Science,2004,50(2): 174-188.

[163]Makri M, Hitt M A, Lane P J. Complementary technologies, knowledge relatedness, and invention outcomes in high technology mergers and acquisitions[J]. Strategic Management Journal,2010,31(6): 602-628.

[164]Malmendier U,Tate G,Yan J. Overconfidence and early-life experiences: The effect of managerial traits on corporate financial policies[J]. The Journal of Finance,2011,66(5): 1687-1733.

[165]Mann B J S, Babbar S. Stock price reaction around new product

announcements：An event study［J］. IUP Journal of Management Research，2017,16(3).

［166］March J G. Exploration and exploitation in organizational learning［J］. Organization Science,1991,2(1)：71-87.

［167］Marinoni O,Higgins A,Hajkowicz S,et al. The multiple criteria analysis tool (MCAT)：A new software tool to support environmental investment decision making［J］. Environmental Modelling & Software,2009,24(2)：153-164.

［168］Miller D J,Fern M J,Cardinal L B. The use of knowledge for technological innovation within diversified firms［J］. Academy of Management journal,2007,50(2)：307-325.

［169］Miller D,Friesen,P. H. Organizations：A quantum view［M］. Englewood Cliffs,NJ：Prentice-Hall,1984.

［170］Miller K D,Chen W R. Variable organizational risk preferences：Tests of the March-Shapira model［J］. Academy of Management Journal,2004,47(1)：105-115.

［171］Mirvis P H. Can you buy CSR［J］. California Management Review,2008,51(1)：109-116.

［172］Mitchell W. Dual clocks：Entry order influences on incumbent and newcomer market share and survival when specialized assets retain their value［J］. Strategic Management Journal,1991,12(2)：85-100.

［173］Mohamed A A,Gardner W L,Paolillo J P. A Taxonomy of organizational impression management tactics［J］. Advances in Competitiveness Review,1999,7(1)：108-130.

［174］Morgan M J. CSR as reputation insurance：Primum non nocere［J］. California Management Review,2011,53(3)：40-59.

［175］Morgan R E,Berthon P. Market orientation,generative learning,innovation strategy and business performance inter-relationships in bioscience firms［J］. Journal of Management Studies,2008,45(8)：1329-1353.

［176］Mowery D C,Oxley J E,Silverman B S. Strategic alliances and interfirm knowledge transfer［J］. Strategic Management Journal,1996,17(S2)：77-91.

［177］Neely A,Filippini R,Forza C,et al. A framework for analysing business performance, firm innovation and related contextual factors: Perceptions of managers and policy makers in two European regions [J]. Integrated Manufacturing Systems, 2001, 12(2): 114-124.

[178] Nelson R R, Winter S G. The Schumpeterian tradeoff revisited [J]. The American Economic Review, 1982, 72(1): 114-132.

[179] Nickel M N, Rodriguez M C. A review of research on the negative accounting relationship between risk and return: Bowman's paradox[J]. Omega, 2002, 30 (1): 1-18.

[180] Nonaka I, Takeuchi H. The knowledge-creating company: How Japanese companies create the dynamics of innovation [M]. Oxford University Press, 1995.

[181] O'Cass A, Heirati N, Ngo L V. Achieving new product success via the synchronization of exploration and exploitation across multiple levels and functional areas [J]. Industrial Marketing Management, 2014, 43 (5): 862-872.

[182] OECD. Frascati Manual: Proposed standard practice for surveys of research and experimental development[J]. Paris: OECD, 1981.

[183] Ohsawa Y. The scope of chance discovery[J]. Lecture Notes in Computer Science, 2001: 413-413.

[184] Paalanen A, Kujansivu P, Parjanen S. Measuring the effects of an innovation - focused intervention [C]. Proceedings of the 2009 Proceedings of the XX ISPIM Future of Innovation Conference, Vienna, Austria, 2009.

[185] Pernick R, Wilder C. The clean tech revolution [M]. HarperCollins E-books, 2007.

[186] Phalippou L, Xu F, Zhao H. Acquiring acquirers[J]. Review of Finance, 2015, 19(4): 1489-1541.

[187] Pimonenko T V, Chyhryn O Y, Liulov O V. Green branding as a driver to boost the development of green investment market[J]. Cherkasy University Bulletin Economics Sciences, 2019(1): 144-150.

[188] Polanyi M. Tacit knowing[J]. Philosophy Today, 1962, 6(4): 239-262.

[189] Poutanen P, Soliman W, Ståhle P. The complexity of innovation: an

assessment and review of the complexity perspective[J]. European Journal of Innovation Management,2016,19(2): 189-213.

[190]Prabhu J C, Chandy R K, Ellis M E. The impact of acquisitions on innovation: poison pill,placebo,or tonic[J]. Journal of Marketing,2005,69 (1): 114-130.

[191]Prahalad C K, Bettis R A. The dominant logic—A new linkage between diversity and performance[J]. Strategic Management Journal,1986,7(6): 485-501.

[192]Puranam P, Singh H, Zollo M. A bird in the hand or two in the bush? Integration trade-offs in technology-grafting acquisitions [ J ]. European Management Journal,2003,21(2): 179-184.

[193]Quigley N R,Tesluk P E,Locke E A,et al. A multilevel investigation of the motivational mechanisms underlying knowledge sharing and performance[J]. Organization Science,2007,18(1): 71-88.

[194]Rallet A, Torre A. Is geographical proximity necessary in the innovation networks in the era of global economy [ J ]. GeoJournal, 1999, 49 ( 4 ): 373-380.

[195]Rangone A. A resource-based approach to strategy analysis in small-medium sized enterprises[J]. Small Business Economics,1999,12(3): 233-248.

[196]Reed R, DeFillippi R J. Causal ambiguity, barriers to imitation, and sustainable competitive advantage [ J ]. Academy of Management Review, 1990,15(1): 88-102.

[197]Ref O,Shapira Z. Entering new markets: The effect of performance feedback near aspiration and well below and above it [ J ]. Strategic Management Journal,2017,38(7): 1416-1434.

[198]Reus T H. A knowledge-based view of mergers and acquisitions revisited: Absorptive capacity and combinative capability[M].Advances in Mergers and Acquisitions. Emerald Group Publishing Limited,2012.

[199] Rietzschel E F, Nijstad B A, Stroebe W. Relative accessibility of domain knowledge and creativity: The effects of knowledge activation on the quantity and originality of generated ideas [ J ]. Journal of experimental social

psychology,2007,43(6):933-946.

[200]Robey D, Sahay S. Transforming work through information technology: A comparative case study of geographic information systems in county government[J]. Information Systems Research,1996,7(1):93-110.

[201]Roller L H,Waverman L. Telecommunications infrastructure and economic development: A simultaneous approach[J]. American Economic Review, 2001,91(4):909-923.

[202]Rosenberg N. Science,invention and economic growth[J]. The Economic Journal,1974,84(333):90-108.

[203]Rosenkopf L, Nerkar A. Beyond local search: boundary-spanning, exploration,and impact in the optical disk industry[J]. Strategic Management Journal,2001,22(4):287-306.

[204]Rossi M, Tarba S Y, Raviv A. Mergers and acquisitions in the hightech industry: A literature review[J]. International Journal of Organizational Analysis,2013,21(1):66-82.

[205]Rumelt R P. Towards a strategic theory of the firm[J]. Competitive Strategic Management,1984,26(3):556-570.

[206]Salvi A,Petruzzella F,Giakoumelou A. Green M&A deals and bidders' value creation: The role of sustainability in post-acquisition performance[J]. International Business Research,2018,11(7):96-105.

[207]Schnabel C,Wagner J. Unions and innovation: Evidence from German micro data[J]. Economics Letters,1992,39(3):369-373.

[208]Schneider S L. Framing and conflict: Aspiration level contingency,the status quo, and current theories of risky choice[J]. Journal of Experimental Psychology: Learning Memory and Cognition,1992,18(5):1040-1057.

[209]Schumpeter J A. The theory of economic development[M]. Cambridge,MA: Harvard University Press,1934.

[210]Sears J, Hoetker G. Technological overlap, technological capabilities, and resource recombination in technological acquisitions[J]. Strategic Management Journal,2014,35(1):48-67.

[211]Sidhu J S,Commandeur H R, Volberda H W. The multifaceted nature of

exploration and exploitation：Value of supply，demand，and spatial search for innovation［J］. Organization Science，2007，18（1）：20-38.

［212］Simmie J. Innovation and urban regions as national and international nodes for the transfer and sharing of knowledge［J］. Regional Studies，2003，37（6-7）：607-620.

［213］Slaughter S. Innovation and learning during implementation：a comparison of user and manufacturer innovations［J］. Research Policy，1993，22（1）：81-95.

［214］Snyder Jr J M，Strömberg D. Press coverage and political accountability［J］. Journal of Political Economy，2010，118（2）：355-408.

［215］Song Y， Huang W. Using cluster analysis to evaluate the green M&A performance of manufacturing enterprises in China［J］. Conference Paper. Full-text available，2019.

［216］Spender J C. Organizational knowledge，learning and memory：Three concepts in search of a theory［J］. Journal of Organizational Change Management，1996，9（1）：63-79.

［217］Spithoven A， Clarysse B，Knockaert M. Building absorptive capacity to organise inbound open innovation in traditional industries［J］. Technovation，2010，30（2）：130-141.

［218］Stalk G，Evans P，Shulman L E. Competing on capabilities：The new rules of corporate strategy［J］. Harvard Business Review，1992，70（2）：57-69.

［219］Stoever J， Weche J P. Environmental regulation and sustainable competitiveness：Evaluating the role of firm-level green investments in the context of the Porter hypothesis［J］. Environmental and Resource Economics，2018，70（2）：429-455.

［220］Sun H，Wan Y，Zhang L，et al. Evolutionary game of the green investment in a two-echelon supply chain under a government subsidy mechanism［J］. Journal of Cleaner Production，2019，235：1315-1326.

［221］Tahinakis P D. R&D expenditures and earnings management：Evidence from Eurozone countries in crisis［J］. The Journal of Economic Asymmetries，2014，11（C）：104-119.

［222］Tallman S，Phene A. Leveraging knowledge across geographic boundaries［J］.

Organization Science,2007,18(2): 252-260.

[223]Tang Q, Han H. Can material asset reorganizations affect acquirers' debt financing costs? -Evidence from the Chinese Merger and Acquisition Market [J]. China Journal of Accounting Research,2018,11(2): 71-90.

[224]Taylor A,Greve H R. Superman or the fantastic four? Knowledge combination and experience in innovative teams[J]. Academy of Management Journal, 2006,49(4): 723-740.

[225]Teece D J, Pisano G, Shuen A. Dynamic capabilities and strategic management[J]. Strategic Management Journal,1997,18(7): 509-533.

[226]Thompson P. How much did the Liberty shipbuilders forget[J]. Management Science,2007,53(6): 908-918.

[227]Tidd J,Bessant J R. Managing innovation: Integrating technological,market and organizational change (4th ed. )[M]. Chichester,England: Wiley,2009.

[228]Tidd J. Innovation management in context: Environment, organization and performance[J]. International Journal of Management Reviews,2001,3(3): 169-183.

[229]Torkkeli M T,Kock C J,Salmi P A S. The" Open Innovation" paradigm: A contingency perspective [J]. Journal of Industrial Engineering and Management (JIEM),2009,2(1): 176-207.

[230]Tripsas M,Schrader S,Sobrero M. Discouraging opportunistic behavior in collaborative R & D: A new role for government[J]. Research Policy,1995, 24(3): 367-389.

[231]Tura T,Harmaakorpi V,Pekkola S. Breaking inside the black box: towards a dynamic evaluation framework for regional innovative capability[J]. Science and Public Policy,2008,35(10): 733-744.

[232]Tversky A. Features of similarity[J]. Psychological Review,1977,84(4): 327-352.

[233]Urban G L,Carter T, Gaskin S, et al. Market share rewards to pioneering brands: An empirical analysis and strategic implications [J]. Management Science,1986,32(6): 645-659.

[234]Urban G L,Star S H. Advanced marketing strategy: Phenomena,analysis,and

decisions[M]. Prentice Hall,1991.

[235]Valentini G. Measuring the effect of M&A on patenting quantity and quality [J]. Strategic Management Journal,2012,33(3): 336-346.

[236]Vermeulen F,Barkema H. Learning through acquisitions[J]. Academy of Management journal,2001,44(3): 457-476.

[237]Vermeulen P A M,De Jong J P J,O'shaughnessy K C. Identifying key determinants for new product introductions and firm performance in small service firms[J]. The Service Industries Journal,2005,25(5): 625-640.

[238]Von Weizsacker C C. A welfare analysis of barriers to entry[J]. The Bell Journal of Economics,1980,11(2): 399-420.

[239]Voss G B, Voss Z G. Strategic ambidexterity in small and medium-sized enterprises: Implementing exploration and exploitation in product and market domains[J].Organization Science,2013,24(5): 1459-1477.

[240]Weber B,Heidenreich S. When and with whom to cooperate? Investigating effects of cooperation stage and type on innovation capabilities and success [J]. Long Range Planning,2018,51(2): 334-350.

[241]Wernerfelt B. A resource-based view of the firm[J]. Strategic Management Journal,1984,5(2): 171-180.

[242]Whitten I T. Brand performance in the cigarette industry and the advantage to early entry, 1913-74: Staff report to the Federal Trade Commission[M]. Federal Trade Commission,Bureau of Economics,1979.

[243]Williamson O. E. Markets and hierarchies, analysis and antitrust implications: a study in the economics of internal organization[M]. New York,London,1975.

[244]Winter S G. Knowledge and competence as strategic assets[J]. Competitive Challenge Strategies for Industrial Innovation & Renewal, 1987, 10 (4): 159-184.

[245]Winter S G. Understanding dynamic capabilities[J]. Strategic Management Journal,2003,24(10): 991-995.

[246]Woiceshyn J. Technology adoption: organizational learning in oil firms Jaana Woiceshyn[J]. Organization Studies,2000,21(6): 1095-1118.

［247］Xie E, Huang Y, Peng M W, et al. Resources, aspirations, and emerging multinationals［J］. Journal of Leadership & Organizational Studies, 2016, 23 （2）: 225-228.

［248］Yliherva J. Management model of an organization's innovation capabilities: development of innovation capabilities as part of the management system［D］. Department of Industrial Engineering and Management, University of Oulu, 2004.

［249］Yuan R, Wen W. Managerial foreign experience and corporate innovation［J］. Journal of Corporate Finance, 2018, 48: 752-770.

［250］Zander U, Kogut B. Knowledge and the speed of the transfer and imitation of organizational capabilities: An empirical test［J］. Organization Science, 1995, 6（1）: 76-92.

［251］Zollo M, Singh H. Deliberate learning in corporate acquisitions: post-acquisition strategies and integration capability in US bank mergers［J］. Strategic Management Journal, 2004, 25（13）: 1233-1256.

［252］Zott C, Amit R. Business model design and the performance of entrepreneurial firms［J］. Organization Science, 2007, 18（2）: 181-199.

［253］曹春方, 周大伟, 吴澄澄, 等. 市场分割与异地子公司分布［J］. 管理世界, 2015, 264（09）: 92-103, 169, 187-188.

［254］陈爱贞, 张鹏飞. 并购模式与企业创新［J］. 中国工业经济, 2019（12）: 115-133.

［255］崔智生, 李鑫. 产业转型背景下的上市公司并购重组［J］. 中国金融, 2011, 718（16）: 57-58.

［256］单春霞, 仲伟周, 张林鑫. 中小板上市公司技术创新对企业绩效影响的实证研究——以企业成长性、员工受教育程度为调节变量［J］. 经济问题, 2017（10）: 66-73.

［257］段云龙. 企业持续技术创新机遇及价值评价分析［J］. 华东经济管理, 2010, 24（6）: 82-84.

［258］范旭, 黄业展. 企业研发管理对 R&D 投入与企业绩效关系的调节效应——对广东省科技型中小微企业的分析［J］. 科技进步与对策, 2018, 35（9）: 66-73.

[259]方军雄．政府干预、所有权性质与企业并购[J]．管理世界，2008(9)：118-123，148，188．

[260]冯根福，温军．中国上市公司治理与企业技术创新关系的实证分析[J]．中国工业经济，2008(7)：91-101．

[261]冯之浚．国家创新系统的理论与政策[M]．北京：经济科学出版社，1999．

[262]傅家骥．技术创新学[M]．北京：清华大学出版社，1998．

[263]高汉，胡超颖．绿色并购对中国高耗能行业上市企业绩效的影响[J]．华东师范大学学报(哲学社会科学版)，2019，51(6)：162-172，180．

[264]葛红岩．制造业企业文化驱动技术创新的路径研究——基于长三角地区制造业企业的实证[J]．财经研究，2010，36(7)：92-103．

[265]顾浩东，袁帅，楼天阳．情绪与归因：企业丑闻和消费者反应模型[J]．消费经济，2019，35(2)：71-79．

[266]韩宝山．技术并购与创新：文献综述及研究展望[J]．经济管理，2017，39(9)：195-208．

[267]韩雪．政府干预、产权性质与现金股利决策——基于地方财政压力与金字塔层级的检验[J]．山西财经大学学报，2016，38(4)：87-100．

[268]何爱平，李雪娇，邓金钱．习近平新时代绿色发展的理论创新研究[J]．经济学家，2018(6)：5-12．

[269]侯二秀，石晶．企业协同创新的动力机制研究综述[J]．中国管理科学，2015，23(S1)：711-717．

[270]胡开春．股票市场驱动并购研究述评[J]．财经科学，2007(1)：25-32．

[271]胡元木．技术独立董事可以提高 R&D 产出效率吗？——来自中国证券市场的研究[J]．南开管理评论，2012，15(2)：136-142．

[272]黄海霞，张治河．中国战略性新兴产业的技术创新效率——基于 DEA-Malmquist 指数模型[J]．技术经济，2015，34(1)：21-27，68．

[273]黄津孚．机遇管理导论[M]．北京：首都经济贸易出版社，2005．

[274]黄津孚．企业发展战略中的机遇管理[J]．经济管理，1999(4)：16-18．

[275]黄辉．媒体负面报道、市场反应与企业绩效[J]．中国软科学，2013(8)：104-116．

[276]黄璐，王康睿，于会珠．并购资源对技术并购创新绩效的影响[J]．科

研管理，2017，38(S1)：301-308.

[277]黄维娜，袁天荣．实质性转型升级还是策略性政策套利——绿色产业政策对工业企业绿色并购的影响[J]．山西财经大学学报，2021，43(3)：56-67.

[278]姜胜洪．网络舆情热点的形成与发展、现状及舆论引导[J]．理论月刊，2008(04)：34-36.

[279]李彬，潘爱玲．税收诱导、战略异质性与公司并购[J]．南开管理评论，2015(6)：125-135.

[280]李海芹，张子刚．CSR对企业声誉及顾客忠诚影响的实证研究[J]．南开管理评论，2010，13(1)：90-98.

[281]李梦雅，严太华．风险投资、技术创新与企业绩效：影响机制及其实证检验[J]．科研管理，2020，41(7)：70-78.

[282]李晓西，夏光．中国绿色金融报告2014[M]．北京：中国金融出版社，2014.

[283]连燕玲，贺小刚，高皓．业绩期望差距与企业战略调整——基于中国上市公司的实证研究[J]．管理世界，2014(11)：119-132，188.

[284]梁娟．基于企业技术创新模式的企业文化研究[J]．华东经济管理，2007(4)：94-96.

[285]刘辉，温军，丰若旸．收购兼并、异质企业与技术创新[J]．当代经济科学，2017，39(2)：72-85，126-127.

[286]刘开勇．企业技术并购战略与管理[M]．北京：中国金融出版社，2004.

[287]刘晴，程玲，邵智，陈清萍．融资约束、出口模式与外贸转型升级[J]．经济研究，2017，52(5)：75-88.

[288]刘学敏，张生玲．中国企业绿色转型：目标模式、面临障碍与对策[J]．中国人口·资源与环境，2015，25(6)：1-4.

[289]刘运国，刘梦宁．雾霾影响了重污染企业的盈余管理吗？——基于政治成本假说的考察[J]．会计研究，2015(3)：26-33，94.

[290]卢洪友，谭维佳．地方财政压力对企业捐赠行为的影响研究[J]．当代财经，2015(9)：24-34.

[291]卢洪友，王蓉，余锦亮．"营改增"改革、地方政府行为与区域环境质量——基于财政压力的视角[J]．财经问题研究，2019(11)：74-81.

[292]鲁桐，党印.公司治理与技术创新：分行业比较[J].经济研究，2014，49(6)：115-128.

[293]马妍妍，俞毛毛.出口企业更"绿色"吗？——基于上市公司绿色投资行为的分析[J].经济经纬，2020，37(3)：71-80.

[294]孟庆红.区域特色产业的选择与培育——基于区域优势的理论分析与政策路径[J].经济问题探索，2003(9)：35-39.

[295]潘爱玲，刘昕，邱金龙，申宇.媒体压力下的绿色并购能否促使重污染企业实现实质性转型[J].中国工业经济，2019(2)：174-192.

[296]潘爱玲，吴倩.官员更替与重污染企业绿色并购——基于政府环境绩效考核制度的实证研究[J].山东大学学报(哲学社会科学版)，2020(4)：146-160.

[297]裴长洪.吸收外商直接投资与产业结构优化升级——"十一五"时期利用外资政策目标的思考[J].中国工业经济，2006(1)：33-39.

[298]彭薇，熊科，李昊.环境分权、技术创新与中国工业产业绿色转型——基于省域空间面板的实证研究[J].当代经济管理，2020，42(10)：54-60.

[299]邱金龙，潘爱玲，张国珍.正式环境规制、非正式环境规制与重污染企业绿色并购[J].广东社会科学，2018(2)：51-59.

[300]屈晶.企业技术并购与创新绩效的关系研究——基于战略匹配与技术差距的调节作用分析[J].科学管理研究，2019，37(2)：122-126.

[301]任曙明，许梦洁，王倩，董维刚.并购与企业研发：对中国制造业上市公司的研究[J].中国工业经济，2017(7)：137-155.

[302]沈红波，谢越，陈峥嵘.企业的环境保护、社会责任及其市场效应——基于紫金矿业环境污染事件的案例研究[J].中国工业经济，2012(1)：141-151.

[303]史丹，李少林.排污权交易制度与能源利用效率——对地级及以上城市的测度与实证[J].中国工业经济，2020(9)：5-23.

[304]宋铁波，钟熙，陈伟宏.期望差距与企业国际化速度：来自中国制造业的证据[J].中国工业经济，2017(6)：175-192.

[305]宋艳伟.财政压力、地方政府干预与信贷资源配置[J].山西财经大学学报，2011(5)：20-31.

[306]苏文兵，李心合，徐东辉，许佳．经理自主权与 R&D 投入的相关性检验——来自中国证券市场的经验证据[J]．研究与发展管理，2010，22（4）：30-38.

[307]孙宝连，綦振法，王心娟．企业主动绿色管理战略驱动力研究[J]．华东经济管理，2009，23（10）：81-84.

[308]佟岩，王茜，曾韵，华晨．并购动因、融资决策与主并方创新产出[J]．会计研究，2020（5）：104-116.

[309]佟岩，张赟，黄静．企业并购与创新产出——基于关联并购与横向并购的分析[J]．科学决策，2019（2）：1-20.

[310]万君康，王开明．论技术创新的动力机制与期望理论[J]．科研管理，1997（2）：32-36.

[311]汪应洛，向刚．企业持续创新机遇分析[J]．昆明理工大学学报（理工版），2004（6）：127-129，137.

[312]王维，李宏扬．新一代信息技术企业技术资源、研发投入与并购创新绩效[J]．管理学报，2019，16（3）：389-396.

[313]王维，李宏扬．新一代信息技术企业并购技术差距、融资约束与业务转型研究[J]．科技进步与对策，2021，38（2）：112-120.

[314]王文寅，菅宇环．社会网络、资源整合及技术创新的关系：一个文献综述[J]．经济问题，2013（11）：39-43.

[315]王旭，徐向艺，褚旭，赵岩．绿色金融：均衡发展还是择善而从？——权利博弈视角下基于电力企业的实证研究[J]．经济与管理研究，2018，39（1）：93-104.

[316]王益民，王艺霖，程海东．高管团队异质性、战略双元与企业绩效[J]．科研管理，2015，36（11）：89-97.

[317]卫婧婧．国有企业并购行为对全要素生产率的影响——基于目标企业所有制类型的考察[J]．商业经济与管理，2017，306（4）：89-96.

[318]温成玉，刘志新．技术并购对高技术上市公司创新绩效的影响[J]．科研管理，2011，32（5）：1-7，28.

[319]文芳．上市公司高管团队特征与 R&D 投资研究[J]．山西财经大学学报，2008（8）：77-83.

[320]向刚，龙江，陆开文，李兴宽，熊觅，陈晓丽，巫英．基于持续创新动

力、能力和绩效的创新型企业评价研究[J]. 经济问题探索，2010(12)：122-125.

[321]向刚，李振国，李穗明. 企业持续创新：重要性与基本概念[J]. 经济问题探索，1996(6)：4-7.

[322]向刚. 企业持续创新研究[D]. 西安交通大学，2004.

[323]熊立，谢奉军，祝振兵. 双元文化与创新升级——先进制造业和传统制造业的数据对比研究[J]. 软科学，2017，31(5)：43-46.

[324]胥朝阳，周超. 绿色并购初探[J]. 财会通讯，2013(4)：36-38.

[325]徐欣，唐清泉. R&D活动、创新专利对企业价值的影响——来自中国上市公司的研究[J]. 研究与发展管理，2010，22(4)：20-29.

[326]杨威，赵仲匡，宋敏. 多元化并购溢价与企业转型[J]. 金融研究，2019(5)：115-131.

[327]余明桂，范蕊，钟慧洁. 中国产业政策与企业技术创新[J]. 中国工业经济，2016(12)：5-22.

[328]余子鹏，王今朝. 我国企业技术创新选择影响因素的实证分析[J]. 科研管理，2015，36(7)：49-55.

[329]袁凯华，李后建. 官员特征、激励错配与政府规制行为扭曲——来自中国城市拉闸限电的实证分析[J]. 公共行政评论，2015，8(6)：59-82，186-187.

[330]张娜，杨秀云，李小光. 我国高技术产业技术创新影响因素分析[J]. 经济问题探索，2015(1)：30-35.

[331]张秀峰，陈光华，海本禄. 融资约束、政府补贴与产学研合作创新绩效[J]. 科学学研究，2019，37(8)：1529-1536.

[332]赵琼. 国外企业社会责任理论述评——企业与社会的关系视角[J]. 广东社会科学，2007(4)：172-177.

[333]赵玉林，裴承晨. 技术创新、产业融合与制造业转型升级[J]. 科技进步与对策，2019，36(11)：70-76.

[334]中国社会科学院工业经济研究所课题组，李平. 中国工业绿色转型研究[J]. 中国工业经济，2011(4)：5-14.

[335]周建，金媛媛，袁德利. 董事会人力资本、CEO权力对企业研发投入的影响研究——基于中国沪深两市高科技上市公司的经验证据[J]. 科学

学与科学技术管理，2013，34（3）：170-180.

[336]朱平芳，张征宇，姜国麟. FDI 与环境规制：基于地方分权视角的实证研究[J]. 经济研究，2011，46（6）：133-145.

# 后　记

　　回想起本书的创作，这是一段永远无法使用任何词藻来加以概括的特别经历，是一趟只有亲身经历才能体会其中酸甜苦辣的奇妙旅途，更是我人生一份刻骨铭心的宝贵记忆。"绿色并购"从开始的新颖话题到现在被众多人所熟识，是该领域每一位科研人的辛劳付出。作为其中之一，我摸爬滚打、不畏艰难、认真钻研，从选题到论证再到写作，每一步都极为小心。回头看，已经来不及讲述所见所闻和所感所想，来不及细细欣赏岁月之静好，更来不及体会人生之蜕变。努力过，受挫过，不甘过，成功过，时间沙漏见证了我在科研过程中的快速成长，见证了所有关心爱护我的人儿们的深情厚谊，激励着我不断进步。

　　作为一名青年老师，我工作中离不开所在单位太原理工大学经济管理学院所提供的科研平台，它涵盖了经济学和管理学两大学科门类，拥有管理科学与工程一级学科博士学位授权点，能源技术经济及管理交叉学科博士点；拥有管理科学与工程一级学科硕士学位授权点、工商管理一级学科硕士学位授权点。有工程管理硕士（MEM）、工商管理硕士（MBA）、会计硕士（MPAcc）3个专业硕士学位授权点。会计学本科专业于2022年获批国家级一流本科专业建设点。上述这些均为我开展科研及教学工作提供了齐备的软件基础与硬件设施。与此同时，更离不开各位领导对于刚刚参加工作的我所提供的各方面支持，从贴心辅导到加油鼓劲，为我教育部人文社会科学研究《红色文化与并购偏差：纠偏效应、实现路径及长效机制研究》项目从申请到立项再到顺利开展保驾护航，我将认真完成好该项目。今后也将更好地为院系建设贡献自身的一份力量。

　　我想感谢的人很多，限于种种，难以予以一一展现。重点地，首先是最为感谢我的恩师潘爱玲教授，她是我前行的灯塔，给予方向和光明。我的恩师是一位科研态度极其严谨，工作极其认真的教授；所带领的团队是一支业

227

务能力颇高的专业研究队伍。而我作为其中一员，各方面能力均得到极大提升。对于恩师的感激之情溢于言表：在学生时期，针对每篇论文的选题以及撰写，她均会积极跟进细节，给予最大的指导，不断完善论文质量，以及论文发表的艰辛流程中，她会充分肯定着我的能力，给予我十足的信心，促使论文的顺利见刊；她会时刻关心着我的生活与就业，给予我最多的关怀；在工作之后，她会认真修改我的基金本子，关注我的事业进展，给予我最大的支持。长久以来，我一次次被恩师的学术能力所折服，被细心体贴所感动，她也成为我心中最亲近的家人。希望步入工作岗位的我继续带着潘老师的厚望，奋力拼搏，不惧困难，成为更优秀的自己。

其次是感谢亦师亦友的邱金龙老师。从本科认识到现在，已经十几载，邱老师成为最了解我的知己，在事业上提供大量的指导与帮助，在生活上传递最多的关心与温暖，是我做科研途中强有力的存在。一起讨论每篇文章的理论细节，斟酌整体逻辑架构，遇到实证难题极力攻克，针对外审意见认真修改的画面历历在目。工作经验丰富的他会帮助我分析现状，规划未来，同时不忘时刻鞭策与鼓励我。这样的情谊是我一生的财富。另外，感谢我最好的朋友张素素、李珠月等，在遭遇困境时一直陪伴我，在身体不适时细心照料我，在取得成绩时第一时间祝福我，她们支撑我度过艰难时刻。

此外，感谢我的另一半渠广勇先生。沉默寡言的他虽然不是科研工作者，但极为理解我日常繁忙的工作。特别地，搞研究是需要投入大量时间与精力的过程，幸好有他，帮助我处理无暇顾及的生活琐事。幸好是他，发挥作为程序员的技术特长，帮助我解决工作量极大的数据计算等。感谢他，在艰辛的前进之路上，陪伴着我，带给我情绪价值，缓解我巨大压力，给予我最大爱意。

最后，郑重感谢我的父母。作为我最坚强的后盾，他们无怨无悔地打理我的生活，不仅给予我生命，更是给予我力量，是我人生路上最温暖的存在。随着他们年龄的增大，虽然嘴上从未对我有过任何要求，但我为自己不能时常陪伴其左右深深自责，希望未来更加优秀的我可以报答他们。

何其幸运，在人生的这段特殊旅程中，你们的出现，你们的鼓励，你们的帮助，都让我感受到了生命的美好，我将带着爱继续奋力前行，无畏风雨，无问东西！

2023 年 6 月于太原